高等院校经济学管理学系列教材

国际技术贸易案例集

林 珏 主编

北京大学出版社
PEKING UNIVERSITY PRESS

图书在版编目(CIP)数据

国际技术贸易案例集/林珏主编. —北京:北京大学出版社,2018.3
(高等院校经济学管理学系列教材)
ISBN 978-7-301-29208-2

Ⅰ. ①国… Ⅱ. ①林… Ⅲ. ①国际贸易—技术贸易—案例—高等学校—教材 Ⅳ. ①F746.17

中国版本图书馆 CIP 数据核字(2018)第 026292 号

书　　名	国际技术贸易案例集
	GUOJI JISHU MAOYI ANLIJI
著作责任者	林　珏　主编
策 划 编 辑	杨丽明　姚文海　吕　正
责 任 编 辑	杨丽明　吕　正
标 准 书 号	ISBN 978-7-301-29208-2
出 版 发 行	北京大学出版社
地　　址	北京市海淀区成府路 205 号　100871
网　　址	http://www.pup.cn　新浪微博　@北京大学出版社
电 子 信 箱	sdyy_2005@126.com
电　　话	邮购部 62752015　发行部 62750672　编辑部 021-62071998
印 　刷 　者	三河市博文印刷有限公司
经 　销 　者	新华书店
	730 毫米×980 毫米　16 开本　15.75 印张　266 千字
	2018 年 3 月第 1 版　2018 年 3 月第 1 次印刷
定　　价	49.00 元

未经许可,不得以任何方式复制或抄袭本书之部分或全部内容。
版权所有,侵权必究
举报电话:010-62752024　电子信箱:fd@pup.pku.edu.cn
图书如有印装质量问题,请与出版部联系,电话:010-62756370

前　言

本人从 2002 年开始为本科生讲授"国际知识产权与技术贸易"课程,后来又为硕士研究生讲授"国际技术贸易"课程。课堂教学采用多媒体多元化方式,包括讲授、课堂模拟、分组讨论、社会调查、参观学习、企业家入课堂以及案例教学。其中使用的案例均为自己撰写。后来,我要求学生通过调研、网上搜寻资料,撰写案例,作为课堂讨论素材,或者作为期末作业,使学生通过案例讨论加深对课本知识的理解。

2006 年,本人撰写的《国际技术贸易》由上海财经大学出版社出版,2016 年由北京大学出版社再版,为配合第二版教材的使用,故从历年自己的案例库中选择 50 个案例汇集成册。

本案例集内容涉及三个部分:知识产权纠纷,包括商标、专利、著作权(版权)、商业秘密与专有技术等纠纷;知识产权保护,包括知识产权保护及面临的挑战、品牌建设与专利实施;进出口贸易交易、税费或合同纠纷。

林　珏

2017 年 8 月 28 日

上海财经大学武东路校区

国际工商管理学院大楼 411 室

目录

第一部分 知识产权纠纷

一、商标 ·· 3

【案例 1-1】 鲁迅商标抢注案 ·· 3
【案例 1-2】 苹果诉三星专利侵权案 ·· 6
【案例 1-3】 iPad 商标之争 ·· 17
【案例 1-4】 "解百纳"商标权之争
——中国葡萄酒知识产权第一案 ··· 22
【案例 1-5】 英国联合利华诉上海第三百货商店分店等商标
专用权案 ·· 25
【案例 1-6】 记 20 世纪 90 年代的一场"可乐"大战 ································· 30
【案例 1-7】 《中国好声音》知识产权纠纷案 ·· 33
【案例 1-8】 王老吉与加多宝商标案纠纷案 ··· 39
【案例 1-9】 美国星源公司诉上海星巴克驰名商标侵权案 ····················· 47
【案例 1-10】 路易威登马利蒂诉三亚宝宏有限公司、潘小爱侵犯
商标权纠纷案 ·· 51

【案例 1-11】 美商 NBA 产物诉上海华联吉买盛钦洋购物侵害
商标权纠纷案 ………………………………………………… 57

二、专利 …………………………………………………………… 64

【案例 1-12】 思科诉华为知识产权侵权案 …………………………… 64
【案例 1-13】 "爱国者"状告东芝知识产权侵权案 …………………… 69
【案例 1-14】 爱立信诉小米手机侵权案 ……………………………… 74
【案例 1-15】 科勒诉贝朗等侵犯外观设计专利权纠纷案 …………… 81
【案例 1-16】 英国戴森诉中国威海海欣侵犯"无叶风扇"专利权 …… 87
【案例 1-17】 杜菲尔诉欧康等发明专利侵权案 ……………………… 91
【案例 1-18】 兵马俑的发现及发现人之争 …………………………… 95

三、著作权(版权) ………………………………………………… 99

【案例 1-19】 七大唱片公司状告百度 MP3 侵权案 ………………… 99
【案例 1-20】 中国水木动画状告索尼侵权案 ………………………… 105
【案例 1-21】 乐高诉广东小白龙等著作权侵权案 …………………… 109
【案例 1-22】 莫斯科电影制片厂诉"图书之家"圣彼得堡书屋
侵犯版权案 …………………………………………… 115
【案例 1-23】 上海首例集成电路布图设计纠纷案 …………………… 117

四、商业秘密与专有技术 ………………………………………… 121

【案例 1-24】 小职员充当间谍 21 次偷卖国家绝密情报获死刑 …… 121
【案例 1-25】 肯德基的商业秘密 ……………………………………… 124
【案例 1-26】 工业革命:普鲁士的剽窃 ……………………………… 126
【案例 1-27】 江钻诉立林及幸某侵犯商业秘密案 …………………… 128

第二部分 知识产权保护

一、知识产权保护及面临的挑战 ………………………………… 133

【案例 2-1】 我国台湾地区反盗版大游行 …………………………… 133
【案例 2-2】 版权保护与保护的局限 ………………………………… 137
【案例 2-3】 入世后第一场知识产权之争 …………………………… 142
【案例 2-4】 新品种保护与物种流失 ………………………………… 144

【案例 2-5】 高新技术资产的流失与科技成果转让面临的难题 …… 149
【案例 2-6】 "新经济"浪潮对中国经济的影响 …… 153
【案例 2-7】 中国与贸易相关的知识产权的保护及面临的问题 …… 158
【案例 2-8】 国际关系中知识产权霸权主义及发展中国家的对策 …… 166

二、品牌建设与专利实施 …… 182
【案例 2-9】 红星二锅头 …… 182
【案例 2-10】 万羊奔腾 活力源源
　　　　　　——恒源祥的品牌经营策略 …… 185
【案例 2-11】 中国高校专利实施率较低的原因分析及几点建议 …… 189
【案例 2-12】 上海贝尔阿尔卡特的发展历程 …… 193
【案例 2-13】 伊利集团对销售监督人员的科学管理 …… 196
【案例 2-14】 娃哈哈集团的发展与困惑 …… 199
【案例 2-15】 小天鹅与荷花竞合：OEM 是馅饼还是陷阱 …… 205

第三部分　进出口贸易与合同

【案例 3-1】 企业"长亏不倒" "反避税"在行动 …… 211
【案例 3-2】 海外欠款困扰中国出口商 …… 218
【案例 3-3】 建立国际经济新秩序运动 …… 220
【案例 3-4】 商标平行进口案
　　　　　　——法国大酒库诉慕醍国际贸易（天津）商标侵权案 …… 223
【案例 3-5】 中海油兼并海外油田 …… 229
【案例 3-6】 华大医学基因申请国外专利及技术输出 …… 236
【案例 3-7】 限制性商业惯例在合同中的应用案 …… 240
【案例 3-8】 DVD 专利费之争 …… 242

第一部分

知识产权纠纷

一、商　　标

【案例1-1】　鲁迅商标抢注案

沈阳鲁迅美术学院是一所有着60多年历史的学校。该学校的前身是1938年成立于延安的"鲁艺",1958年更名为鲁迅美术学院。学院建院初期,鲁迅夫人许广平和儿子周海婴曾向学院捐献过鲁迅部分稿费。1998年,周海婴到学校参加了鲁迅像的揭幕仪式。不过,2001年,周家却因为商标注册问题与该学院发生了纠纷。

近些年,社会上出现了各种打着类似"鲁美"名称的办学形式,一些上当受骗的群众常常找到学校,给学校带来不少烦恼。为了维护学校的声誉,减少麻烦,2000年该学校将校名——"鲁迅美术学院"进行了商标注册。消息传到周家,周家非常生气,认为鲁迅美术学院不应该在未与周家联系的情况下,将"鲁迅"作为商标申请注册;认为鲁迅的商标只能由其家属来申请注册,而不应由鲁迅美术学院来申请注册,因为"鲁迅美术学院"一注册,别人就不能再用该名称了。因此,周家认为,这是商标抢注的侵权行为。2001年,鲁迅的儿子周海婴向国家商标局提出申请要求撤销"鲁迅美术学院"的商标注册。

国家商标局某负责人谈了自己的看法,认为"鲁迅美术学院"这个名称已经用了很多年了,2000年申请注册是学校的一种权利,学校作为政府批准成立的事业单位,不过是为了保护它的专用名称,即"鲁迅美术学院"不受侵犯。

某位法学家认为,通过注册商标保护学校名称事实上纯属多此一举,因为学校名称是单位的知识产权,注册的名称是受法律保护的,完全可以通过名称权进行保护,没有必要再进行商标注册。

由于国内有很多以历史、文化名人命名的城市、学校、公园、街道等,"鲁美"

的案例也引起人们对于"人名是否可以作为商标注册"问题的讨论。从现行的《商标法》看,法律仅仅规定了国家名称、国际组织名称、中央国家机关所在地标志性建筑物的名称,不得作为商标使用,对于人名则没有具体规定。随着争论范围的扩大,使得人们进而也关注起地名的规范问题。

近些年,不少厂家或开发商为了吸引顾客或消费者,使用"洋名"或双语标识来命名建筑物、广场、小区。比如,某城市建筑物出现"美克马尼中心"(Make Money Business Center)的名称;某商场出现"曼哈顿广场"(Manhattan Square)的名称;某开发小区命名为"英伦三岛"等。事实上,国家对于地名的命名早有相关法律规定。1986年1月国务院发布的《地名管理条例》,以及1996年6月民政部发布的《地名管理条例设施细则》都规定,中国地名的罗马字母拼写使用国家公布的《汉语拼音方案》;中国地名不以外国人名、地名命名。这是因为地名的命名和更名关系到国家的领土主权、民族尊严和民族团结。20世纪70年代末,国务院曾批复同意废除青海、新疆境内三个外来语地名。居民区、大型建筑物名称属于地名范畴,因此其命名或更名必须遵守国家地名管理的政策法规。

我国的这些规定与联合国地名标准化会议的决定是一致的。1967年第一届联合国地名标准化会议作出决定:地名的国际标准化采用单一罗马拼写法。1972年第二届联合国地名标准化会议决议建议:"在地名国际标准化中,要尽量少使用外来语命名那些完全位于一个国家内的地理实体"。这一原则后来在历次会议中都得到重审。1977年第三届联合国地名标准化会议决定中指出:"注意到《汉语拼音方案》在语言学上是完善的,用于中国地名的罗马字母拼法是最合适的","建议采用汉语拼音方案作为中国地名罗马字母拼法的国际标准"。由此,从1979年1月1日起,我国对外文件、书刊一律采用汉语拼音拼写地名。

在地名是否可以作为商标注册这个问题上,《商标法》规定,同国家名称、国际组织名称、中央国家机关所在地特定地点的名称或者标志性建筑物的名称和图形相同或相似的,都不得作为商标使用;县级以上行政区划的地名或者公众知晓的外国地名,不得作为商标,除非该地名具有其他含义或者作为集体商标、证明商标组成部分,或者已经注册并使用了。

(林　珏)

【案例讨论】

1. 你认为鲁迅之子质疑沈阳鲁迅美术学院侵权是否有理?换言之,鲁迅美术学院注册学校校名是否构成侵权?

2.《商标法》是否允许以人名注册商标?举例说明。你认为这种规定是否有益?

3. 你能否通过查阅资料,找出国外类似的案例以及处理意见?

4. 一些风景旅游区在地名标志上,既书写中文,又标注地名含义的英文解释,这一做法是否合理?为什么?

【参考资料】

1. 许刚、武学梅:《鲁迅后人质问鲁迅美术学院:凭什么抢注鲁迅商标》,载《江南时报》2001年4月5日。

2. 白英:《起"洋名"违反国家规定》,载《光明日报》2003年12月27日。

3.《中华人民共和国商标法》。

【案例1-2】 苹果诉三星专利侵权案

一、基本案情

2011年4月,美国苹果公司指控韩国三星电子公司非法抄袭其iPhone和iPad的功能用于谷歌开发的安卓软件支持的竞争产品上,要求三星把侵权的手机和平板电脑产品撤出美国市场。美国聘请了收费最高的众多专利律师,提出索赔25亿美元。三星坚决否认侵权并提出反诉,指责苹果侵犯自己的专利权,要求苹果支付3.99亿美元。

针对苹果的起诉,三星采取了针锋相对的回应,先后在韩国、日本和德国起诉苹果,称苹果侵犯了其专利权。2011年6月,三星又正式向美国国际贸易委员会(ITC)起诉苹果,迫使苹果反诉。此后,两大公司还在意大利、荷兰、英国、法国和澳大利亚等总计约10个国家提起类似诉讼。仅在2011年4月至2012年2月不到一年的时间里,苹果起诉三星或者三星起诉苹果的案件就超过30个。

根据2012年2月8日加利福尼亚州圣何塞市联邦法庭签发的诉讼文件,苹果诉讼三星的侵权行为是:"在技术方面抄袭了创新技术、产品、功能与设计,其侵权产品充斥市场,抢占市场份额。"诉讼文件声称:"尽管三星涉入专利侵权案,还是继续在市场上出售大量有侵权嫌疑的产品,其中就包括在过去8个月内涉及专利侵权的18款产品。"苹果表示,三星近期发售的多款产品不仅侵犯了此次案件中涉及的多项专利,也侵犯了之前案件中苹果提出的多项专利。为此,苹果申请以此案来结束三星无休止的侵权行为。

2012年8月15日,在美国加利福尼亚州苹果和三星的诉讼案上,圣何塞市联邦地方法院法官督促两大公司庭外和解,遭到拒绝。8月22日,法院不得不组成一个由7名男陪审员和2名女陪审员构成的陪审团审议此案。8月25日,陪审团认定苹果公司不存在对三星的侵权行为,三星也未侵犯一项与iPad设计有关的专利,但认定三星的一些产品非法使用了苹果开发的用户界面等专利技术。法院裁定三星侵犯苹果屏幕滚动页面边缘回弹技术等6项专利,需向苹果公司支付10.5亿美元。

对于该裁决,三星表示了极大的不满,指出苹果把圆角长方形手机造型这样"显而易见"的东西称为自己的专利,这是不公平的。"专利法被操纵,使得某家公司可以垄断圆角矩形的外观,以及三星和其他公司每天都在改进的技术。"三星认为:"今天的判决不应被视为苹果的胜利,而是美国消费者的损失。因为这会导致选择减少、创新减少、潜在的价格升高。"三星声称将提出动议,推翻该裁决,如果不成功,还将向美国最高法院提出上诉。

2012年9月,苹果在赢得诉讼后,向三星提出和解。2013年2月,两家公司代表起草《谅解备忘录》,商讨和解方案。同年3月,两公司谈判破裂。三星继续上诉。

2013年1月,美国国际贸易委员会宣布,对苹果诉三星智能手机和平板电脑侵权案展开复议。6月,美国国际贸易委员会在一宗为"337-794"的专利案中判定苹果侵犯了三星的通信技术专利,并发布禁令,禁止进口苹果公司在中国组装的iPhone 4和iPad 2。这意味着苹果公司将无法在美国出售这些老款的机型,中国公司利益受损。

经过努力,2014年3月,三星赔偿金已从10.5亿美元大幅减少至4.5亿美元。

二、相关链接

值得注意的是,三星在美国、欧盟、日本[①]等法院均败诉,但在本国法院却赢得对苹果的诉讼。2011年4月,为对应苹果在美国对三星提出的诉讼,三星以苹果产品损害三星的数据续传等专利为由,向首尔中央地方法院提出诉讼,促使苹果在同一个法院以三星智能手机和平板电脑滥用苹果的设计专利和用户界面专利为由,提出相应的诉讼。

2012年8月24日,首尔中央地方法院认定三星没有复制iPhone外观和感觉,但侵犯了苹果画面回弹专利,同时也认定苹果侵犯了三星的两项通信技术专利。法院下令禁售苹果的iPhone 4和三星的Galaxy SⅡ等产品(禁售产品不包括iPhone 4S和iPad 3),并下令双方向对方支付有限的赔偿。由于禁售机型是已经不在市场上销售的旧款机型,所以禁售令对两大公司的产品销售没有

---

① 2013年2月28日,日本东京法院裁定,三星针对苹果提起的数据传输技术专利侵权案败诉。

带来很大影响。但是,苹果提出的侵犯设计的主张被驳回,三星提出的通信技术专利受到侵犯的主张大部分被认可,这些专利技术均为手机生产时必需的技术,因此首尔中央地方法院的这一裁决被视为是三星与苹果诉讼中三星取得的少有的胜利。

2013 年 6 月,苹果又指控三星 Galaxy SⅣ手机侵犯了苹果的两项涉及 Siri 语音助理技术的专利,以及另外 3 项技术专利。……两大公司之间的侵权诉讼还在继续。

三、本案争论的焦点

旧金山和首尔两地的审理脉络堪称如出一辙。苹果主张三星电子侵犯其多项专利,包括抄袭圆角长方形的外观等。三星驳斥这种设计不能成为专利,反倒是苹果侵犯了通信方面"真正的专利"。由于是在各自地盘开庭审理,因此"主场优势"明显。

值得注意的是,尽管三星在英国、荷兰等欧洲地区法院败诉,但这些法院作出的判决与美国的判决存在很大区别:在美国裁定三星侵犯的苹果设计专利在欧洲一些法院的裁决中几乎未被采纳。这些国家的法庭认为,"手机呈圆角长方形"或"平板显示屏"等设计不得被特定企业垄断。

在美国的诉讼中,三星的行业标准专利完全未被采纳,三星提交的证言和证据也被一一驳回。这让三星很是郁闷,指责美国是保护主义作祟。

四、苹果诉三星专利侵权案的影响

美国加利福尼亚州圣何塞联邦地方法院裁定三星电子公司侵犯苹果公司专利技术,并赔偿 10.5 亿美元后,技术专家们就这场官司会给未来智能手机市场带来什么变化进行了预测:

一些人认为,市场上将会出现更多优秀的新产品,用户将会从中受益。他们认为短期内,苹果公司因为享有与设备外观和页面滚动系统相关的专利保护将削弱市场竞争,市场上模仿 iPhone 的手机会减少,价格竞争没那么激烈,苹果或其他专利拥有者可以随心所欲地给自己的产品定价;但从长期看,迫使企业更加努力地创新,在产品的外观、大小和页面图标设计等方面力求独特性,这将有助于带动更多的产品革新和新产品的出现。

另一些人士则认为,消费者将成为最大的输家。三星败诉并赔款,其他公司选择向苹果支付专利使用费来获得技术,这些费用将分摊到手机成本中,并转移到消费者身上。此外,苹果的竞争对手将被迫在创新上加大投入,这意味着成本将增加,产品将变得昂贵。

还有一些人士分析了该案对相关方的影响,指出该判决对使用谷歌安卓系统的智能手机生产商如韩国三星电子等造成威胁。基于安卓系统的智能手机市场份额的减少,将阻碍安卓系统的发展,这对谷歌也是一个巨大的打击。但微软及其合作伙伴诺基亚将从裁定结果中受益,因为诺基亚的 Windows 手机的用户界面与 iPhone 手机存在很大差别,对微软和诺基亚来说,它们一直在努力地挤进智能手机市场,从设计上做到与众不同将使它们的产品拥有更大的优势。

五、案例的分析与启示

(1) 苹果诉三星专利侵权案从一个侧面反映了苹果对三星近些年快速增长以及自身发展的担忧。

图 1-2-1 为三星技术公司 2009—2011 年收入状况,从中可见,三星销售额不断增加,2009 年销售额为 136 万韩元,2011 年达到 165 万韩元,年均增长 10%。2011 年营业利润和净利润虽然比之 2010 年有所下降,但仍大大高于 2009 年。

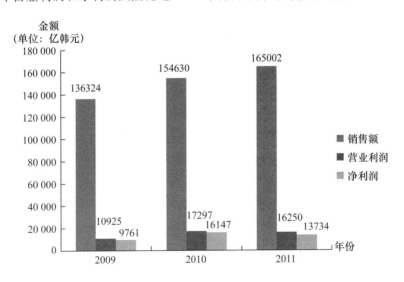

图 1-2-1 2009—2011 年三星技术公司的收入状况

注释:收入状况包括合并子公司收入。

数据来源:Samsung,2011 Samsung Electronics Annual Report,p.3.

再看资产与负债等状况。2009—2011年,三星技术公司资产从112万亿韩元增加到155万亿韩元,年均增长17.8%。虽然负债增加了14.6万亿韩元,但资产和股东权益分别增加43万亿韩元和28.8万亿韩元,均超过负债。(见图1-2-2)

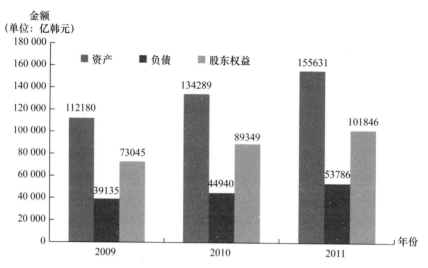

图1-2-2　2009—2011年三星技术公司资产、负债及股东权益
数据来源:同图1-2-1。

2012年第二财季,三星的净利润同比上涨,达到5.19万亿韩元(约合45亿美元)。为此,当美国加州圣何塞联邦法院陪审团要求三星向苹果赔偿10.5亿美元时,业内一些人士认为,从纯财务角度看,该罚款不会对三星的财务现状造成重大影响。[①]

再看苹果的经营状况,总体比之三星似乎更好,各项指标都在增长。其中2007—2011财年净销售额和净利润年均分别增长44.8%和64.9%;此外,伴随着营业收入增长,销售成本也在增长,2009—2011财年营业收入和销售成本分别增加221亿美元和387亿美元。(见图1-2-3)

从资产和负债数据看,2007—2011财年,苹果公司资产已从249亿美元猛增到1164亿美元,虽然负债也在增加,但在资产中的比重已从41.4%下降到34.2%。此外,股东权益以年均51.6%的幅度增长。(见图1-2-4)

[①] 参见禾页:《从苹果胜诉三星专利侵权案说起》,载《新民晚报》2012年8月31日。

第一部分　知识产权纠纷　　11

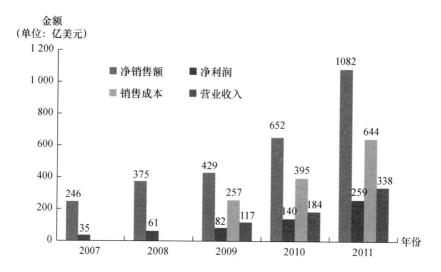

图 1-2-3　2007—2011 财年苹果公司的收入与成本状况

数据来源：Apple Inc. Form 10-K（Annual Report），2011-10-26，United States Securities and Exchange Commission，Washington，D.C. 20549，p.43 数据。

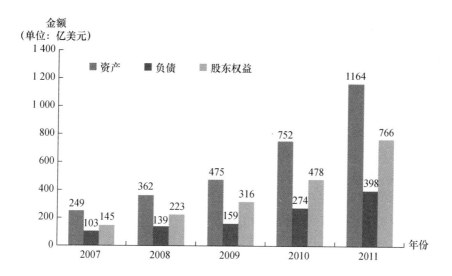

图 1-2-4　2007—2011 财年苹果公司资产、负债及股东权益

数据来源：同图 1-2-3，第 24 页。

显然,两家公司经营业绩都不错,在美国的市场中均保持着极大的份额,生产的智能手机销量占到全球市场总销量的一半。不过,2010年,三星推出Galaxy系列智能手机,市场份额开始大幅增加。

图1-2-5显示的是三星技术公司在全球DRAM动态随机存储器和NAND闪存芯片的市场份额,从中可见,2011年较之2010年市场份额有所提高,这让已习惯处于技术领先地位的苹果感到巨大压力,苹果坐不住了。

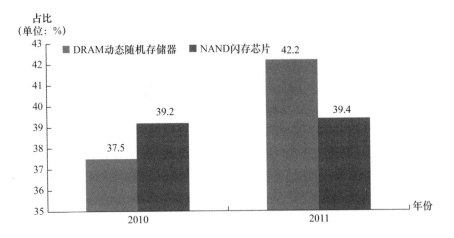

图1-2-5　2010—2011年三星产品在全球市场中的份额(单位:%)
数据来源:同图1-2-1,第23页。

一方面是三星技术公司市场份额不断增大,另一方面是没有乔布斯这一精神领袖的苹果公司的市场份额在减少。2012年5月,三星上市销售的Galaxy SⅢ智能手机受到消费者强烈追捧,仅仅2个月在欧洲的销量就突破1000万部。6月,三星Galaxy 5Ⅲ通过美国四大无线运营商Verizon、AT&T、Sprint和T-Mobile迅速登陆美国市场。三星已经成为全球最大的智能手机生产商。

根据2012年8月美国市场研究公司IDC发布的数据,2012年第一季度,苹果iPhone手机在全球份额中占24.2%,但第二季度比重下降到16.9%,iPhone出货量只有2600万部;同期,三星公司智能手机全球市场份额从占比29.1%上升到32.6%,智能手机出货量达到5020万部(见图1-2-6)。显然,三星手机如此高的销量对苹果形成强有力的威胁,苹果欲通过诉讼将三星产品赶出美国市场。

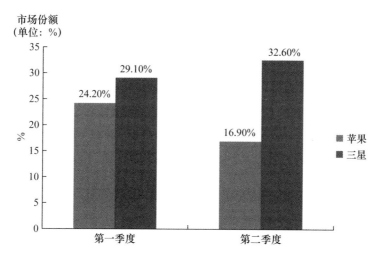

图 1-2-6 2012 年前两季度两家公司全球市场份额比较

数据来源:禾页:《从苹果胜诉三星专利侵权案说起》,载《新民晚报》,2012 年 8 月 31 日。

(2)三星毫不犹豫地与苹果打官司,并且不与苹果达成和解协议,这来自于对自己产品的市场份额和技术创新的信心。目前,三星公司已是全球最大的 NAND 芯片供应商。根据三星公司 2011 财年报告,从 1993 年到 2011 年,三星电子公司通过开发一系列支持更快、环保型应用和技术尖端的产品以及绿色解决方案(如 2009 年以来专注发展优质绿色内存芯片的企业级服务器、高性能电脑和超薄智能手机),在全球内存业务的市场份额上保持着第一的领先地位。[①]从图 1-2-7 可见,2011 年,三星在全球内存芯片市场的份额占 35.7%,为全球第一。

尽管 2009 年的金融危机使得移动 PC 市场出现低迷,但三星公司通过技术创新和卓越设计,保持持续增长的态势。2011 年上半年,三星进入高档 PC 市场,推出 Notebook 9 系列笔记本电脑,下半年又发布了更多的创新产品,包括升级后的 7 系列 Chronos 和高性能的超极本,实现 28% 的销售增长。2012 年,三星推出超薄和 9 系列新款作为超薄超轻的移动 PC 类别市场的主导。[②]三星表示将在 IT 行业发挥可持续增长的重要作用,继续开拓新的市场。

为了更好地扩展市场,三星与全球 30 多家 LTE 运营商和 60 多家全球移

---

① See Samsung. 2011 Samsung Electronics Annual Report,p. 23.
② Ibid. ,p. 17.

图 1-2-7　2011 年三星技术公司在全球内存芯片市场中的份额

数据来源:Samsung. 2011 Samsung Electronics Annual Report, p. 23.

动 WiMAX 运营商组成 4G 联盟。(见图 1-2-8)

图 1-2-8　截至 2011 年三星在全球的 4G 联盟

资料来源:同图 1-2-1,第 19 页。

(3) 缺乏创新亮点使苹果只能将视线转向手握的专利技术。从 iPhone 4 到 iPhone 4s,无论机身尺寸、重量、手感差别不大;从 iPhone 4s 到 The New iPad,没有了乔布斯的苹果犹如失去了精神领袖,再难有登峰之作。相比之下,与 iPhone 4s 同期推出的三星 Galaxy Note 无论在整体尺寸,还是整体视觉体验方面,都与传统手机产品有着明显的区别,5.3 英寸的显示屏幕,打破了之前智能手机 4.5 英寸的限制,屏幕面积分辨率达到 WXGA 水准(1280×800 像素)。

由此,缺乏创新亮点的苹果不得不通过寻求专利保护来赢得市场,而"当一家公司的主要竞争方式是彻底滥用专利法而不是寻求创新时,这家公司将无法赢得消费者的心,也无法实现持续的增长"。① 通信行业咨询机构首席分析师杨群认为,有了美国侵权案审判结果作参考,苹果又坚持"不授权",接下来很有可能是全球各地接二连三的诉讼官司。由于中国已经跃居为全球智能手机第一销售国,因此这场"战火"很有可能会延烧至国内。

从本案例可以看到:发明专利权侵权的重点在设计上;两国审判截然不同的结果表明各国倾向于对本国大公司或创新产业的支持;美国法院建立的陪审团制度在高科技案例判定上存在有效性质疑。

在加州圣何塞联邦法院这起案件中,陪审团成员来自美国硅谷的居民,除了一名退休电力工程师外,其他几位则是家庭主妇、自行车店经理、美国海军退伍军人、一个24岁穿着印有甲壳虫乐队T恤衫的年轻人等。让这些非专业人士在短时间内弄懂12项专利权,阅读109页来自法官的裁决指导文件,实际上是非常费力的。最后,他们一致裁决韩国三星侵权,是否更带有地方保护主义色彩?普通群众是否能对复杂的高科技专业性、涉及庞大金额的案例作出判断值得怀疑。韩国媒体认为,美国保护主义助苹果"主场"赢了三星。虽然所有陪审团成员都保证公平,但苹果公司总部距离法院只有16公里,陪审团通常倾向于站在专利拥有者这一边,而三星又是一家外国公司,所以陪审团顾问埃伦·布里克曼认为这些都注定"三星从一开始就赢不了"这场官司。②

本案例给予我们的启示是:重视技术创新,保护知识产权;同时认真分析竞争对手的专利,长期跟踪对方的专利以及产品状况,做好专利预警分析;注重与其他公司的技术合作,建立专利联盟。

(林　珏)

【案例讨论】

1. 为什么三星电子公司要反诉苹果公司?两家公司为什么要花费这样大的成本在产品销售地对对方进行诉讼?这一诉讼对技术进出口贸易产生什么样的影响?

2. 你是否同意三星公司对于苹果公司"操纵专利法""垄断圆角矩形的外观"的指责?过严的知识产权法规是否会造成企业的垄断?为什么?

---

① 禾页:《从苹果胜诉三星专利侵权案说起》,载《新民晚报》2012年8月31日。
② 参见〔朝〕张源峻:《苹果主场大胜三星　美保护主义"给力"》,载《朝鲜日报》2012年8月27日。

3. 企业在保护知识产权方面,应该采取什么措施?是否只有诉讼一条路?与其他公司建立专利联盟是否有助于减少摩擦或成本?

【参考资料】

1. 《美法院裁定三星侵犯苹果专利》,载《参考消息》2012年8月26日。

2. 《苹果在美被判侵犯三星专利》,载《参考消息》2013年6月6日。

3. 《苹果三星之争冲击智能手机市场》,载《参考消息》2012年8月27日。

4. 《苹果诉三星专利侵权案追加涉案专利》,http://www.cnbeta.com/articles/172578.htm,2012年2月14日访问。

5. 禾页:《从苹果胜诉三星专利侵权案说起》,载《新民晚报》2012年8月31日。

6. 顾惜朝:《苹果公司诉三星新品侵权赔偿费超6亿美元》,载《第一财经日报》2014年3月4日。

7. 〔朝〕张源峻:《苹果主场大胜三星 美保护主义"给力"》,载《朝鲜日报》2012年8月27日。

【案例 1-3】 iPad 商标之争

对于作为硅谷传奇的苹果公司来说,中国是其市场份额增速最快的市场和除美国之外的第一大市场。在中国内地和香港地区的四家苹果公司中国零售店,已经成为苹果公司全球零售店中最繁忙的店面。可以说,苹果公司未来的新产品想要产生理想的利润率,中国市场不可能被忽视。当公司创始人乔布斯决定使用 iPad 作为品牌时,他或许没有意识到,这四个字母将在中国引发一场旷日持久的官司。故事要从 20 世纪 90 年代初期说起。

1991 年,中国台湾商人杨荣山创办了唯冠科技(深圳)有限公司(以下简称"深圳唯冠"),以此为起点,杨荣山陆续在东莞、武汉和长春设厂。六年后,他把旗下 IT 业务打包在香港联交所上市。从此,IT 业内赫赫有名的唯冠有了一个形式上的母公司——唯冠国际控股有限公司(以下简称"唯冠国际")。中国台湾唯冠和深圳唯冠都是唯冠国际的子公司。杨荣山利用手下数家子公司,从 2000 年到 2001 年,先后在 31 个国家和地区,申请并成功注册了总共 10 个 iPad 商标,其中就包括中国大陆的两个商标,由深圳唯冠注册拥有。

在此期间,唯冠国际推出过一款类似上网本的产品,名称就叫 iPad,这款产品在当初总共生产了将近两万个,并且还在南美等市场进行了销售。在唯冠国际推出 iPad 10 年后,2010 年 9 月 17 日,苹果股份有限公司(以下简称"苹果公司")才在中国大陆推出了同名的 iPad 平板电脑。苹果公司称已经购买了台湾唯冠在全球的 iPad 商标所有权。苹果公司的理由是这样的,为早日拆除面对海外市场商标权属未定的这枚定时炸弹,苹果公司在 iPad 产品发布之前,始终与台湾唯冠接触着。

在 2004 年至 2006 年期间,苹果公司与台湾唯冠围绕苹果公司 MP3 产品、iPod 商标,在英国对簿公堂。苹果公司通过律师以撤销闲置不用商标为由,在英国起诉台湾唯冠,但苹果公司却输掉了这场商标权官司。

2009 年 8 月,苹果公司通过律师在英国设立了 IP Application Development Limited 公司(简称"IP 公司"),公司缩写也恰与 iPad 相近。同一时期,唯冠国际的子公司们正遭受美国次贷危机带来的重创,库存和资产巨幅缩水,整个唯冠国际都处在破产的边缘。此时,这家英国 IP 公司经过与台湾唯冠法律代表简单的谈判之后,很快在 2009 年 12 月 23 日与台湾唯冠就 iPad 的商标权转让签署了协议。据双方协议,IP 公司以 3.5 万英镑的价格买走了台湾唯冠在全球市场上所"代表"的总共 10 个 iPad 商标的权益,协议中的附件内容包括中国大陆的两个 iPad 商标。随后,台湾唯冠很快又发现,这家 IP 公司又以 10 英镑的象征性对价,向苹果公司转让了所有的"iPad"商标。数日之后,即 2010 年 1 月 28 日,乔布斯捧出的 iPad 平板电脑便在硅谷举行的发布会现身了。

通过在中国商标网上查询发现,在中国内地英文商标 iPad 的申请人众多,但深圳唯冠对 iPad 品牌的专用权期限仍显示至 2021 年 6 月 20 日前有效。台湾唯冠手中并不拥有中国大陆的 iPad 商标所有权,因此苹果公司还需要就此与之磋商。深圳唯冠的代理律师们也认为,由于当时的转让协议由台湾唯冠与苹果公司方面签订,而注册于中国大陆的两个 iPad 商标持有权在深圳唯冠的手中。也就是说,这一天价的商标现在仍归深圳唯冠所有,而苹果公司则在中国大陆涉嫌侵犯唯冠商标。整个过程见图 1-3-1:

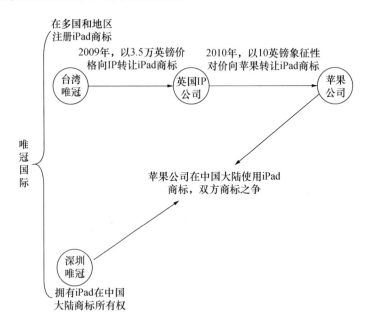

图 1-3-1　iPad 商标的拥有与转让

注:台湾唯冠和深圳唯冠互为独立法人,均为唯冠国际控股有限公司子公司。

深圳唯冠与苹果公司在中国大陆已经就 iPad 商标进行了 3 次法庭交锋，前三次分别是在深圳、惠州和上海。

2010 年 4 月，苹果在深圳中级人民法院起诉深圳唯冠，认为基于之前的转让协议，自己持有 iPad 商标在大陆的所有权。但深圳法院驳回了这一诉求，认为苹果是与台湾唯冠达成协议，并未与深圳唯冠签署合约，没有证据表明深圳唯冠批准了这一协议。苹果方面认为，这次判决是错误的，因为参与的所有人不能代表深圳唯冠，涉案合同只能约束台湾唯冠，不能约束深圳唯冠。

2011 年，唯冠诉苹果惠州经销商——深圳市顺电连锁股份有限公司惠州家华分店，要求法院禁止其销售 iPad，唯冠胜诉。

2012 年 2 月 22 日，深圳唯冠在上海浦东新区法院起诉苹果总经销商侵权；2 月 23 日，上海浦东新区法院驳回深圳唯冠提出的"iPad"禁售申请，中止诉讼。

此前，苹果公司与美国思科公司也曾爆发类似的商标所有权之争。2007 年，思科公司以商标侵权为由对苹果公司提起诉讼，同时指控苹果公司在多次试图获取商标权遭思科拒绝之后，另设挂牌公司试图以其他方式取得"iPhone"商标。最终，两家公司于当年达成和解，使苹果公司和思科公司可以在各自的产品中都使用 iPhone 品牌。

苹果公司的中国大陆市场因 iPad 商标案而受拖累，苹果公司目前要做的抉择比 2010 年冒险向中国大陆推出第一代 iPad 时艰难得多。苹果公司若是在中国大陆彻底放弃 iPad 商标，或在败诉后继续上诉最高法院，这种"弃子"的做法不仅将面临销售被耽误的风险，更可能因为彻底败诉而丢失中国市场的忠实用户。但在时间上也不允许苹果公司再向中国工商部门申请取消唯冠的 iPad 商标，因为这项程序往往会长达一年甚至更长时间。

2012 年 2 月 29 日，苹果在深圳起诉深圳唯冠要求获得 iPad 在中国大陆商标权的二审在广东高等人民法院开庭。庭审时，苹果公司拿出了多份新证据，其中包括 2010 年苹果向中国香港高等法院起诉深圳唯冠后，中国香港法院发出的多份禁制令。禁制令禁止深圳唯冠、杨荣山等宣传为涉案商标的所有人，禁止其处分涉案商标。理由是唯冠集团有联合违约的企图，它们均受控于被上诉人的法定代表人杨荣山。深圳唯冠方则反驳道，所谓的法官判决认为唯冠全体构成合谋是在法院的论述部分，这个只是法庭的一个记录，记录最后显示"深圳唯冠缺席"。

唯冠创始人杨荣山同时具有深圳唯冠法定代表人、董事长、台湾唯冠负责人、唯冠集团董事长和总负责人三重身份。实际上，整个交易是苹果与唯冠集团的交易，在交易初期由英国唯冠接洽，后期由深圳唯冠进行谈判，最后由台湾唯冠负责签约,深圳唯冠的参与是不可或缺的。

唯冠方面表示,杨荣山整个身份的体现只有一处,即台北的授权委托书负责人处加盖了杨荣山的印章,不能因为杨荣山的多重身份,就认为杨荣山在处理多个公司的财产。上诉人主张没有授权书也可以构成表见代理,但是根据司法解释,授权书、印章等都是法律规定的关键要素,本案中却一件都没有。唯冠律师强调,唯冠的注册商标权从来没有发生过任何动摇,深圳唯冠和苹果一方不存在任何的合同关系,根本谈不上合同的成立,更谈不上合同生效。

苹果公司陈述表示,iPad 商标价值连城,且这个价值是苹果公司创造的,如果最后判决将 iPad 商标归唯冠所有的话,对苹果公司是极不公平的。

深圳唯冠最后陈述表示,台湾唯冠无权处理深圳唯冠商标,深圳唯冠与 IP 公司不构成任何转让关系。IP 公司不知道是故意还是过失以为出售的是包括深圳唯冠的商标,IP 公司与台湾唯冠达成的商标转让合同不具有法律效力。

与此同时,遭到苹果公司商业算计的台湾唯冠事后表示,由于 IP 公司当时并未说明商标转让后的用途,因此是"使用不正当的欺诈手段取得",他们正准备以违反公平交易原则委托美国律师在美起诉苹果公司。一旦 2009 年出售 iPad 商标权的协议因欺诈而取消,苹果在欧盟、韩国、墨西哥、新加坡、印度尼西亚、泰国、越南购买的 iPad 商标,将回到台湾唯冠手中。

虽然在法庭上双方的多轮交锋均火药味十足,但在庭外,深圳唯冠和杨荣山本人却已向苹果方面抛出和解信号。

2012 年 7 月 2 日,广东省高级人民法院对外公布,苹果公司已与深圳唯冠就 iPad 商标案达成和解,苹果公司将为此支付给深圳唯冠 6000 万美元。该院表示已于 6 月 25 日向深圳唯冠与苹果公司送达民事调解书,且该调解书已经正式生效。根据协议,苹果公司需要向广东高院指定的账户汇入 6000 万美元。同时,广东高院透露,苹果已于 6 月 28 日向 iPad 商标案的一审法院深圳市中级人民法院申请强制执行上述民事调解书。此时,深圳市中级人民法院也向国家工商总局商标局送达了将涉案 iPad 商标过户给苹果公司的裁定书和协助执行通知书。

广东高院公布的消息表明,苹果公司已经与深圳唯冠就 iPad 商标权正式达成和解,这也意味着苹果新款 iPad 可以在国内上市。此前,该新款 iPad 已经通过了国内 3C 认证及国内电信入网许可。

(肖利庆)

【案例讨论】

1. 苹果积极参与 iPad 商标案之争的原因是什么？如果苹果输掉这场商标案,会对苹果公司有什么影响？

2. 你认为双方发生商标之争,最后又成功调解的原因是什么？

3. 深圳唯冠与苹果公司之间的 iPad 商标之争给企业带来哪些启示？

【参考资料】

1. 崔晓火:《深圳唯冠与苹果商标案纷争的前前后后》,载《中国新闻周刊》2012 年 2 月 23 日。

【案例1-4】 "解百纳"商标权之争
——中国葡萄酒知识产权第一案

一、案例介绍

持续了10年之久的"解百纳"商标权之争,可以说是中国葡萄酒业历史上发生的最大的纷争。

2001年,张裕集团向国家商标局提出注册商标"解百纳"申请,其后"解百纳"商标经历了被核准注册、撤销注册、经复审又维持原注册、北京市第一中级人民法院一审、北京市高级人民法院终审的一系列过程。这主要是由于中粮酒业有限公司、中粮长城葡萄酒(烟台)有限公司、中粮华夏长城葡萄酒有限公司、中粮长城葡萄酒有限公司、中法合营王朝葡萄酿酒有限公司以及山东威龙葡萄酒股份有限公司6家公司对于张裕集团注册"解百纳"商标这种行为是否属于不正当注册商标存在争议造成的。

早在2008年,国家商评委就作出了"解百纳"商标归张裕集团使用的所有权决定,但中粮、威龙、王朝等企业不服该决定,于是诉诸行政诉讼,向北京市第一中级人民法院提出异议,最终北京市第一人民法院作出了两个决定,一是撤销商评委作出的"解百纳"商标争议裁定书;二是请商评委就"解百纳"商标争议重新作出裁定。

2010年,北京市高级人民法院终审后,驳回中粮、威龙、王朝关于张裕"解百纳"商标属于不正当注册的行政诉讼,仍由商标局作出评定,这就相当于本案又回到了原点,仍由商评委作出"解百纳"商标的争议裁定。

2011年,张裕集团与中粮酒业有限公司、中粮长城葡萄酒(烟台)有限公司、中粮华夏长城葡萄酒有限公司、中粮长城葡萄酒有限公司、中法合营王朝葡萄酿酒有限公司以及山东威龙葡萄酒股份有限公司最终达成和解,同意这6家企业无偿和无限期地使用"解百纳",其他企业不得再使用"解百纳"作为商标。

二、案例分析

从法律角度上看,本案的判决有个关键点,即"解百纳"是不是一种商标名称?关于这点,主要存在两种争议:一是,"解百纳"是属于葡萄酒的通用名称,并不具备商标的属性,还是"解百纳"属于区别性名称,具备商标的属性?如果"解百纳"被认定为通用名称,不能成为商标,那么本案根本不能成立,没有了商标,也就没有了商标之争。二是,"解百纳"是不是原料的名称?如果它是葡萄酒原料的名称,那么就不能作为葡萄酒这种特殊商品的标志。

事实上,张裕解百纳由于长期的历史原因,一直是以这样一种状态使用。张裕解百纳这种使用具有区别性的显著特征,能够跟其他经营同类商品的厂家相区别,已经具备了商标的属性,不属于通用名称。不论是国内还是国际,葡萄酒原料主要是赤霞珠(cabernet sauvignon)、品丽珠(cabernet franc)、蛇龙珠(cabernet shelongzhu),解百纳是"cabernet"的音译,并不是完整的原料名称的音译,所以解百纳不是原料名称。

从结果上看,张裕是表面上的赢家,赢得了解百纳最终的商标所有权,但是张裕并没有完全赢得该商标的排他使用权。虽然行业中其他企业不能再使用该商标,仍还有中粮酒业等6公司可以无期限和无偿地同时使用"解百纳"这一商标。究其原因,还是因为利益牵涉其中。当时"解百纳"的市场份额高达30多亿元,基本占张裕葡萄酒销售收入和利润的一半,而我国葡萄酒的整体销售规模也不过150亿元。葡萄酒行业的发展前景也很好。所以总体来说,张裕花费近10年的时间以及大量精力和金钱来赢得该商标所有权还是值得的。

(苏海红　陆　莹)

【案例讨论】

1. 张裕集团为什么为"解百纳"商标据理力争?商标对企业或公司意味着什么?
2. 张裕集团最后是否赢得了该官司?
3. 张裕集团为什么最后和原告进行了和解?在知识产权争端中,什么情况下可走调解、和解之路?

【参考资料】

1.《张裕百年》,http://www.changyu.com.cn/about/news.html,2017年5月5日访问。

2.《张裕解百纳商标权利状态声明》,http://www.foods1.com/news/541785,2008年8月2日访问。

4.《张裕赢得解百纳商标权之争》,http://stock.sohu.com/20100623/n273026496.shtml,2010年6月23日访问。

【案例 1-5】 英国联合利华诉上海第三百货商店分店等商标专用权案

一、案情介绍

原告:英国联合利华公司

第一被告:上海市第三百货商店分店

第二被告:上海市农工商实业总公司

第三被告:中山市商业信托贸易公司经理部

第四被告:顺德市华丽百货大厦

第五被告:番禺市口岸实业公司

第六被告:番禺市番禺供销万荣商行

第七被告:广州江高旅游用品公司经销部

第八被告:深圳华丽国际贸易服务公司

第九被告:海南旭东发展有限总公司

第十被告:广州近海石化工程(集团)公司

第十一被告：烟台第二化工厂

第十二被告:有利印务有限公司

1982年8月30日,原告在中国注册可使用在香皂、肥皂和去垢擦亮用品上的LUX商标,注册号为1616790,且原告仅许可上海利华有限公司在中国境内使用该商标。

1990年7月8日,案外人香港濠检行与第九被告和第十被告签订代理协议,由第九被告代理香港濠检行向第十一被告委托来样加工生产CLNP-142国际香型香皂。同时,第九被告和第十一被告签订了来样加工进口香皂的协议,约定风险共担以及具体分工、利润配额等条款。

7月12日,香港濠检行又与第九被告、第十被告签订售货合同,约定由第九和第十被告向香港濠检行供应"LUX""CLNP-142"国际香型香皂500万块;

香港濠检行又与第十二被告签订协议，由该公司印制"LUX"商标包装纸。同年8月底，第十一被告收到包装纸后，共制造假冒"LUX"商标的香皂22827箱，每箱72块，货值人民币136.2万元。

香港濠检行在第七被告公司经销部的协助下，分两次从第九被告设在广州市站西路的5号仓库提出9357箱假冒进口"LUX"商标的香皂运往深圳。同年8月16日，香港居民俞斌以第八被告名义将其中3000箱假冒"LUX"商标的香皂交第七被告代为销售。8月23日，第七被告将其中1700箱销售给第六被告，每箱价格为人民币162元，其余1300箱被第七被告销售给个体户。第六被告则将该1700箱香皂以每箱人民币176.425元的价格售给第五被告。8月24日，第五被告又将该批香皂中的1692箱以每箱人民币182.16元销售给第四被告。9月10日，第四被告又将该批香皂中的400箱以每箱人民币185.26元销售给第三被告。9月15日，第三被告将这400箱香皂以每箱人民币208.80元的价格销售给第二被告。10月3日，第二被告将400箱香皂中的20箱以每箱人民币208.80元销售给第一被告。11月2日，原告方上海利华有限公司工作人员在第一被告处发现该店出售的进口"LUX"香皂可能系假冒商品，当即购买6块送至公司检验。经检验，所购香皂确系假冒原告的商标，质量未达到标准。

原告认为，上述被告非法印刷商标标识。制造、销售假冒进口"LUX"商标的香皂的侵权行为，导致大量假冒进口"LUX"商标、香皂充斥中国市场，严重损害了原告的商标信誉，使原告受到重大经济损失。故原告起诉要求被告立即停止侵权，登报赔礼道歉，赔偿原告经济损失等。

一审法院认为，原告在中国依法注册登记的"LUX"商标，应受中华人民共和国的法律保护，任何人未经其许可，不准擅自使用。第九、第十、第十一、第十二被告为了牟利，竟置国家的法律法规于不顾，为香港濠检行分别进行中介、制造、销售假冒进口"LUX"商标的香皂和印刷假冒"LUX"商标的香皂外包装纸，这些行为均已构成对原告注册商标专用权的侵犯；第一被告至第七被告经销假冒进口"LUX"商标的香皂的行为，亦构成对原告注册商标专用权的侵犯。上述被告应对各自的侵权行为承担相应的民事法律责任。

二、案例分析

从本案例可以看到：

1. 中国法律保护在华注册商标的外国企业的专用权

众所周知,作为知识产权的商标专用权具有时间性和地域性,正由于商标权是一种受时间和地域限制的权利,因而法律对商标权的保护也是以一定的时间和地域为限,并不是商标经申请注册后在何时何地都受保护,超出了规定的时间和地域,法律对该商标专用权不再予以保护。如超出商标专用权有效期限而不续展的商标,依法不再享有商标专用的权利,也不再受法律保护。同样,在一个国家内注册的商标,只在注册国有效,在没注册的国家则不一定受保护。除非有国际公约或多边、双边条约的特别约束,这样的观点已为各国立法和司法实践所承认。

从《保护工业产权巴黎公约》第 6 条"在本联盟一个国家正式注册的商标,与在本联盟其他国家注册的商标,包括在原属国注册的商标在内,各不相关"的规定也不难看出,同一商标在不同国家所受保护是相互独立的,因而外国商标在我国是否受到法律保护,主要取决于是否依照我国《商标法》申请注册。根据《商标法》的规定,我国对商标权的取得采用的是注册原则和申请在先的原则,所以外国商标受到保护的前提必须是先在中国申请注册。经商标局核准注册的商标为注册商标,商标注册人享有商标专用权受法律保护。也就是说,未经我国商标局核准的外国商标专用权不受中国法律保护。

就本案而言,英国联合利华公司于 1982 年 8 月 30 日在我国商标局申请注册了 LUX 商标,根据《商标法》规定,注册商标的有效期为 10 年,至本案诉被侵权的 1990 年,LUX 注册商标仍在有效期内,故法律对 LUX 商标专用权应像保护本国商标专用权一样给予保护。因此对本案来说,我国法律保护了英国联合利华公司的 LUX 商标专用权。

2. 经销侵犯商标专用权的假冒产品的企业应承担法律责任

经销假冒商品不仅损害了消费者的权益,扰乱了市场秩序,同时也侵犯了注册商标所有人的合法权益,对他人注册商标专用权造成了损害。本案 12 个被告中有 9 个是因为经销了假冒 LUX 香皂。那么,经销侵犯他人注册商标的商品的经销商是否在任何情况下都要承担侵权责任呢?这要看经销商的行为是否具备某些要件而定。我国《商标法实施细则》第 41 条规定:"经销明知或者应知是侵犯他人注册商标专用权商品的"是侵犯注册商标专权的行为。从这一规定中可以看出,经销商经销侵犯他人注册商标专用权商品的行为构成侵权的要件有三:

其一,经销商要有销售行为,经销商买进商品是为了卖出,从中谋利,而不是仅仅为了自己使用；

其二，经销商销售的是侵犯他人注册商标专用权的商品，这是确定其行为构成商标侵权的实质要件，如果出售的是注册商标的商品，则谈不上商标侵权；

其三，经销商主观上必须有过错，即明知或应知，这是判断经销商的行为构成商标侵权的关键。

前两个要件在实践中难以把握，后一个要件则是一个比较复杂的问题，应结合案情具体分析。一般说来，"明知"可从经销商对其所经销侵权商品的熟悉程度和与商标所有人的关系来分析判断，只有经销商对所经销的商品情况特别熟悉，与商标所有人有特殊关系，或者能证实已告知其经销的商品是侵权商品，经销商才为明知，否则不能定为明知。至于应知，则主要看经销商对所经销的商品是否尽审查的义务，具体可以从商品的知名度、商品的价格、商品的相关证明材料及销售人的状况等方面来审查。

本案中，上海市第三百货商店分店等诸经销商都是专业经销或批发单位，对经销进口商品应当知道如何按照国家的有关规定进行审查，但本案经销单位在没有取得合法的进口商品有关手续的情况下，为盈利经销了假冒 LUX 香皂，因此，本案的经销单位经销假冒 LUX 香皂过错是显而易见的，应依法承担侵权民事责任。

3. 擅自印制商标也要承担责任

有利印务有限公司为盈利置国家法律、法规不顾，在没有审查验明《注册商标印制证明》的情况下，便根据香港濠检行提供的印刷菲林，擅自非法印刷大量的假冒 LUX 商标香皂彩色外包装纸，并按香港濠检行的指令发运给本案制造假冒 LUX 香皂的第十一被告烟台化工二厂。本案第十二被告有利印务有限公司已构成侵权，其行为在主观上有过错，且性质和造成的后果严重，也应当依法承担侵权民事责任。

三、启示

商标专用权在世界上是普遍受保护的。本案原告为英国联合利华公司，被告为中国境内的 12 家企业，被告之多、影响之大是显而易见的。根据《商标法》第 38 条的规定，属于侵犯商标专用权的。本案 12 名被告的行为，有的经销假冒英国联合利华公司"LUX"香皂，有的擅自印刷有"LUX"注册商标标识的包装纸，有的生产制造假冒"LUX"商标的香皂，除第八被告外，均违反了《商标法》的有关规定，侵犯了原告注册商标专用权，故法院在查明事实、分清各被告侵权责任的基础上,依法作出了公正的判断。笔者认为,本案的审判在国内外都引起了很大的反响,而且也让原告英国联合利华公司对中国法院依法保护其公司"LUX"商标专用权深表满意,因为中国人民法院执法是严肃公正的,是保护知识产权的。

被告的行为不仅严重损害了原告的商标信誉,而且还使原告受到了重大经济损失。笔者认为,中国企业家应该意识到知识产权的重要性,停止侵犯他人商标专用权行为,因为此行为不但让其他人受到很大的损失,而且也反映出中国企业家缺乏创新能力的问题,不然就不会出现上述违法行为。

(翁纯月)

【案例讨论】

1. 英国联合利华公司依据我国哪条法律起诉侵权公司?
2. 法院是如何判决的?为什么会这样判决?
3. 在商标侵权案中,常见的侵权行为有哪些?在处理侵权案中,采取的处罚有哪些?

【参考文献】

1. 《英国联合利华公司诉中国上海市第三百货商店分店等侵犯注册商标专用权纠纷案——假冒注册商标的应当依法承担侵权责任》,http://www.docin.com/p-715575965.html,2013年10月24日访问。
2. 陈旭:《上海知识产权案例精析》,人民法院出版社1997年版。
3. 李虹主编:《国际技术贸易(第三版)》,东北财经大学出版社2013年版。
4. 余鹏翼、姚中华:《国际技术贸易操典》,广东经济出版社2002年版。

【案例 1-6】 记 20 世纪 90 年代的一场"可乐"大战

1994 年 1 月 18 日,百事可乐、天府可乐在重庆"联姻"震动中国饮料业。一阵热烈的祝词和碰杯之后,百事可乐集团以控股 60%荣做"驸马爷",百事集团总裁詹姆·罗伦斯在仪式上春风满面。很显然,以百事可乐的特殊身份,对天府可乐的征服意义远远地超过"攻城略地",天府可乐曾被认作国宴饮品,被民众看成民族饮料的象征,可谓辉煌至极。有了这种背景,在罗伦斯看来,征服天府可乐是百事业务上的一项重大发展,也是百事过去数年在四川省所付出努力的最大成果。香港的一家杂志发表评论,称百事在中国攻克了最难攻克的堡垒,中国饮料业的半壁江山已被洋人占去了。

可口可乐公司早在 20 世纪 70 年代末就率先和中国粮油进出口公司签订了为期 10 年的合同,并于 1981 年在北京郊区建起了第一家瓶装厂。此后,又在上海、广州、珠海等地相续设立了 13 家瓶装厂。面对可口可乐的强大攻势,百事可乐集团也不甘示弱,于 1982 年进军中国市场,先后在深圳、广州、上海、福州、北京、桂林、成都、南昌建立了 8 家瓶装厂和 2 家浓缩液厂。

"两乐"在中国市场的拓展也曾遭遇过中国名牌饮料顽强的抵抗。中国并非没有好货,如广东的健力宝、四川的天府可乐、海南的椰汁,都曾以优良的品质和适于大众的口味在市场上独领风骚。健力宝还曾成功地打入美国,受到时任美国总统克林顿的夫人希拉里的青睐。天府可乐总经理李培全在全国人代会上慷慨陈词,振臂高呼"保护民族饮料",在新闻界引发了一场轰轰烈烈的辩论,并终于有了结果。1987 年,国务院、国家计委和轻工部分别下发了 37 号文及 515 号文,严格规定进口饮料不得在中国再建新厂,这两个文件被称为"向洋鬼子头上砍去的尚方宝剑"。

遗憾的是,老字号饮料厂并没有因此而重获生机。八大碳酸饮料厂过半数处于亏损状态,效益最好的厂家年利润也不过三四百万元,还不及"两乐"一家瓶装厂的年收益。资金不足、假货围攻、机制束缚、技术落后、观念陈旧等一大堆问题使国产饮料企业举步维艰。1989 年,中国饮料业开始全线崩溃。仅杭州就有100多家饮料厂被迫停产。这时,"两乐"乘虚而入,其产品市场占有率直线上升。面对可口可乐、百事可乐强大的经济实力、优惠的合资条件以及猛烈的公关攻势,使急于发展经济的各地政府怦然心动。尽管"尚方宝剑"高悬,一些地方仍绕道给可口可乐、百事可乐大开绿灯,使得进口饮料越禁越多。1992年,中国"复关"被提到日程上来,对进口饮料的管制终于松动。还未成熟壮大的中国饮料业再次被迫应战。只是这一次它们已经清楚,单纯抵抗已无济于事,不少饮料企业开始谋求合作。

1993年年底,为加快"复关"步伐,国家计委轻工总会再次发文,对进口饮料的管制进一步放宽。1994年2月,"两乐"终于了却心愿,与轻工总会签署备忘录。两个文件允许"两乐"各自再建10个新厂,但对建厂地点、速度、规模加以限制,对合资企业中方与外方的资金比例也加以界定,1993年"两乐"的70万吨产量即在界定之列。另外,要求外方帮助广东、四川、上海等地企业完成技术改造,对国产饮料的发展加以扶持。国家没有忘记扶持国内饮料业,但以上措施均只有3年保护期。

这一备忘录签署后,百事可乐集团立刻抛出一个七年计划:再投资3.5亿美元,兴建10个新工厂,将其在中国营业额提高一倍。可口可乐公司也宣称:在未来的两年里,在中国兴建10家新工厂,使其在中国的投资总额达到5亿美元。百事可乐公司为这一战略配备了一员上将——亚太地区总裁高启坤。

41岁的高启坤是位华裔,精通中文与英文。从1994年开始,百事进军中国的步伐明显加快,打出扶持中国民族品牌饮料的招牌,直取中华老字号饮料厂家。在9个月的时间内,百事先将亚洲汽水厂拿下,又从可口可乐手中将天府可乐夺走,然后入主北京最具实力的饮料企业北冰洋,成为首席大股东。在这些合资项目中百事可乐都占60%以上的股份,并在签约中约定允许中国品牌继续生产,稍后才生产百事可乐品牌产品,既回避了扼杀中国品牌所遭遇的尖锐冲突,又为自己打入中国市场扩大了渠道,此举可谓用尽心机。

为了生存,中国碳酸饮料八大品牌中已有7家与"两乐"进行了合资,有关人士将此称为"水淹七军"。

1994年6月,在北京国际饮料新产品和技术博览会上,地道的国产饮料只有传统的茶、保健饮料、矿泉水等几个品种,偌大的展区显得冷冷清清。与此同时,美国、韩国、日本等饮料公司则包下数间展台,以大屏彩电、模拟生产线、免费品尝及公关小姐等形式展开大规模宣传攻势,吸引众多看客。所有的外国饮料公司都非常明白,中国是个极其广阔的市场。事实上,"两乐"的这种战略是针对第三世界市场处心积虑的一招,在印度,也发生着和中国相似的一幕。

(黄颖华)

【案例讨论】

1. "两乐"进入中国的主要目标是什么?为了实现这个目标,它们先后采取了哪些战略行动,其成效如何?发展状况又如何?

2. 中国政府为了保住民族工业及品牌,先后采取了哪些措施?其效果如何?

3. 全球化趋势给发展中国家的民族工业和民族品牌带来哪些冲击或影响?如何在这一趋势下打造本民族的品牌?这方面有什么成功的案例?

【案例1-7】 《中国好声音》知识产权纠纷案

近年来,从国外引进电视综艺节目模式成为一种热潮,也由此引发多起节目模式版权之争。引进模式作为现阶段中国各电视台播出的电视综艺节目的商业运行惯例,具体形式为由国内的电视节目制作方向国外电视节目的版权方购买国外电视节目模式的版权,由国内制作机构制作成适宜国内观众欣赏的本土化的电视综艺节目,再由节目播出机构通过国内电视台向国内观众播放,通过高收视率来争取广告、合作商、冠名方等商业利润。

《中国好声音》是近年来最为火爆的综艺节目之一,一度是国内室内真人秀的标杆,连续几年称霸暑期荧屏。然而2016年却几经波折,中国的灿星公司和荷兰Talpa之间爆发"好声音"版权之争,其有关知识产权的边界争议,足以让人们思考,也让人们认识到电视综艺节目知识产权保护的必要性和迫切性。

一、合作开始,共谱辉煌

作为一档全球知名的歌唱类真人秀节目,由荷兰Talpa公司开发并拥有知识产权的《好声音》(英文名The Voice)由灿星公司[①]于2012年通过模式授权的方式引入中国,至2015年已经成功在浙江卫视播出了4季。《中国好声音》节目在浙江卫视开播以来,收视率连续四年保持领先,风靡全国,在社会中极具知名度与口碑,成为中国电视栏目标杆。同时,经过浙江卫视多年打造,《中国好声音》节目已积累了巨大的商誉,成为浙江省乃至全国的一张文化名片。

二、谈判破裂,分道扬镳

2016年授权到期后,按照合同规定,灿星公司享有同等条件下对"The Voice"节目的优先续约权。2016年1月,双方开始就未来的节目授权进行谈

---

① 上海灿星文化传播有限公司是一个专业娱乐节目制作公司,与星空卫视、Channel [V](中国)同属星空华文传媒旗下。

判，Talpa公司提出未来各季节目的授权许可价格应与节目的市场经济价值增长相匹配，将版权费提高，并且要求灿星公司将未经Talpa公司书面同意情况下私自注册的《中国好声音》相关商标转回给Talpa公司，遭到灿星公司拒绝，两家不欢而散。最后，Talpa公司以6000万美元将版权卖给了唐德影视，后者取得从2016年1月28日至2020年1月28日在中国大陆使用、分销、市场推广、投放广告、宣传及以其他形式的开发《中国好声音》节目的相关知识产权的独占且唯一授权。这让当时已经完成广告招商并启动海选的灿星公司处于尴尬而被动的局面。

根据Talpa公司的说法，2015年12月在双方尚未达成一致意见，且灿星公司并未取得Talpa公司授权或许可的情况下，灿星公司擅自启动第5季《中国好声音》的海选和宣传造势活动。一系列不尊重合约和知识产权的行为使得Talpa公司认为灿星公司是一个不值得信赖的合作伙伴，于是决定不再与其合作，选择了唐德影视。

根据灿星公司的说法，双方谈判未成最大的争议在于节目模式价格问题。按照国际节目模式交易的惯例，购买欧美包括《美国偶像》《达人秀》等顶级一流模式，版权费是节目总制作成本的7%左右。第一季《中国好声音》的版权是300多万元，较为合理，但是第二季就涨到了6000万，这已经违反了国际惯例。在2016年的谈判中，荷兰方面希望灿星以每年1.1亿左右的费用收购《好声

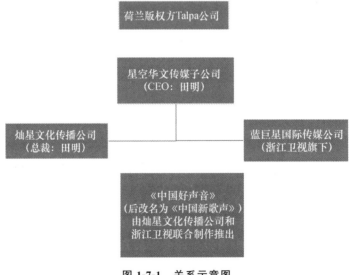

图1-7-1　关系示意图

音》在内的100多项节目版权,被灿星拒绝,最终分道扬镳。这就是"好声音换名"事件和各卫视版权权属、山寨之争的根源。

三、Talpa、唐德轮番状告侵权,灿星改头换面筹备新节目

2016年1月22日,Talpa在中国香港提出临时禁止令,禁止星空华文(中国)传播有限公司及其关联公司梦响强音文化传播有限公司制作与播放《中国好声音》第5季节目。

灿星方认为,虽然《好声音》节目是引进模式,品牌属于Talpa,但灿星公司对其进行了深度中国化改造,才令这一节目走进了中国的千家万户,最终还上升到中国综艺文化自信的高度。《中国好声音》这一中文节目名称属于灿星,即便Talpa结束模式授权,灿星依然拥有《中国好声音》这个品牌。

2016年1月28日,灿星对外发表官方声明称:(1)《中国好声音》这一中文节目名称是由灿星与浙江卫视联合创意命名,节目品牌属于灿星与浙江卫视共同拥有,Talpa无权授权任何一方制作名为《中国好声音》的节目;(2)灿星依然秉持着尊重知识产权、遵循国际惯例的原则,期望支付合理的模式费,与Talpa达成友好合作;(3)如果Talpa依然拒绝按照世界各国公认的模式节目收费标准索要天价模式费,单方面撕毁与灿星尚未到期的品牌授权合约,那么灿星保留自主研发、原创制作《中国好声音》节目的权利。

2016年3月,浙江卫视公布第五季导师名单,并宣布最新一季《中国好声音》更名为《中国好声音2016》,标志改为一个大写的"V"字。Talpa向北京朝阳法院状告灿星商标侵权,灿星版的《中国好声音2016》与The Voice的注册商标图案及文字很相似,要求停止侵权,消除影响,并且索赔300万。2016年5月,Talpa向香港国际仲裁中心提出申请,请求宣告其拥有《中国好声音》的五字中文节目名称。

2016年6月7日,唐德影视向北京知识产权法院申请诉前保全(诉前禁令),请求法院责令灿星使用包含《中国好声音》、the Voice of China的节目名称。灿星败诉,提起复议。2016年7月4日,北京知识产权法院公布复议结果,维持原保全裁定,责令灿星停止使用《中国好声音》节目名称,该名称最终归属仍等待法院裁决。

2016年7月6日,浙江卫视发布关于《中国好声音2016》节目将暂时更名为《中国新歌声》的声明,声明中指出,《中国好声音》这一节目名称由浙江卫视独立制作完成,上报各级管理部门并获管理部门批准后合法使用至今,浙江卫

视同时拥有"好声音"注册商标的相关权益。

国家工商行政管理总局商标评审委员会于 2016 年 11 月、12 月先后作出裁定,宣告浙江广播电视集团子公司浙江蓝巨星国际传媒有限公司拥有的与"好声音"和"the voice of……及图"相关的 26 个商标全部无效,并认定争议商标的注册属于以不正当手段取得。

2017 年 2 月 27 日,香港国际仲裁中心作出最终裁决,认定包括中文名称在内的与《中国好声音》有关的诸多知识产权都归 Talpa 所有,但这一裁决在内地的法律效力问题引起争议。

四、浙江广电入局,商标争夺再起波澜

2017 年 5 月 17 日,浙江广电介入"好声音"商标纠纷。浙江广播电视集团、浙江蓝巨星国际传媒有限公司对唐德影视及其全资子公司唐德传媒提起诉讼,请求判令唐德影视及其子公司立即停止使用《中国好声音》电视节目栏目名称及频道栏目节目名称的不正当竞争行为,并索赔经济损失人民币 1.2 亿元及合理费用支出 50 万元。据浙江卫视的官方声明,《中国好声音》系浙江广播电视集团旗下浙江卫视创意的电视栏目名称,经浙江卫视逐级上报国家新闻出版广播电视管理部门并获批准后,进行合法使用。浙江广播电视集团是《中国好声音》电视栏目名称唯一的合法权益人。浙江广电同时也表示,除已针对唐德影视提起的不正当竞争之诉外,对于任何已经或正准备使用《中国好声音》电视栏目名称,侵犯或意图侵犯浙江广电及浙江卫视合法权益的第三方,浙江广电均将采取强有力的法律措施维护自身合法权益。

对此,Talpa 公司 CEO Pim Schmitz 先生感到非常意外、震惊和愤怒。他指出,浙江广电旗下的浙江卫视是一至四季《中国好声音》节目的电视播出平台,虽然它与灿星公司直接签署相关的授权播映协议,但是毫无疑问应该非常清楚《中国好声音》节目与 Talpa 公司的关系,也应该了解节目相关的知识产权归属于 Talpa 公司。此外在每一季节目开播前,浙江卫视都需要向广电主管部门递交节目备案表,每份备案表均明确无误地记载节目合作制作机构是星空传媒,而节目版权来源为 Talpa 公司,节目引进方式为深度引进,包括节目形态、包装等各种要素。尽管事实如此清楚,但在唐德影视对由灿星公司侵权制作并将在浙江卫视播出的第五季《中国好声音》成功申请禁令后,浙江广电竟完全无视这些事实而试图主张其拥有《中国好声音》这一电视节目名称的相关权利,我们认为这一举动是毫无依据的,同时也是非常不尊重知识产权和市场规则的行为,这让我们不得不怀疑浙江电视台与灿星公司之间是否存在一些背后的利益瓜葛以及不正当的交易。但是,我们相信中国政府和司法机关对知识产权的保护态度,我们也将按照中国法律的规定采取必要的法律行动维护 Talpa 公司的合法权益。

五、Talpa 以唐德未如期支付费用要求解约

2016 年 1 月,唐德影视与荷兰公司 Talpa 合作,以 6000 万美元的价格买下《中国好声音》在华版权,但其后 Talpa 与之前合作者灿星公司和浙江卫视的版权纠纷,使得《中国好声音》的名声一地鸡毛。在版权纠纷下,唐德影视无法顺利播出节目。为此,在支付第一、二期许可费共计 1875 万美元后,唐德影视以 Talpa 未履行义务、节目无法顺利播出为由,拒绝支付后续费用。

2017 年 10 月,版权方 Talpa 向唐德影视发出违约通知,要求其提供第二期尾款转账证明和第三期 1500 万美元的书面付款计划,但未收到回复。11 月,Talpa 向唐德影视发出书面函件要求终止协议,并要求其支付剩余的 4125 万美元授权费用。

对于延迟付款,唐德影视的解释是:"Talpa 没有切实履行协议中的义务。《中国好声音》节目至今无法顺利播出,因此唐德影视亦无法按照协议行使其权利。为维护公司和股东利益,唐德影视自知悉浙江广播电视集团、浙江蓝巨星国际传媒有限公司起诉其及其全资子公司北京唐德国际文化传媒有限公司侵犯《中国好声音》电视栏目名称等不正当竞争行为之时起,暂缓向 Talpa 支付后续授权费用,直到 Talpa 按照协议约定履行其相应义务。"

有关《中国好声音》的争论还在继续,比如《中国好声音》是否具有商标权基础?电视节目名称的商誉是否归属电视台?Talpa 公司是否没有切实履行协议中的义务?

(林　铮　林　珏)

【案例讨论】

1. 浙江卫视推出的《中国新歌声》是否属于抄袭?是否侵犯了 Talpa 公司的著作权?为什么?

2.《中国好声音》的商标权归属应该属于哪一方?Talpa 公司要求灿星公司将注册的《中国好声音》的商标转回给 Talpa 公司,这一要求是否合理?为

什么?

3. 该案例给我们什么启示?在综艺节目的知识产权保护方面应该注意什么?

【参考文献】

1.《综艺节目模式受著作权法保护吗?》,载《中国知识产权报》2016年3月18日。

2.《对话荷兰 Talpa:我们对中国知识产权保护有信心》,http://ent.huanqiu.com/yuleyaowen/2017-07/10991852.html,2017年7月17日访问。

3.《"好声音"又开撕,纠纷过程全回顾》,https://www.jiemian.com/article/1337833.html,2017年5月8日访问。

4.《"好声音"版权背后另有隐情 中文商标归属再掀波折》,http://ent.sina.com.cn/music/zy/2017-05-26/doc-ifyfqvmh9095452.shtml,2017年5月26日访问。

5.《5步看懂好声音版权战:唐德不停诉 灿星换脸播》,http://ent.163.com/special/haoshengyinbanquan/?_pc=1,2016年7月5日访问。

【案例 1-8】 王老吉与加多宝商标案纠纷案

一、案例背景

1. 王老吉、加多宝简介

王老吉凉茶发明于清道光年间 1828 年,至今已有 180 多年的历史,被公认为是凉茶的始祖,有"凉茶王"的美誉。到了近代,王老吉凉茶跟随着华人的足迹遍及世界各地。王老吉药号分为两支,一支归国有企业所有,发展壮大逐步成为今天的王老吉药业有限公司;另一支则被王氏家族的后人带到了香港。在中国内地,王老吉品牌归王老吉药业有限公司所有,而在中国内地以外的国家和地区,王老吉的品牌基本为王氏后人所注册。

加多宝集团是由香港鸿道集团独资的大型专业饮料生产企业,主要业务为饮料、矿泉水的生产和销售。其经营的红色罐装加多宝凉茶为公司的第一大品牌,销售网络遍及中国内地 30 多个省、市、自治区及直辖市,并远销南洋、欧洲等其他地方。

2. 广药集团与香港鸿道集团商标战历程

1997 年,王老吉进入广州药业,紧接着赴港上市。同年的 2 月份,广药集团与香港鸿道集团签订了"王老吉"商标许可使用合同,许可香港鸿道集团旗下的加多宝使用王老吉商标。2000 年,广药集团和鸿道集团再次签订商标使用许可合同,许可时间为 2000 年至 2010 年 5 月 2 日。从 2002 年至 2003 年间,鸿道集团又与广药集团分别补签了《"王老吉"商标许可补充协议》和《关于"王老吉"商标使用许可合同的补充协议》,将商标使用期限延至 2020 年。

2002 年 11 月,广药集团从王氏家族手中获得了为期 10 年的海外商标使用权。2004 年之后,两个"王老吉"开始了"统一经营"的规划。2005 年 2 月 1 日,中外合资企业"王老吉药业"正式成立。

2008 年,广药集团向鸿道集团发出律师函,称该集团原董事长李益民与鸿道集团董事长陈鸿道签订的两份补充协议无效,合同到期后将收回"王老吉"商标使用权。在经多次协商未果情况下,2011年4月,广药集团向中国国际经济贸易仲裁委员会提出仲裁申请。5月,"王老吉"商标案立案。9月开庭,因加多宝集团一直未应诉,故推迟至12月29日开庭,但未出结果。

2012年2月10日,仲裁重启,但仲裁委员会考虑到"王老吉"商标价值,建议调解,并将仲裁延期至5月10日。随后调解失败,5月11日,仲裁委员会裁定广药集团与鸿道集团签订的两份商标续约补充协议无效;加多宝集团停止使用"王老吉"商标。

本案的关键在于广药集团与香港鸿道集团签订的两份商标续约补充协议是否有效。广药集团称,该案中的两份补充协议是在广药集团原副董事长李益民收受鸿道集团陈鸿道大额贿赂(先后共计200万港元)后签署的,因此该协议存在"恶意串通"。根据《合同法》第52条,恶意串通,损害国家、集体或者第三人利益的合同无效。

加多宝集团不服,通过鸿道集团上诉到北京市第一中级人民法院。2012年5月17日,北京市第一中级人民法院就加多宝集团申请撤销仲裁结果立案。6月21日上午,北京市第一中级人民法院开庭审理"鸿道集团申请撤销仲裁委对王老吉商标案判决"一案。7月13日,北京市第一中级人民法院驳回鸿道集团撤销仲裁的申请。自此,"王老吉"商标纠纷案尘埃落定。

二、引发这场商标战的原因分析

1. 外部原因

从市场环境看,随着人们生活水平的提高,全球饮料行业发展迅速,特别是碳酸饮料占据主导地位,果汁饮料和矿泉水次之。但近年来,饮料行业发生了翻天覆地的变化,人们挑选饮料时不仅讲究味道,还注重健康,而凉茶的特点十分符合现代人的消费观念,以茶为代表的无糖饮品迅速崛起,成为饮料行业的主导力量。我国茶饮料消费市场以每年30%的速度增长,不仅超过了果汁饮料,更有赶超碳酸饮料之势。

从市场营销策略和竞争者看,如今茶饮料市场的竞争愈加激烈,各类饮料的单价大多在2.5—3元,而罐装的王老吉单价为3.5元,在价格方面王老吉已经处于劣势,而在凉茶方面,加多宝成为王老吉的最大竞争对手,所以王老吉需要在产能、渠道、广告等方面与其他产品竞争。加多宝集团已经开始进行"去王老吉化"的战略,2012年,加多宝拿下《中国好声音》的独家冠名权,随着《中国好声音》的热播,加多宝也成为最大受益方,众多手段使加多宝的业绩反而提升。另外,加多宝的销售网络组织相对扁平化,这让总部指令快速传达到业务员层级。在这些操作下,加多宝保持着全国热销的局面,坐稳了凉茶市场的头把交椅。

2. 内部原因

首先,"王老吉"商标非转让。加多宝集团对凉茶产品抱有理想,但只是拿到商标的使用权,并不是所有权,而且加多宝集团向王老吉集团支付的商标使用费并没有随着销售额的增长而有所提高,只是维持原来的费用,即便到 2020 年,加多宝集团需要支付的商标使用费也只有 537 万元,这使王老吉集团无法接受。

其次,商标使用权期限过短,契约合同签署无效。加多宝与王老吉签订的商标使用期限只有 15 年,当加多宝公司将品牌培育成熟之后,却要面临使用期届满的问题。加多宝集团销售手段精明,却在商标使用权上栽了一个大跟头。加多宝与王老吉签订的合同是 2010 年就到期的,但加多宝与广药集团补签的两个合同是当时广药集团董事长收取了加多宝集团的贿赂后才签署的,将商标使用权延长到 2020 年。而根据《合同法》的规定,双方签订的合同在法律上是无效的。

最后,商标的宣传责任不明。在加多宝集团取得"王老吉"商标使用权后,应该在对商标的宣传推广时将责任划分清楚,而加多宝集团却承担了宣传推广的主要义务,王老吉集团只是象征性地做了一些,这为加多宝集团在日后的发展中埋下了一颗"定时炸弹"。

三、商标争夺战的思考

1. 企业应重视商标专用权

"王老吉"商标争议的根本在于商标的价值。在 2000 年加多宝公司取得"王老吉"商标使用权后,将王老吉定位为"饮品",与原来"药味"完全脱离,在广告和成功营销手段的助推下,加多宝的红罐王老吉销售业绩迅速提升,一举跃升为全国性品牌。2010 年,广药集团评估的"王老吉"品牌价值高达上千亿,这完全是加多宝集团塑造和运营的结果。加多宝把"王老吉"从默默无闻做到年销售额 160 亿,却只拥有商标使用权。同时,由于商标注册及保护具有地域性,即便加多宝拥有"王老吉"在海外的商标注册权,但在国内使用"王老吉"商标也必须要依照《商标法》的规定。

可口可乐总裁曾说,就算可口可乐在世界各地的厂房被一把大火烧光,只要可口可乐的品牌还在,一夜之间就能恢复。这就是品牌的价值,所以国内企业应该在建立之初就树立品牌意识,用心经营拥有专用权的商标。

2. 王老吉如何面对这次挑战

(1) 加大广告宣传,进行网上推广。王老吉应把握拥有红罐包装的专利权的机会,在主流媒体上进行品牌宣传,提高消费者对王老吉的熟悉度:第一,进行调查与研究,取得市场数据。为企业决策提供合理依据;第二,公司管理层制定合理的广告策略;第三,根据品牌定位和消费者人群筛选出最佳的广告策略;第四,召集创意人员,配合前期的品牌形象和定位,投放有连续性和针对性的广告;第五,利用国内的各种广告媒介进行大规模的宣传;第六,进行广告预算;第七,对此次广告给企业带来的效果以及公众在接收到广告信息后的态度进行评估。

随着电子商务时代的到来,网络技术已深入当今社会,通过网络,生产商和消费者可以进行一对一的交流互动,生产商可以了解消费者的需求和愿望及改进意见。另外,网络推广是一种低成本与人性化的体系,通过信息交流与消费者建立长期良好的关系。王老吉应当加入到网络推广这一体系中,为客户提供一个方便且安全的方式进行交易,确保无论是公司的雇员、供应商还是伙伴均可以获得对客户完整的和一致的视角,而不是选择和过滤信息,同时关注核心竞争力,及时发现环境的任何变化。通过一个完善的网络体系推广,可以增加销量和提高知名度。

(2) 增加促销团队,参加社会公益活动。在当今社会中,"酒香不怕巷子深"的观念已不适合,所以王老吉应该增加促销团队,积极地开展促销活动,使消费者近距离接触并了解王老吉,不能只是单单的"广而告之"的广告促销方式,必要时也要与消费者沟通,这样才能更好地了解他们的需求。同时,应对促销人员进行良好的培训。消费者对产品的喜爱,往往是从对促销人员的喜爱开始的,把老客户当知己,把新客户当朋友,不急不躁,才能受到客户的欢迎。

王老吉集团应利用各种舆论的力量宣传品牌,比如可以利用公众的同情心,让消费者理解加多宝集团运用不法的手段来廉价租赁王老吉的品牌商标的事实,以此赢得消费者对王老吉的支持与认可。此外,王老吉可以运用感情牌将新品牌与原品牌进行连接与升级来拉近与消费者的距离。另外,还可以通过参加各种社会公益活动,比如向贫困地区捐献书籍和交通工具等来树立好形象,这样可以获得消费者的好感与支持。

四、总结

从加多宝与王老吉的贸易案例可以看出,一个企业最为重要的就是要树立自己的品牌意识并拥有自己的品牌,这样在竞争激烈的市场环境中才可立于不败之地,就如可口可乐总裁所说,只要品牌还在,我们就能短时间恢复生产。同时,还要懂得维护自己的品牌。加多宝使用王老吉的品牌,虽然加多宝拥有的只是"王老吉"商标的使用权,但是加多宝将这个商标视为自己的品牌去推广,品牌培养成熟了却被王老吉收回,这样的结果带来的教训足以让任何一个企业引以为鉴。

([韩]金俊亨)

[后续]

2012年7月,随着北京市第一中级人民法院驳回鸿道集团"撤销仲裁的申请",广药集团与香港鸿道集团在王老吉商品使用权许可延期上的纠纷案尘埃落定,但王老吉和加多宝的品牌之争却没有终止,王老吉和加多宝的纠纷从商标之争扩大到广告语、包装等方面。

一、广告语之争

2012年7月,加多宝就王老吉"怕上火就喝王老吉"广告语涉嫌不正当竞争将其告上法庭。2013年12月,重庆市一中院开庭审理此案,驳回加多宝公司的诉讼请求。加多宝针锋相对,打出了"怕上火喝加多宝"的广告语。

2014年3月,王老吉向广州市中级人民法院起诉加多宝"怕上火喝加多宝"的广告语涉嫌不正当竞争,向该集团及其经销商索赔500万元。2015年12月3日,广州市中级人民法院一审判定"怕上火"广告语专属王老吉品牌,加多宝须立即停止使用该广告语,并赔偿王老吉经济损失500万元。

2012年,在失去"王老吉"商标使用权后,加多宝发布了"全国销量领先的红罐凉茶改名为加多宝"的广告。同年11月30日,广药集团以加多宝"广告语涉及虚假宣传行为,构成不正当竞争"为由向广州市中级人民法院提起诉讼,索赔千万,同时向法院申请诉中禁令,要求加多宝停止使用该广告语。2013年1月,广州市中级人民法院作出一审宣判,裁定加多宝的广告语属于虚假宣传,要求其对所有宣传予以撤回,同时赔偿广药集团1000万元损失,并公开道歉。

2013年8月,广药集团又起诉加多宝及两家零售商"中国每卖10罐凉茶,7罐加多宝""怕上火更多人喝加多宝,配方正宗当然更多人喝"等广告语涉嫌虚假宣传,构成不正当竞争,请求法院作出诉中禁令。2014年11月17日,广州市中级人民法院下达判决书,一审判定加多宝"中国每卖10罐凉茶7罐加多宝"等三条广告为虚假广告,令其撤销广告,向王老吉赔偿500万元,并在多家媒体公开道歉。加多宝不服,上诉到广东省高级人民法院。2016年3月8日,广东高院作出二审判决,驳回加多宝公司上诉,维持原判。

2014年6月,王老吉还以加多宝"加多宝凉茶连续7年荣获中国饮料第一罐""加多宝凉茶荣获中国罐装饮料市场七连冠",以及与此内容或表达相似的广告内容侵犯了王老吉凉茶的商品声誉,构成虚假宣传,向北京市第三中级人民法院提起诉讼,要求其停止侵权行为,公开道歉,并赔偿损失和合理维权费用共计2100万元。2014年12月,北京市第三中级人民法院一审判定上述宣传语构成虚假宣传,判令加多宝公司停止侵权行为,并赔偿王老吉300万元。随后加多宝提出上诉,北京市高级人民法院受理。2015年7月23日,北京高院作出终审判决,维持原判。

二、外观设计之争

2013年5月15日,加多宝向北京市第一中级人民法院起诉广药集团新发布的红罐王老吉外观设计侵犯了加多宝权利。

几天后,广药集团向广州中院起诉加多宝红罐凉茶外观设计侵权,要求判令广东加多宝饮料食品有限公司在内的六家加多宝公司因侵害广药集团"王老吉"注册商标造成广药集团经济损失10亿元,后又将赔偿金额变更为29亿元。随后,这六家加多宝公司向广东高院提起反诉,请求广东高院判令广药集团赔偿加多宝公司经济损失10亿元,反诉诉讼费由广药集团负担。最高法将此案两案合并交由广东高等法院审理。

2014年12月19日,王老吉胜诉,加多宝被判赔偿1.5亿元,停止使用并销毁所有涉侵权红罐产品。2015年5月,广东省高级人民法院下达裁定书,对包括广东省加多宝食品有限公司在内的六家加多宝公司针对"王老吉"商标使用权问题反诉广药集团索赔案不予受理。这六家加多宝公司随后向最高院上诉。

2015年11月9日,最高人民法院下达裁定,认定这六家加多宝公司提出的反诉不符合受理条件,驳回加多宝上诉,维持原判。最高人民法院终审判决认为,本案中的知名商品为"红罐王老吉凉茶",在红罐王老吉凉茶产品的罐体上包括"黄色王老吉文字、红色底色等色彩、图案及其排列组合等组成部分在内的整体内容",为知名商品的特有包装装潢。

广药集团与加多宝均主张对红罐王老吉凉茶的特有包装装潢享有权益,具体而言,作为"王老吉"商标的权利人,广药集团认为,因商标是包装装潢不可分割的组成部分,并发挥了显著识别商品的作用,消费者当然会认为红罐王老吉凉茶来源于"王老吉"商标的权利人,而配方、口味并不会影响消费者对商品的识别和判断。

作为红罐王老吉凉茶曾经的实际经营者,加多宝认为,包装装潢权益与"王老吉"商标权的归属问题各自独立,互不影响。消费者喜爱的是由加多宝公司生产并选用特定配方的红罐王老吉凉茶,本案包装装潢由加多宝公司使用并与前述商品紧密结合,包装装潢的相关权益应归属于加多宝公司。

最高人民法院对此认为,结合红罐王老吉凉茶的历史和发展过程、双方的合作背景、消费者的认知及公平原则的考量,因广药集团及其前身、加多宝公司及其关联企业,均对涉案包装装潢权益的形成、发展和商誉建树,发挥了各自的积极作用,将涉案包装装潢权益完全判归一方所有,则会导致显失公平的结果,并可能损及社会公众利益。因此,在遵循诚实信用原则和尊重消费者认知并不损害他人合法权益的前提下,涉案知名商品特有包装装潢权益可由广药集团与加多宝共同享有。在此基础上,双方各自所诉权益的主张均不能成立,对广药集团及加多宝的诉讼请求均予以驳回。

最高人民法院在终审判决中还指出,知识产权制度在于保障和激励创新;对知识产权纠纷的处理,需要充分考量和尊重纠纷形成的历史成因、使用现状、消费者认知等多种因素,以维护诚信并尊重客观现实为基本原则,严格遵循法律指引,公平合理地解决纠纷。广药集团与加多宝,均为"王老吉"品牌商誉的积累做出积极的贡献。在有效提升企业知名度的同时,也获得了巨大的市场利益。但在"王老吉"商标使用许可关系终止后,双方所涉知识产权纠纷不断、涉诉金额巨大,引发了公众的关切与担忧,还有可能损及企业的社会评价。最高人民法院在确认双方不损害对方合法利益的前提下,可以共同享有涉案知名商品特有包装装潢权益。

(林　珏)

【案例讨论】

1. 为什么中国国际经济贸易仲裁委员会最后仲裁广药集团与加多宝集团签订的两份商标续约补充协议无效，加多宝集团停止使用王老吉商标？

2. 你是否同意作者对本案例的分析？

3. 通过该案例，谈谈企业商标在企业发展中的作用，以及企业合资中如何保护好原有的商标？

4. 为什么最高法院终审认为广药集团所称加多宝生产销售的红罐凉茶商品，以及加多宝所称广药集团授权生产销售的红罐凉茶商品，构成擅自使用他人知名商品特有包装装潢权益的主张均不能成立？最高人民法院是基于什么立场和基本原则，判定双方共同享有涉案知名商品特有包装装潢权益？

【参考文献】

1. 陈纪英：《王老吉"上火"始末》，载《中国新闻周刊》2012年第32期。

2. 宿希强：《王老吉商标战：又一个民族品牌的悲哀》，载《中国质量万里行》2012年第8期。

3. 杨勇等主编：《市场营销理论、案例与实训（第二版）》，中国人民大学出版社2011年版。

4. 甘碧群主编：《国际市场营销学》，高等教育出版社2011年版。

5. 李伟华：《"王老吉"商标纷争的是是非非》，载《电子知识产权》2011年第9期。

6. 郑秋金：《论品牌定位》，载《现代商贸工业》2010年第16期。

7. 朱俊：《红色罐装王老吉品牌定位分析基于水平营销视角》，载《商品与质量》2011年第6期。

8. 杨利飞：《论域名的知识产权保护》，载《金卡工程（经济与法）》2011年第1期。

9. 饶培培、雷婷：《王老吉的品牌定位》，载《改革与开放》2010年第18期。

10. 吴勇毅：《王老吉商标争夺战》，载《新财经》2011年1月20日。

11. 《王老吉加多宝之争终于有结果了，最高人民法院宣判：你们共享红罐包装》，http://news.sina.com.cn/o/2017-08-17/doc-ifykcirz2480785.shtml，2017年8月17日访问。

【案例1-9】 美国星源公司诉上海星巴克驰名商标侵权案

一、案例背景

本案例原告是美国的星源公司(Starbucks Corporation)、上海统一星巴克咖啡有限公司,被告是上海星巴克咖啡馆有限公司、上海星巴克咖啡馆有限公司南京路分公司。

星源公司是美国的一家咖啡连锁公司,1971年在美国西雅图成立,1987年被现任董事长霍华德·舒尔茨(Howard Schultz)收购后,经过30年的发展,成为全球最大的咖啡连锁店。1976年,星源公司在美国申请注册了第一个"STARBUCKS"商标。此后,随着星源公司全球化战略的开展,先后在全球120多个国家和地区申请注册了"STARBUCKS"和"STARBUCKS COFFEE"商标,用于20多个种类的商品和服务。

1999年,星源公司正式进入中国大陆市场,在北京开设了第一家门店。2000年进军上海。为配合公司的进军中国的战略,自1996年起,星源公司在中国大陆分别注册了"STARBUCKS"商标和"STARBUCKS COFFEE"文字及图形商标,并在1998年以"STARBUCKS"的中文译名在中国注册了"星巴克"商标。

星源公司在中国大陆采取的是合资代理的经营方式,在北方、江浙沪地区和南方分别与北京美大咖啡有限公司、台湾统一集团和香港美心公司合作,位于江浙沪的上海统一星巴克咖啡有限公司在上海、杭州、宁波、南京、常州等城市开设了多家星巴克咖啡连锁店。

上海星巴克咖啡馆有限公司是一家本土企业,于1999年10月20日获得企业名称预先核准,2000年3月成立。

星源公司进入上海后发现,上海星巴克咖啡馆有限公司及其下属的南京路分公司咖啡馆内,其中文名称及门店商标等均与统一星巴克咖啡有限公司极度类似,多项物品上使用了与"星巴克"和"STARBUCKS"文字以及图形相同或类似的标识,包括灯箱、座位隔板、菜单、发票、名片等。为此,2003年12月,星源公司和上海统一星巴克公司向上海市二中级人民法院提起诉讼。

二、双方辩争

上海统一星巴克咖啡有限公司认为,上海星巴克咖啡馆有限公司涉嫌驰名商标侵权和不正当竞争,请求法院确认"STARBUCKS""星巴克"等6种商标是驰名商标,并请求判决两名被告停止使用相关标识,停止使用包含"星巴克"字样的企业名称,在知名媒体上公开赔礼道歉,赔偿原告经济损失人民币50万元及为制止该侵权行为而产生的合理开支人民币56万元等。

被告认为,中文"星巴克"与英文"STARBUCKS"是两个彼此独立的商标,英文"STARBUCKS"商标与本案无关。此外,被告还认为原告的"STARBUCKS"等6个商标均不符合驰名商标的条件。被告提出其在企业名称中使用"星巴克"的时间早于原告商标的注册时间,因此被告享有优先权利;同时,被告在企业名称中并没有突出采用带有"星巴克"标志的字样和标识,所以被告的行为并没有构成商标侵权或者不正当竞争。

三、法庭判决

2007年4月29日,法院经过审理认为,由原告提供的各种相关资料证明,中文"星巴克"商标是英文"STARBUCKS"商标文字意译与音译的结合体。原告经过投入大量资金,通过媒体、促销、公益活动等多种渠道对"STARBUCKS"商标、"星巴克"商标进行了长时间、大范围的有效宣传;再加上"STARBUCKS"系列商标在国际上知名度较高并且受众较广,使得"STARBUCKS""星巴克"在中国大陆迅速提高知名度,已经被广大的消费者所认可、熟知。因此,基于以上事实,法院认定"STARBUCKS"以及"星巴克"商标为驰名商标。

另外,从使用"星巴克"文字的时间来看,上海统一星巴克公司在中国大陆对于该商标权的取得和对该文字的使用时间均早于两被告。1998年,星源公司已在中国大陆获得了"星巴克"系列商标,而上海星巴克咖啡馆有限公司在1999年仍处于企业名称预审阶段。而且两被告与原告明显是同业竞争关系,上海星巴克咖啡馆公司在明知对"星巴克"文字不享有合法的民事权益的情况下,仍将"星巴克"文字作为企业名称在工商部门进行登记,并且在日常经营活动中在其店面内大量使用与"STARBUCKS""星巴克"文字、图形相同或类似的标识。法院认为,以上行为已经具有明显恶意,并且造成了消费者对商标注册人与企业名称所有人之间的误认或混淆,侵犯了上海统一星巴克咖啡有限公司驰名商标专用权以及普通商标专用权,并构成了不正当竞争。两被告依法应该停止侵害、消除影响、赔礼道歉、赔偿损失。但由于两被告因侵权所获得的利益和原告因侵权所受到的损失都难以确认,法院只能依法酌情确定赔偿数额。法院对原告提出的其他诉讼请求不予支持。

2005年12月31日,上海市二中院作出一审判决,判令两被告立即停止侵犯原告享有的"STARBUCKS""星巴克"驰名商标专用权和普通商标专用权,并停止不正当竞争行为;变更企业名称,不得包含"星巴克"文字;共同赔偿两原告经济损失人民币50万元;并在《新民晚报》上刊登声明,向两原告赔礼道歉,消除影响。

四、法院判决的实施

一审判决后,两被告不服并提起上诉,上海市高级法院经二审维持原判。然而,对于法院的判决,两被告感到非常不满,并没有按期履行判决内容。为此,星源公司和上海统一星巴克咖啡有限公司于2007年1月30日向上海市二中院申请执行。法院通过法律执行更改了被告的企业名称,这在上海市的法院执行工作中仍属首例。

在法院执行案件的过程中,被执行人对更名事项的抵触情绪非常大。他们认为,"上海星巴克"咖啡馆有限公司的公司名称是通过合法手段取得,并通过了工商部门审核批准,所以不应该承担该名称的侵权责任。而且企业更名事项比较复杂,需要被执行人的配合,对企业名称的变更需要被执行人到工商部门办理手续,并涉及税务、消防、卫生等多方面事宜。因此,法院不能在被执行人强烈抵触的情况下强制对企业履行更名手续。

如何应对这个法律执行环节的挑战成为这个案子的关键,本案的执行法官首先对被执行人进行反复的教育疏导工作,晓之以理,动之以情;同时冻结、扣划了被执行人名下的银行账户,用强制手段履行判决,造成了被执行人日常经营上的困难。双管齐下对被执行人施加多重压力,使得被执行人必须按照要求履行法院判决。

最终,被执行人不得不配合法院工作,到工商部门办理了企业更改名称手续,并且停止在咖啡馆内使用"星巴克"和"STARBUCKS"的标识。经工商部门审核批准通过,上海星巴克咖啡馆有限公司已经更名为"上海芳韵咖啡馆有限公司"。同时,因为被执行人无法一次性支付 50 万元人民币的赔偿款,在法院的协调下,被执行人和申请执行人对分期支付赔偿款事项达成一致。上海芳韵咖啡馆在执行法院判决之后,其菜单、灯箱等物品上用贴纸贴去了"星巴克"等图案、文字,顾客人数一落千丈,最终难以为继。

([韩]金雅朗　林　珏)

【案例讨论】

1. 为什么被告要使用"星巴克"名称注册公司商标?为什么已经注册的商标最后被取消?

2. 驰名商标侵权与普通商标侵权有什么区别?在保护驰名商标方面,我国的《商标法》有什么规定?

3. 法院在本案的执行过程中遇到什么困难和挑战?对将来处理侵权案件有何启示?

【参考文献】

1. 《首例跨国驰名商标案判定　美国"星巴克"告赢上海克隆者》,http://news.sina.com.cn/o/2006-01-01/03177870070s.shtml,2006 年 1 月 1 日访问。

2. 《上海首例跨国驰名商标侵权案　美"星巴克"获胜》,http://news.sina.com.cn/s/2005-12-31/21137868822s.shtml,2005 年 12 月 31 日访问。

3. 李晓明、李杨:《"上海星巴克"改名"芳韵咖啡"改名后人气不足》,载《新闻晨报》2007 年 5 月 18 日。

4. 《星源公司、统一星巴克诉上海星巴克、上海星巴克分公司商标侵权及不正当竞争纠纷案》,http://www.lsbar.com/caseContent/5270,2017 年 4 月 8 日访问。

【案例1-10】 路易威登马利蒂诉三亚宝宏有限公司、潘小爱侵犯商标权纠纷案

一、案情介绍

路易威登马利蒂(Louis Vuitton Malletier)是于1854年在法国依法注册的公司,于1985年2月在中国申请,分别在第9类、第18类和第25类商品上注册了七个商标,在2006年至2016年期间依法在中国境内享有该商标的专用权。

2011年12月,路易威登马利蒂发现三亚宝宏实业有限公司宝宏大酒店(以下简称"宝宏酒店")在其酒店内商场向旅客和其他消费者大量销售假冒路易威登马利蒂注册商标权的背包、钱包、衣服、鞋、腰带、眼镜等商品。在对在宝宏酒店一楼商场内购买的商品进行真假对比后,路易威登马利蒂工作人员确认前述商品在面料的质量、色泽、造工、款式、标称、厂名等方面均属与真品存在明显差别的假冒伪劣商品,不是商标权利人公司生产的商品。认为宝宏酒店销售假冒路易威登马利蒂注册商标商品的行为,严重侵犯了路易威登马利蒂的注册商标专用权。

宝宏酒店经营的四星级酒店开设的商场是旅客、顾客选购高档名牌商品的场所之一。三亚宝宏实业有限公司(以下简称"宝宏公司")成立于1994年7月,公司类型为有限责任公司,经营范围为房地产开发与经营、旅游、娱乐、建筑装潢、建材、日用百货、酒店管理、房屋租赁代理等。宝宏酒店是宝宏公司设立的分公司,成立于2005年9月,经营范围与宝宏公司相同。宝宏酒店则有对外出租商铺、代收款、收取手续费以及为商铺出售的商品开具酒店住宿费发票等业务。

潘小爱为私营企业三亚丽宝服装店的经营者,经营场所在宝宏酒店海峡咖啡厅旁的商场,经营的产品包括服装、皮具。潘小爱与宝宏酒店签订了一份《房地产租赁契约》,约定宝宏酒店将酒店底层店铺约40平方米出租给潘小爱,潘

小爱在宝宏酒店所拟的《承租商铺诚信经营承诺书》上签名,承诺不掺假、不以假充真、不以次充好、不短斤少两以及不销售假冒伪劣产品。潘小爱在经营服装店时,将其营业执照置于商铺入门左侧小服务台后面的墙壁上。

路易威登马利蒂对其涉入纠纷的13种商品提起诉讼,请求如下:(1)宝宏酒店、潘小爱停止销售侵权商品,并停止以任何方式侵犯路易威登马利蒂商标权,销毁其侵犯路易威登马利蒂商标权的库存或待售衣服商品;(2)宝宏酒店、潘小爱就其在四星级酒店内销售假冒路易威登马利蒂商标商品的侵权行为以在《三亚晨报》上登报和在酒店大堂张贴、告示等方式向路易威登马利蒂公开赔礼道歉、消除影响;(3)宝宏酒店、潘小爱赔偿路易威登马利蒂因商标专用权遭受侵犯所致的经济损失人民币20万元;(4)宝宏酒店、潘小爱赔偿路易威登马利蒂因制止侵权行为所支付的调查费、差旅费、公证费和律师费等合理开支人民币2万元;(5)宝宏公司对宝宏酒店应承担的赔偿损失、承担费用的财产给付义务承担连带赔偿责任;(6)宝宏酒店、宝宏公司和潘小爱共同承担诉讼费。

二、案件分析

因路易威登马利蒂是在法国注册的企业法人,因此该案为涉外知识产权侵权纠纷。依据《民事诉讼法》涉外篇第259条的规定:"在中华人民共和国领域内进行涉外民事诉讼,适用本编规定。本编没有规定的,适用本法其他有关规定",以及该法第28的规定:"因侵权行为提起的诉讼,由侵权行为地或者被告住所地人民法院管辖",本案侵权地位于我国海南省三亚市,故我国法院对案例有管辖权;再根据《最高人民法院关于涉外民商事案件诉讼管辖若干问题的规定》第1条第1款第(2)项有关"第一审涉外民商事案件由省会、自治区首府、直辖市所在地的中级人民法院管辖"的规定,一审法院对案例有管辖权。在侵权行为发生后,各方当事人并未协商选择适用的法律,根据《涉外民事关系法律适用法》第50条"知识产权的侵权责任,适用被请求保护地法律,当事人也可以在侵权行为发生后协议选择适用法院地法律"的规定,本案可以适用我国法律。

1. 关于侵犯注册商标专用权的认定

在这起涉外知识产权侵权纠纷中,潘小爱与宝宏酒店所销售假冒路易威登马利蒂注册商标的商品并非仅仅是未经许可使用了路易威登马利蒂的注册商标,而是造假者按照路易威登马利蒂商品的款式、面料图案、商品上使用的注册商标和商标使用方式等内容进行一一对应仿制。涉案假冒商品除了产品做工和产品质量非常低劣外,外观上和视觉上与真品几乎一致,完全可能令购买者误以为是路易威登马利蒂的名牌真品。本案中被控侵权商品与路易威登马利蒂注册商标核定使用商品类别相同,被控侵权商品所标明的商标标识与路易威登马利蒂所享有的注册商标在视觉上无差别,且宝宏公司、宝宏酒店以及潘小爱均无证据证明其是路易威登马利蒂的零售商或批发商,根据《商标法》第52条第(1)项的规定,应当认定涉案衬衫、外衣和裤子商品系假冒路易威登马利蒂公司注册商标的侵权产品。由于《商标法》保护的对象是注册商标,即经注册取得商标号的具体商标。本案中,潘小爱销售的侵权商品虽有13个,但所涉及的商标仅有7个,因此只应承担7份侵权责任。此外,潘小爱利用高档酒店商场销售假冒商标商品,直接攫取了路易威登马利蒂在高端消费群体本已固定的用户群。

2. 关于侵权责任的承担问题

路易威登马利蒂对宝宏酒店、宝宏公司的连带责任上诉涉及出租方对承租方的侵权行为问题。出租方对承租方承担责任可以分为三种情况:(1)权利人发现侵权行为后通知商场,但商场纵容侵权行为的继续存在,这种情况下,通常商场要承担连带责任;(2)权利人发现侵权行为后没有告知商场,这种情况下商场通常不需要承担连带责任;(3)权利人通知了侵权商铺,但没有通知商场,商场同样不需要承担连带责任。

考虑到关于宝宏酒店与宝宏公司共同侵权的问题,出售侵权商品的服装店是潘小爱依法设立的企业,其经营场地是潘小爱从宝宏酒店处租赁,潘小爱与宝宏酒店之间是房屋租赁合同关系,潘小爱对服装店进行自主经营、自负盈亏,而宝宏酒店仅向潘小爱出租场地、收款并开具发票。其中租赁场地显然不能认定为宝宏酒店与潘小爱共同销售侵权商品,收款并开具发票则系宝宏酒店为在潘小爱所经营的"三亚丽宝服装店"消费的顾客提供的代为结算服务,而这仅是出于酒店经营及方便顾客的需要,亦不能认定为宝宏酒店与潘小爱共同销售侵权商品。在出租房屋后,宝宏酒店要求潘小爱签署《诚信经营承诺书》,已明确规定潘小爱不得在经营活动中侵犯他人合法的知识产权,更重要的是在宝宏酒店管理下,潘小爱在服装店内明显的位置悬挂服装店个体工商户营业执照,使消费者购买商品时容易看到,并将潘小爱销售行为与宝宏酒店进行区分。因此,潘小爱与宝宏酒店之间不存在共同销售侵权商品的行为,因而路易威登马利蒂有关宝宏酒店与潘小爱共同销售侵权商品,并认为其应与潘小爱承担连带责任的主张不成立。

3. 关于侵权赔偿的数额确定

依据《商标法》第 56 条的规定,侵犯商标专用权的赔偿数额,为侵权人在侵权期间因侵权所获得的利益,或者被侵权人在被侵权期间因被侵权所受到的损失,包括被侵权人为制止侵权行为所支付的合理开支。侵权人因侵权所得利益,或者被侵权人因被侵权所受损失难以确定的,由人民法院根据侵权行为的情节判决给予 50 万元以下的赔偿。本案中,路易威登马利蒂未能提供证据证明潘小爱因侵权所获得的利益,也未能提供证据证明其因被潘小爱侵权所受到的损失,故赔偿数额应由人民法院根据潘小爱侵权行为的情节作出相应判决。依据《最高人民法院关于审理商标民事纠纷案件适用法律若干问题的解释》第 16 条及第 17 条的规定,人民法院在确定赔偿数额时,应当考虑侵权行为的性质、期间、后果、商标的声誉、商标使用许可费的数额、商标使用许可的种类、时间、范围及制止侵权行为的合理开支等因素综合确定。制止侵权行为所支付的合理开支,包括权利人或者委托代理人对侵权行为进行调查、取证的合理费用。人民法院根据当事人的诉讼请求和案件具体情况,可以将符合国家有关部门规定的律师费用计算在赔偿范围内。

因此,人民法院的判决理由是,潘小爱经营的仅是私营企业,经营方式为零售,经营规模小,与宝宏酒店所签租赁协议的租期总计才一年,且在宝宏酒店内经营,侵权的影响面小,因而驳回路易威登马利蒂的关于数额巨大赔偿的诉讼请求。

三、结论及评论

本案中,潘小爱销售假冒伪劣商品,这侵犯了路易威登马利蒂的专利权,但因其经营方式为零售,在最终判决中享受了法庭的保护和照顾,且会由于处罚力度不够造成潘小爱意识不到自己的错误并采取规避法律惩治的措施。潘小爱并未依法向法庭举证证实假冒商品来源,其袒护假冒商品提供者的行为也体现其侵犯商标权的明显主观恶意。潘小爱上层的产假、贩假产业链也不能得到应有的审判和处罚。由此可见,路易威登马利蒂并未找到最合理的赔偿损失的方式。这会给造假贩假的产业更多喘息的余地,且会留下各知名品牌产品专利权再度受侵害的隐患。判决结果的赔偿数额对此类侵权行为人缺乏惩戒作用。《最高人民法院关于贯彻实施国家知识产权战略若干问题的意见》第5条明确规定:"特别是要突出发挥损害赔偿在制裁侵权和救济权利中的作用,坚持全面赔偿原则,依法加大赔偿力度,加重恶意侵权、重复侵权、规模化侵权等严重侵权行为的赔偿责任,努力确保权利人获得足够的充分的损害赔偿,切实保障当事人合法权益的实现。"原判并没有落实和体现上述司法解释的规定及精神。

随着技术水平的提高,假冒伪劣产品存在的问题越来越隐蔽,迎合消费者需求的水平也越来越高。同时,广大消费者缺乏抵制假冒伪劣产品的动力,使得这类商品拥有一定的市场需求,影响了原创产品市场的良性循环。这说明部分公民对知识产权保护的认识不足,要做到不制假贩假,不买假用假,还有一段路要走。要实现向法治国家的转变,必须培养民众的法律意识,因此在大力打击假冒伪劣侵权产品的同时,还应加强对公民有关知识产权保护法律意识的教育和培养。

(李雪飞)

【案例讨论】

1. 为什么本案中的个体经营户要假冒路易威登马利蒂品牌?

2. 你是否同意作者最后的评论——给予假冒伪劣经营者以重罚?如何促进国民的法律意识?在这方面应采取哪些措施?

3. 联系本案例,谈谈对企业品牌保护和建设的重要性。

【参考文献】

1. 袁克:《中国知识产权保护的经济学分析》,载《南开经济研究》2003年第2期。

2. 田宏杰:《论我国知识产权的刑事法律保护》,载《中国法学》2003年第3期。

3. 吴汉东:《知识产权国际保护制度的变革与发展》,载《法学研究》2005年第3期。

4. 郑成思:《信息、知识产权与中国知识产权战略若干问题》,载《环球法律评论》2006年第3期。

5. 洪群联:《我国知识产权服务体系发展现状与战略思路》,载《经济纵横》2011年第11期。

6. 吴汉东:《知识产权的制度风险与法律控制》,载《法学研究》2012年第4期。

【案例 1-11】 美商 NBA 产物诉上海华联吉买盛钦洋购物侵害商标权纠纷案

一、案例介绍

原告美商 NBA 产物股份有限公司（NBA Properties, Inc.，下面简称"NBA 产物公司"），住所地位于美国纽约州纽约市第五大道 645 号奥林匹克大厦；被告上海华联吉买盛钦洋购物有限公司（下面简称"华联吉买盛"），住所地位于上海市浦东新区崮山路 717 号。上海市浦东新区人民法院于 2013 年 8 月 6 日对原告 NBA 产物公司和被告华联吉买盛侵害商标权纠纷一案立案受理，并于 2013 年 10 月 15 日进行了公开开庭审理。

1. 双方辩争

在本案中，原告 NBA 产物公司诉称：原告是美国国家篮球联盟即 NBA 承担经营和许可职能的分支公司，在全球范围内拥有包括 NBA 球队标志等在内的知识产权。原告的第 3609652 号商标于 2005 年 12 月在中国被核准注册，核定使用商品为第 25 类鞋、篮球鞋等。原告将该商标许可给阿迪达斯公司，方式为普通许可。随着 NBA 赛事在全球的巨大影响力及该商标在服装市场的多年使用与广告宣传，原告的商标在全球范围内尤其是中国取得了良好的声誉与知名度。原告发现被告销售的"邦威"运动鞋的后跟外侧印有火箭队队标，并将原告商标中队标两侧的英文"HOUSTON ROCKETS"修改为"BANGWEI SPORT"，该标识与原告的上述商标构成近似。被告销售侵犯原告注册商标专用权的商品的行为构成对原告商标权的侵犯，严重侵害了原告的合法权益，给原告造成重大经济损失。故原告诉至法院，请求判令被告立即停止销售侵犯原告商标权的商品；在《新民晚报》非中缝版面刊登公告消除影响；赔偿原告经济损失和为制止侵权行为而支付的合理开支共计人民币 10 万元（其中公证费 2000 元、律师费 2 万元）。

被告华联吉买盛辩称：(1) 公证书所附的两只鞋尺码不一样，且非新鞋，而公证书主文显示购买了一双鞋,故该鞋是否为公证所购买的鞋存在质疑;(2)即便这双鞋是在被告处购买,被告提交的证据已证明其销售的商品是由第三方提供,并在供销协议中约定:若侵犯知识产权,由供应商承担一切法律责任和经济损失,且被告对供应商的主体资质及商品所涉及商标注册证等进行了审核,并提交了供应商的名称及联系方式,故被告不负有赔偿责任;(3)在原告公正购买后不久,被告因涉案商品销售不好早已下架;(4)原告主张的赔偿金额过高,且本案侵权事实和后果不适用登报消除影响的方式。

经法院查明:原告为第3609652号商标的注册人,该商标的核定使用范围在第25类的服装、鞋、篮球鞋等商品上,有效期限为自2005年12月7日至2015年12月6日。被告上海华联吉买盛钦洋购物有限公司成立于2003年6月25日,经营范围包括日用百货、文化用品、服装鞋帽、五金交电等。

2013年5月9日,原告委托代理人在上海市静安公证处公证员及工作人员的监督下,在被告经营的上述超市购买了"邦威"运动鞋一双,且两只运动鞋系同一款式,分别为37码和38码,在鞋后跟的外侧下方均印有上述标识,还在鞋后跟的外侧上方印有"BANGWEI"字样,鞋舌头内侧印有"BANGWEI"和"邦威时尚休闲运动"字样。另查明,原告委托代理人与上海百悦律师事务所签订《聘请律师合同》,原告于该协议签署之日起7天内一次性支付律师费5万元。原告在本案中主张律师费2万元,但未提交相应支付凭证。

休斯敦火箭队及该队成员姚明、麦克格雷迪在百度搜索、百度贴吧、新浪微博、Google搜索上有较高的关注度,并被人民网、东方体育日报、腾讯体育等媒体报道。2000年至今,《工人日报》《证券时报》《中国体育报》《人民日报》《中国经济导报》等报纸,《全体育》《篮球》等杂志多次对NBA或火箭队进行报道。《中国服装》杂志2007年9月的一篇文章显示,一款Adidas鞋上印有原告涉案商标中的图形部分。1号店网页显示,一款名为"阿迪达斯2012新款男子火箭队场下篮球鞋674404"的运动鞋在后帮上有原告涉案商标。审理中,原告从当当网商家"五星运动专营店"处购买货号为674404的阿迪达斯运动鞋一双,该鞋的后帮上有原告的涉案商标,发票显示销货单位名称为"温州市五新电子商务有限公司"。

审理中,为证明被控侵权商品的合法来源,被告提交了以下证据:(1)邦威(福建)体育用品发展有限公司的营业执照、组织机构代码证、税务登记证的复印件;(2)华联集团吉买盛购物中心有限公司与邦威(福建)体育用品发展有限公司签订的供销协议,有效日期为2010年1月1日至2010年12月31日;

(3)邦威运动鞋的进销存情况、销售明细表格和库存照片,库存运动鞋照片上没有涉案标识;(4)710891号商标查询信息,该商标的权利人为邦威(福建)体育用品发展有限公司。

由于被告销售的运动鞋上的标识中,图形部分与原告的商标的图形部分相同,而该图形系原告商标的主要识别部分。虽然二者的文字部分不同,但因为是英文字母,在以中文为主的国内消费者中识别性较差,且字体较小,并分布在图形的相同位置。故法院认定被告销售的运动鞋上使用的标识与原告的注册商标构成近似,该运动鞋属未经许可在同种商品上使用与原告注册商标近似商品的侵权商品。

2. 法院一审判决

最后,法院判决如下:(1)被告华联吉买盛于本判决生效之日起立即停止对原告NBA产物公司就第3609652号注册商标享有的注册商标专用权的侵害。(2)被告华联吉买盛于本判决生效之日起10日内赔偿原告NBA产物股份公司为制止侵权行为而支付的合理开支共计人民币12000元。(3)被告华联吉买盛就其实施的侵害商标权行为于本判决生效之日起10日内,连续15日在华联吉买盛生活广场钦洋店入口处的显著位置张贴书面启事,消除影响(启事内容需经法院审核,面积不小于30 cm×25 cm)。如不履行,法院将在华联吉买盛生活广场钦洋店的入口处公布本判决的主要内容。(4)驳回原告美商NBA产物股份有限公司的其余诉讼请求。

3. 原告和被告不服上诉

原告NBA产物公司和被告华联吉买盛均不服上海市浦东新区人民法院的民事判决,向上海市第一中级人民法院提起上诉。法院于2014年5月16日受理后,依法组成合议庭,于同年6月18日、7月22日公开开庭审理了本案。

NBA产物公司请求判令维持一审判决第1项至第3项,撤销第4项,改判被告赔偿上诉人经济损失78000元。理由如下:(1)原告对涉案商标的使用,现上诉人有新的证据证明涉案商标除许可给阿迪达斯公司使用外,还有其他的被许可人,原告就涉案商标的许可方式是普通许可;(2)原审判决未充分考虑不同种类许可费的计算方式,认定本案因侵权遭受损害的主体是阿迪达斯公司,原告已经获得商标许可使用费,难以证明所受损失存在错误;(3)一审判决在程序上未追加被许可人为本案当事人,在实体上将赔偿损失的权利让渡给案外人,剥夺了原告作为许可人受救济的权利,处理不当。

被告华联吉买盛公司辩称:(1)原告未能举证证明阿迪达斯已授权其使用

涉案商标,亦未举证证明其已向第三方授权使用,即使其向阿迪达斯公司的授权成立也并非普通许可;(2)原告客观上不存在经济损失,无权主张赔偿;(3)原告提供的证据表明其向第三方授权使用商品种类与本案被控侵权产品不同,即使认定侵权事实,被告所受损失也微乎其微。综上,请求二审法院判决驳回上诉人的上诉请求,维持原判。

原告为证明其就涉案商标普通许可的上诉主张,向法院提供证据如下:(1)原告与福建泉州宝峰鞋业有限公司签订的商标许可协议及翻译件,用以证明涉案商标普通许可给宝峰公司使用在拖鞋商品上,在鞋类商品上,原告并非只授权阿迪达斯公司一家使用;(2)上海市黄浦区公证处(2014)沪黄证经字第5365号公证书,公证网页内容显示涉案商标出现在1号店、NBA天猫官方旗舰店、京东商城及凡客诚品官方网站上销售的宝峰拖鞋、LevelWear牌衣服、NewEra牌帽子、梦娜牌袜子等商品上,该公证书用以证明涉案商标被多个被许可人使用在鞋类、衣服、帽子、袜子等商品上,并非只授权阿迪达斯一家公司使用;(3)原告法律与商业事务副总裁声明,原告与阿迪达斯公司签订的商标许可协议、相关公证认证文书和翻译件系列文件用以证明涉案商标普通许可给阿迪达斯公司使用并明确约定上诉人保留对商标侵权行为的完整诉权,同时规定向被许可人授权的商标许可费按照被许可人的销售金额按比例计取,为浮动许可费,非固定许可费;(4)上海枫泊电子商务有限公司确认函和实物,用以证明使用涉案商标的不同品牌的服装、帽子、拖鞋及NBA自有品牌服装在NBA天猫官方旗舰店销售的事实;(5)确认函附件用以证明原告授权NBA体育文化发展(北京)有限责任公司自2008年1月10日起在中国内地授权第三方使用NBA知识产权以及NBA北京公司确认涉案商标被多个被许可人使用在不同品牌商品上;(6)网页打印件,网页内容涉及上诉人与锐步公司、阿迪达斯公司合作历史,用以证明原告对阿迪达斯公司授权时同时保留对锐步公司的授权,阿迪达斯公司不是唯一的被许可人。

法院另查明:2001年8月1日,原告连同美国女子篮球协会实业有限公司("WNBAE")和美国篮球协会发展联盟实业有限公司("NBDLE")与阿迪达斯公司签订零售产品许可、营销和广告协议。2002年8月,上述各方就上述协议签订1号修正案,约定阿迪达斯公司享有在中华人民共和国境内对附有NBA标志或NBA成员球队标记(包含本案商标)的竞技运动鞋进行研发、制造、分销、广告宣传、促销和销售的专有权利以及在中华人民共和国境内附有NBA标志或NBA成员球队标记(包含本案商标)的非竞技运动鞋(其他鞋类产品)

进行研发、制造、分销、广告宣传、促销和销售的非专有权利。

法院意见如下:证据中所涉及的产品与本案的被控侵权产品运动鞋关联性不大,故不予采纳。法院认为,原审判认定事实基本清楚,所作裁判并无不当,法院予以维持。因此驳回上诉,维持原判。

二、案例分析

由于原告 NBA 产物公司的住所地在美国纽约,而被告华联吉买盛的住所地在中国上海,所以这是一个典型的国际商标侵权纠纷案件。

在本案中,通过原告和被告提交的证据显示,原告代理人自被告处购物、拍照的全过程均在公证处公证员与工作人员的监督下进行,并由公证处对原告代理人所购商品进行封存,而当庭启封的运动鞋外形与公证书所附照片一致,故可认定该运动鞋系原告代理人自被告处购买。被告对原告举证的运动鞋是否为公证购买的鞋提出质疑,但并未提交任何证据,故法院对其意见不予采纳。被告销售的运动鞋上使用的标识中,图形部分与原告的商标的图形部分相同,而该图形系原告商标的主要识别部分,虽然二者的文字部分不同,但因为是英文字母,在以中文为主的国内消费者中识别性较差,且字体较小,并分布在图形的相同位置。因此,在运动鞋上使用该标识,容易导致相关公众将其与原告的商标产生误认,由此对商品来源产生混淆,认为该商品由原告生产或经过了原告的授权。故法院认定被告销售的运动鞋上使用的标识与原告的注册商标构成近似,该运动鞋属未经许可在同种商品上使用与原告注册商标近似商品的侵权商品。

原告的商标在篮球运动界具有一定的公众认知度,被告作为一家具有专业管理经验的大型百货零售商,对品牌的认知能力理应比一般消费者高,故其对原告的注册商标应有所了解,被告亦自称对涉案商品所使用的商标进行了审查。涉案商品上使用的标识较多,而被告用以审查的商标注册证上的商标与涉案商品上使用的任何标识均不相同,只要被告稍加注意,就能够发现该商品涉嫌商标侵权,从而制止可能发生的商标侵权行为。因此,被告作为侵权商品的销售者,既无法提供该商品的合法来源,也不能证明其不知道销售的系侵权商品,应当依法承担停止侵权、赔偿损失等民事责任。

关于原告要求被告赔偿损失的诉讼请求。商标侵权行为损害的是商标合法使用人的市场份额和市场销售利润,原告应就其因被告侵权行为所遭受的损失承担举证责任。由于原告自身并未在中国销售的鞋类商品上使用涉案商标,其声称将涉案商标以普通许可的方式许可给阿迪达斯公司使用,但在有能力提交许可合同或其他证据以证明许可方式的情况下却不提交任何相关证据,故应自行承担不利的后果。同时,原告自认仅许可给阿迪达斯公司一家使用,故因商标侵权行为而遭受市场份额和市场销售利润损害的主体是阿迪达斯公司,而原告已从中获得了商标许可使用费,难以证明其因被告的侵权行为遭受损失。因此,对其要求被告赔偿经济损失的主张,法院不予支持。但是,原告为本案支付的公证费属于为调查侵权行为所支出的合理费用,依法应由被告承担。

由于原告的商标在篮球运动界具有一定的知名度,涉案侵权产品在质量、价格等方面明显低于原告授权的产品,被告销售侵权产品必然对原告的声誉造成影响,故被告应公开消除影响。但消除影响的范围应与侵权行为造成的影响范围相当,被告在其超市内销售侵权产品,购买者为超市的消费者,故被告应当在超市内张贴启事消除对原告造成的不良影响。

对于 NBA 产物公司不服一审判决提出上诉,其作为涉案商标的专有权人,有权就商标侵权行为提起诉讼,其争议点在于原告作为商标权利人和商标使用许可人,其经济损失赔偿请求是否应当得到支持。原告提出其是涉案商标的权利人,并将涉案商标普通许可给阿迪达斯公司等使用,被告应当承担赔偿经济损失的责任。由于民事损害赔偿请求权应当以民事权利人遭受实际损失为基础,商标侵权的损害赔偿请求权则应当以商标权利遭受实际损失为基础,实际损失以商标权利人的商品市场份额遭到挤占所造成的经济损失为限。本案中,原告作为商标权利人,虽然将涉案商标许可给阿迪达斯公司使用,但是其许可使用合同约定,阿迪达斯公司享有在中华人民共和国境内对附有 NBA 标志或 NBA 成员球队标记(包含本案商标)的竞技运动鞋进行研发、制造、分销、广告宣传、促销和销售的专有权利。原告未能举证证明其实际使用涉案商标的证据,换言之,现并无证据证明原告自身就涉案商标占有市场份额,并因被上诉人的侵权行为遭受市场份额被挤占所造成的经济损失。因此,原告关于被告应当赔偿经济损失的上诉请求,法院是不予支持的。

(沈嘉祺)

【案例讨论】

1. 法院一审是如何判决的?为什么原告和被告都不满意该判决,它们希望得到什么结果?最后结果又如何?

2. 你是否同意作者对此判决的分析?

3. 通过该案例,谈谈商标的作用和对企业发展的意义。

【参考文献】

1.《"美商 NBA 产物股份有限公司(NBA Properties)诉上海华联吉买盛钦洋购物有限公司侵害商标权纠纷案"上海市浦东新区人民法院民事判决书》,http://www.pkulaw.cn/case/pfnl_121145462.html? match = Exact,2014年2月12日访问。

二、专　　利

【案例1-12】　思科诉华为知识产权侵权案

2003年1月,全球最大的网络设备制造商思科系统有限公司(以下简称"思科")在美国德克萨斯州东区联邦法院马歇尔分院向我国最大的电信设备制造商华为技术有限公司及其在美国的两家子公司 Huawei America, Inc. 和 FutureWei Technologies, Inc. (以下简称"华为")提起诉讼。思科称此次诉讼旨在寻求法律禁令以制止华为对其知识产权继续进行侵犯并弥补华为的非法侵权行为对思科所造成的损失。而华为公司则称其在研发方面投入了大量资金,一贯保护自己的知识产权,同时也尊重别人的知识产权。华为公司将和法律顾问一起应对此事。

起诉方思科是全球最大的互联网设备制造商和提供商,而应诉方华为是全球领先的信息与通信解决方案供应商,其产品和解决方案已经应用于140多个国家,服务全球1/3的人口。全球两大通信巨头在中国加入WTO后开始了第一次关于知识产权方面的正面交锋,引起人们的极大关注。

早在2002年,华为对思科在美国本土市场的威胁就非常大,已经被思科认为是低端网络设备市场的强大对手。同时,华为和思科在产品上的高度相似性也促使思科下定决心采取法律行动。思科内部认为,华为带来的损失足够打一场官司的成本了。由此,思科成立了专职团队"打击"华为,并与中国政府进行了沟通,获得了政府方面对官司中立地位的允诺。

思科提交到法院的诉讼材料长达77页,其中诉状为25页,而证据为52页(主要为46页的思科著作权登记证和6页的思科与华为用户手册的比较图)。在思科指控华为侵犯其知识产权的起诉书中,思科对华为提出了多项指控,其要点是：

（1）盗用 IOS® 软件源代码，即盗用部分思科 IOS® 软件源代码并将这种技术整合到华为 Quidway 路由器和交换机的操作系统中；

（2）盗用思科的技术文件，即从思科已经获得知识产权的技术文件中进行大量抄袭，并将思科用户手册的全部内容复制到华为 Quidway 路由器和交换机的用户手册中等；

（3）侵犯专利权，即至少侵犯了 5 项与思科所拥有的路由协议相关的专利技术，并将这些技术整合到华为 Quidway 路由器和交换机中。

思科就此提出了多达 21 项的诉讼请求，几乎涵盖了从版权、专利、商标到不正当竞争等知识产权的所有范畴。思科称这是公司成立 17 年来首次主动起诉，而华为则回应称这是公司成立 15 年来首次被起诉。思科希望通过法律禁令来制止华为继续侵犯其知识产权，并要求华为予以经济赔偿，以弥补非法侵权行为对思科所造成的损失。

有权威人士指出，美国为了扩大自己的管辖权，各州制定了"长臂法律"（Long-arm Statutes），依据这种法律实行"长臂管辖"（Long-arm Jurisdiction）。美国法律规定适用"最低限度联系"原则，认为涉外民事案件中只要有任何联系因素与美国有关，就是与美国有最低限度的联系，美国法院就有管辖权。例如，在外国设有子公司的美国公司，如其子公司在国外的行为违反了美国法律规定，即使该行为依行为地外国法是有效的，美国法院也可以对该公司行使管辖权，其理由是该公司的子公司的行为违反了美国法律，其效果及于美国。以上阐述用到本案例是极为恰当的。

思科在诉状中称第一被告华为中国向全球销售其网络及通信产品。华为中国通过第二被告华为美国（Huawei America），第三被告 FutureWei 在德克萨斯州东区联邦法院的辖区内销售产品。而 FutureWei 是华为中国的全资子公司，在德克萨斯州注册。华为美国也是华为中国的全资子公司，在加州的圣何塞注册，而那里正是思科公司的总部所在地。为证明德克萨斯州东区联邦法院对本案具有管辖权，思科公司共罗列了 7 大理由，主要是该法院辖区是华为侵权产品的目标销售地和实际销售地；华为中国和 FutureWei 建立了网站，使辖区内的居民能够访问而接触到侵权产品的信息并下载侵权的软件；华为在辖区建立了研发机构，并正在大力招募当地居民；华为一系列侵权严重损害了思科在该地的产品销售和研发机构的运作。从一般管辖理论而言，根据"原告就被告"的原则，思科将在德州注册的 FutureWei 公司推上德州的法院被告席是没有任何问题的。而将加州注册的华为美国列为被告则多少有些勉强,除非思科能够证明该辖区是华为美国的侵权地,即华为美国直接向该地销售了侵权产品或有其他侵权行为。

至于将华为中国列为第一被告则缺乏足够的法律依据。"网站侵权"一节更是令人难以置信。退一步而言,即使根据美国的"长臂管辖"原则,思科暂时达到了其将华为中国推上美国被告席的目的,由于"长臂管辖"本身就受到全世界的反对,思科在全球的公众形象很难说不会打折扣。思科将华为中国列为第一被告还有一个目的。不论是华为美国和 FutureWei 都是独立承担有限民事责任的公司,最后很难获得思科所期待的数额不详(可能数额惊人)的赔偿。而把当时拥有 30 亿美元业绩的华为中国牵扯进来,思科大可高枕无忧了。

对于思科的指控,华为进行了全面的反驳,并计划提出三项反诉:华为对思科的专利不构成侵权、判决思科专利无效及思科不公平竞争。同时,华为还向法院提出了对思科初步禁止令动议的反对意见。

同时,华为还进行了全方位的应对,不仅早早暗中收回疑似侵权的路由器,还聘请了著名公关公司和律师事务所为之辩护。华为停止了在美国出售被思科指控含有非法盗版软件 Quidway 路由器。同时,华为还努力研发不涉嫌思科指控的新产品,并在 3 个月内面市。新产品中有争议的代码已经被全部删除,华为甚至还删除了指令和用户手册中任何可能相似的东西。对此,思科和美国权威媒体均视华为在设法消除在美国市场上的证据,阻止美国法庭就思科的指控作出判决。

从该案的证据看来,思科无论如何都站在天平的胜利一方。华为的一名前雇员在递交给联邦法庭的文件中声称,华为所生产的软件和全球最大网路设备生产商思科的产品甚至连瑕疵处都一样。程序瑕疵似乎显示,思科的路由器与华为的路由器之间存在相似性。

华为的对策之一是进行商业联盟,联合对思科主导的通信新秩序不满的竞争对手,和思科展开博弈。2003 年 3 月 20 日,华为公司与思科的老对手美国 3Com 公司联合宣布,双方将组建合资企业——华为 3Com 公司。3Com 公司的 CEO 柯福林立刻挺身而出,在法庭上发表了对华为极为有利的证词,他指出:"在同意成立合资企业前,3Com 公司已经花了数月时间与华为公司的工程师会面、洽谈并测试了产品的性能。在这个过程中,本人亲眼目睹了华为公司世界级的通信工程能力。我相信从合资企业生产出去的产品在世界上将是独一无二和富有竞争力的,并且这些产品是在完全尊重各公司知识产权的基础上设计出来的。"

除此之外,合资公司将拥有 3Com 和华为共 4000 余项专利技术和应用的知识产权,同时还拥有 1000 多个注册商标。其中 3Com 的 1850 余项是美国专利,华为的中低端路由器产品通过代工生产的方式以 3Com 的品牌进入美国市场,在美国市场上思科要面对的对手就不是"手无寸铁"的华为而是拥有大量网络技术专利和在处理知识产权诉讼方面有丰富经验的 3Com 公司了。因此,无论此次"思科诉华为"官司结果如何,华为的路由器都将会坚定不移地挺进美国市场。

2003 年 6 月 7 日,美国德州地区联邦法院发布一个初步的禁止令,判决华为停止使用思科提出的存在争议的路由器软件源代码,包括操作界面以及互联网上的帮助支持文件。虽然法院的禁止令所包含的内容并没有思科期望的那么多,但是无疑已经支持了思科的诉讼立场。按照法律原则,这一临时禁止令到法院作出最终裁决前一刻将一直都会有效。这样一个初裁结果被思科副总裁兼首席法律顾问马克·钱德勒称为"思科的重大胜利",因为思科认为自己的立场被肯定。但在思科诉状的 21 项诉请中,涉及禁止令的只有 5 项,而且本案所涉及的产品,华为在美国只进行了少量的销售,特别是在思科起诉后,华为十分明智地停止了在美国市场出售和经销这些产品。禁止令相当于仅仅是禁止销售那些华为已经停止销售的产品,这也让华为的损失降到了最小。

3Com 总裁的证词,加上 3Com 和华为主动申请法庭对其合资公司新产品是否侵犯思科知识产权作出鉴定,表达了华为希望通过和解渠道解决纠纷的诚意。同时,经过法庭上对于私有协议的辩论,思科也认识到挑起这样的争论并无好处。众所周知,互联网首先是在一个国家内发起与推广的,相当长时间设备供应商的私有协议就是网上的标准。当初作为路由器的倡导和首用者的某一厂商,利用这种早期无须国际标准的局面,形成其市场优势和垄断地位。思科诉华为,从某种角度上看,也是在钻法律空子。全世界(包括发达国家)都认识到知识产权的过度保护对发展中国家是不公平的。

最终,华为承认了侵权的事实,称公司一名员工在未经授权情况下,接受了通过第三方获得的思科源代码,并保证以后不再侵权。2003 年 10 月 1 日,华为同意允许一名独立专家就华为对其产品所作的修改进行审核。在共赢的认识之下,2004 年 7 月 28 日,华为、思科和后来介入的华为 3Com 公司三方同时向美国德州法院提出了终止诉讼的申请,这个请求被法官予以批准并即刻生效。这意味着三方均不得再就此案提起诉讼或者再以相同事由提起诉讼,从而使历时一年多的思科与华为知识产权诉讼画上了终止符。

思科起诉华为,应该说是来势汹汹,在诉状中的个别措辞更是激烈,这显示了思科强硬的一面。但在具体诉讼策略上,思料却没有在华为最大的市场——中国起诉华为,也并未向美国法院提出具体的赔偿数额,这又说明思科的策略是很具有弹性的。思科既要保护自身的技术成果与维护股东的利益,又不想失去中国这个世界上最具活力的电信市场,因为电信业从来都是和政府管制息息相关的。

本案被业内形容为中国高科技知识产权领域的第一场"胜仗",也成为高科技领域中外知识产权争端的代表性案例。从对抗到和解,耗时一年半,这预示着中国企业在进入WTO时代应该进一步强化知识产权意识,善于用法律武器捍卫自己的合法权益。

(王立晟)

【案例讨论】

1. 美国德克萨斯州地区联邦法院发布的初步禁止令,思科与华为双方都认为法院的判决是他们的一次胜利。你怎么看?

2. 为什么思科和华为最后都提出了终止诉讼的申请?你认为思科和华为谁才是这次诉讼中最后的赢家?请说明理由。

3. 华为采取了哪些手段来应对思科的知识产权侵权诉讼?最后这些手段是否起了作用?哪些做法可以为将来国内企业应诉相关问题时提供借鉴?

4. 知识产权的过度保护对发展中国家是否是一种不公平的体现?请说明理由。

【参考资料】

1. 胡钢:《案件事实篇 解读思科诉华为案》,载《电子知识产权》2003年第4期。

2. 陈涛:《对跨国公司知识产权滥用的法律规制——从思科诉华为案谈起》,载《中华商标》2009年第1期。

3. 《解读中外十大知识产权纠纷案例》,http://career.china.com/zh_cn/zcbg/more/11047271/20070601/14135619_2.html,2007年6月1日访问。

4. 丁晓芦:《华为3Com意欲何为?》,载《通信世界》2003年第10期。

5. 王强:《思科诉华为:双赢还是双输?》,载《商务周刊》2003年第13期。

【案例1-13】 "爱国者"状告东芝知识产权侵权案

2010年4月26日是世界知识产权日。当天,爱国者电子科技有限公司(以下简称"爱国者")一纸诉状将日本知名企业东芝(中国)有限公司告上法庭,要求后者的生产商和经销商即日起停止对爱国者"USB PLUS 数据传输"的专利侵权行为,并赔偿经济损失。同时,另一家全球知名IT跨国公司惠普也被爱国者告上法庭。

长期以来,一直都是国外知名跨国公司起诉中国公司专利侵权,中国公司充当被动应诉的角色,并且一般都会败诉,进而支付赔偿金。例如,早在2000年,由日立、松下、东芝、三菱电气、时代华纳和JVC组成的6CDVD专利联盟(以下简称"6C联盟")垄断了VCD、DVD等多项技术专利,使得中国的许多生产商每生产一台相关机器就要向国外公司支付一笔不菲的专利使用费,外国企业给中国企业上了一堂生动的知识产权保护课程。

现在,作为中国的高科技企业爱国者电子公司站在原告席上拿起法律武器来保护自己应有的权利,这一方面表明中国科技在进步,另一方面表明中国企业已经意识到保护自身知识产权的重要性。根据央视报道,包括东芝、惠普在内,全球至少有将近6000万台电脑生产商在未经爱国者同意的情况下擅自运用了爱国者的USB PLUS数据传输专利,侵害了其权益,迫使爱国者不得不发起知识产权保卫之战。

爱国者的这项技术专利名称为USB PLUS接口技术,是将eSATA和USB两种接口合二为一的连接技术。USB PLUS的传输速度之快是当前主流的USB2.0速度的6倍以上。另一方面,USB PLUS还完成了对USB2.0、USB3.0和eSATA连接接口的兼容,将多种接口技术整合为一个接口,解决了数据传输领域所面临的低速度和兼容的瓶颈。目前,爱国者USB PLUS接口技术包含数十项国家专利和数项国际专利。这一技术的突破是中国民族企业走出"中国制造"、走向"中国创造"的一大标志。

2008年年底,爱国者公司发现市场上的外资品牌电脑上采用了相同的

USB PLUS 数据传输接口技术。2009年1月，爱国者在参加 CES 大展时，对外展示了 USB PLUS 技术。之后，这项技术受到了众多电脑厂商的追捧，包括惠普、戴尔、宏碁、LG、东芝等众多知名品牌于2009年之后上市的多达20款笔记本产品全部采用了 USB PLUS 技术。然而，这些国外电脑生产厂商既没有从爱国者处采购设备，也未与爱国者进行过沟通，而是从别处购买，部分厂商甚至盗用爱国者公司的专利技术。2010年，全球主要的电脑生产厂商除苹果公司以外都推出了采用 USB PLUS 数据传输接口技术的电脑。时任爱国者电子总裁高喆表示，包括惠普、东芝在内，全球至少有1亿台品牌电脑均侵犯了爱国者 USB PLUS 技术的专利权。

根据《专利法》第11条规定，未经专利权人许可，为生产经营目的制造、使用、许诺销售、销售、进口其专利产品或者使用其专利方法以及使用、许诺销售、销售、进口依照该专利方法直接获得的产品，均属侵犯专利权的行为。上述厂商的行为明显构成了对爱国者公司该项专利的侵权。从2009年起，关于 USB PLUS 相关专利技术被侵权一事，爱国者曾经多次和相关企业进行交涉并发出律师函，要求其尊重中国企业的知识产权。但由于部分公司未能向爱国者提出有效的解决方案，爱国者最终只能通过法律手段来维护自己的利益。

爱国者电子总裁兼 CEO 曲敬东表示："USB PLUS 的接口技术被全球各大厂商所推崇，我们是欣喜的，这是中国创造的技术为世界做出的贡献，但是对通过侵权行为使用专利技术，我们坚决反对。跨国公司应成为保护知识产权的表率，我们希望本案能对保护中国企业专利技术产生积极的推动作用，进而为自主创新和自主品牌建设创造健康良好的发展环境。"

作为中国电子产业的领军者，近年来，爱国者积极推动中国电子产业知识产权标准的制定和实施。此案涉及的 USB PLUS 接口技术具有世界领先的技术水平，是爱国者自主研发的知识产权标准。据爱国者产品研发部总经理谢灿豪介绍，USB PLUS 接口技术包含8项专利，其中有2项发明专利和6项实用新型专利。2006年4月17日，爱国者向国家知识产权局申请了 USB PLUS 数据传输 eSATA 连接器专利，并于2010年2月3日获得该专利权授权。在申报之后，爱国者随后完成了《专利合作条约》PCT 的国际申请流程，借此将相关专利保护权益扩大到世界范围。

对于国外跨国公司而言，过去通常宣称中国 IT 企业侵犯了它们的知识产权，可这一次却被中国 IT 企业一纸诉状告上法庭。爱国者知识产权总监黄晶表示，在爱国者对两家外资品牌厂商提起知识产权诉讼之后，外资企业的态度是傲慢并且不可一世的。其中一家厂商的负责人甚至对黄晶说:"你们撤诉吧,反正你们也赢不了。"

此案开庭后,爱国者公司给出了最为关键的证据——USB PLUS 数据传输 eSATA 连接器专利,形势对爱国者十分有利,外资品牌厂商的态度逐渐软化下来,承诺承担诉讼费用,愿意和爱国者达成和解。再后来,外资品牌厂商声称可以考虑向爱国者支付部分专利许可费用。

之所以选择对东芝和惠普这两家企业上诉,爱国者公司也有自身的考虑。由于侵权行为所涉及厂商的数量实在众多,若一一追责,无法一并提起诉讼,因此爱国者分别选择了美国的惠普以及日本的东芝两家代表厂商提出上诉。另外,只选择两家被告企业也是希望能够获得更快的判决。

而此次未被列上被告席的其余几家外资品牌厂商,在 2010 年 4 月爱国者提起诉讼之后,也采取措施,从总部派人到北京与爱国者公司展开谈判。短短两个月的时间就展开几十轮会谈,但一年多下来没有取得突破性进展。主要是其余厂商都在观望此次一审的结果。若爱国者胜诉,则此次法院判决结果将有利于爱国者与其他几家国际品牌厂商的维权谈判得以顺利进行。因此,此案的诉讼进展受到社会各界的广泛关注。

2011 年 10 月 10 日,爱国者宣布公司起诉东芝侵犯 USB PLUS 储存接口技术专利案一审获胜,西安人民法院下令日本东芝公司停止在中国销售某些型号笔记本电脑,并向爱国者支付 20 万元人民币的损害赔偿。虽然东芝上千万台电脑侵权爱国者专利,仅判罚款 20 万元令不少人认为判罚过轻。但东芝的败诉还是在一定程度上对其他侵权外企起到了警示作用,毕竟在这次判决中,处于弱势的中国企业爱国者胜诉,标志着中国企业从以前的被动应诉转向主动保护自己的权益。考虑到此前并没有中国企业在标准化专利的案件中胜诉过国际企业,对于国内创新型企业来说,这无疑是一个新的起点。

作为胜诉方的爱国者公司,这次案例的成功经验值得我国企业借鉴:

首先,中国企业一般会等到把技术或产品完全研发出来后才提出专利申请,但爱国者则反其道而行之。2004 年,在爱国者刚有将 eSATA 和 USB 接口二合一的想法之后,就于 2005 年申请了一项实用新型专利。2006 年,爱国者研发出 USB PLUS 的初步技术之后又申请了发明专利,并于 2010 年获得授权。爱国者之所以这样做,是因为实用新型专利从申请到获得授权大概只需10 个月的时间,而发明专利需要严格的审查,动辄需要两到三年才能获得授权。爱国者 2006 年申请的发明专利,是在 2005 年专利的基础上修改的,由于专利的优先权从 2005 年开始计算,这就意味着 USB PLUS 这项发明专利的发明时间也是从 2005 年开始计算的。其他企业只要是在此之后使用这项技术，都会被认定为侵权。若等到发明专利获批再请，则在发明完成到获批之间会产生一个真空期，不利于企业保护自己的知识产权。

其次，诉讼时间点的选择也是一门学问。早在 2008 年年底爱国者观察到市场上侵权产品出现时，并没有在第一时间提起诉讼，而是等候了一年多才提出诉讼。在这期间，USB PLUS 技术在全球得到普及。这是因为公司的目的在于希望该技术在全球得到推广。若一开始就提起诉讼，从某种程度上来说是"扼杀"了这个技术。

在市场经济体系下，知识产权既是"矛"，也可以是"盾"。企业拥有了自主研发的知识产权，就能在一定程度上保护自己的研究成果。更重要的是，它还可以帮助企业在竞争中先声夺人，实现企业经济利益的最大化。但是多年来，中国企业在知识产权维权的过程中经常只是将知识产权用做防御的"盾"，因此显得较为被动。如何转变观念，像爱国者公司那样，主动运用知识产权的"矛"来维护自己的权益，确实是我国民企应该增强的意识。我国政府鼓励企业创新，每年企业申请的专利数也在增加，但是企业仅依靠创新不够，还需要把创新变成知识产权的威慑力，在别人进攻的时候防守，在竞争时参与竞争。

我国企业的知识产权专利的申请数量近些年来持续增长，根据世界知识产权保护组织（WIPO）2013 年的报告显示，在企业专利方面，中兴、华为位居全球企业专利申请量（PCT）第二和第三位，分别有 2309 件和 2094 件，仅次于日本的松下公司的 2881 件。而整个 2013 年，WIPO 受理的中国国际专利申请总量达 2.16 万件，仅次于美国和日本，排名世界第三。这些数据体现了中国在知识产权领域占有重要的地位。

但是，我国企业运用知识产权法律维权的意识却和申请专利数量的排名并不相称。尽管已经加入 WTO 十年，但是不少企业对 WTO 的规则框架不熟悉，导致在知识产权问题上，一直处于被动的应诉方，落后挨打的局面屡见不鲜。

爱国者的案例说明，我们的企业在创新的同时，应做好专利申请等一系列配套措施，在面对侵权的时候应"主动出击"，利用国际规则维护自身的权益，这是中国优秀民族品牌"走出去"时需要关注的一个方面。随着爱国者此次主动维权诉讼的开始，我们相信，将会有越来越多的中国企业在主动保护知识产权上有所行动。

（王立晟）

【案例讨论】

1. 知识产权专利有哪几种主要类型？企业申请这些专利可以获得哪些好处？

2. 为什么爱国者公司在发现自己的产品被侵权后没有第一时间提出诉讼？

3. 本案例中，爱国者公司先申请实用新型专利，后申请发明专利的理由是什么？

【参考文献】

1. 韦夏怡：《爱国者举起中国知识产权之矛》，载《经济参考报》2010 年 5 月 19 日。

2. 周一慰：《冯军：请国际品牌正视中国知识产权崛起》，载《21 世纪经济报道》2011 年 10 月 15 日。

3. 《中华人民共和国专利法》。

4. 祝剑禾：《爱国者诉东芝技术侵权案获胜》，载《京华时报》2011 年 10 月 11 日。

5. 董长青：《爱国者告赢东芝专利侵权》，载《北京日报》2011 年 10 月 15 日。

6. 潘少军：《爱国者诉东芝侵权案一审获胜"中国创造"怎样维权》，载《人民日报》2011 年 11 月 14 日。

【案例 1-14】 爱立信诉小米手机侵权案

2014 年 12 月 30 日,小米董事长雷军正式对外宣布,小米完成了新一轮 11 亿美元的融资,估值达 450 亿美元。然而,发展正如日中天的小米被连续爆出的专利风险亮出黄牌。先是中兴、华为等对小米发出一批律师函催缴专利费,很快爱立信在印度起诉小米违反了公平、合理和非歧视(FRAND)原则,侵犯了其持有的通信技术标准关键专利。

一、案件始末及发展

小米的印度之旅开始于 2014 年 7 月,小米在印度设立分公司,通过电商 Flipkart 周末的闪购活动销售小米手机及相关产品,小米 3 手机、红米手机和红米 Note 三款产品受到印度消费者的欢迎,产品热销。不过,好景不长,同年 12 月,通信设备厂商爱立信向印度德里高等法院起诉,爱立信认为小米科技的产品侵犯了其持有的通信技术标准关键专利(standard essential patent,简称 SEP),爱立信称三年来其试图与小米展开授权谈判,小米均无回应,据此不得不向法院提起诉讼,要求法院对小米的产品发出禁售令,在印度市场全面禁售小米手机。

12 月 8 日,爱立信在印度对小米提起专利诉讼后,小米在印度一度停止销售,并关停了官网网页。经过短暂斡旋,17 日,印度德里法院授予小米"临时许可",可继续向印度销售基于高通处理器的手机红米 1S,前提是小米每台设备预缴 100 印度卢比于法院提存。但该月初刚刚在印度上市的红米 Note 仍不得销售,因为后者搭载的是与爱立信有专利纠纷的处理器。

根据印度媒体报道,法院在短时间内下发禁售令,有可能是因为小米拒绝与爱立信就专利授权进行沟通,该起诉讼案中提及的专利有可能与先前爱立信起诉 Micromax、金立、Intex 三家厂商的专利侵权有关。爱立信诉小米并不是爱立信在印度第一次诉讼,早在 2011 年爱立信就不约而同和诺基亚起诉在印度智能手机市场排名第一的 GFIVE(基伍),崛起于深圳华强北的基伍手机一战即崩,毫无招架之力。

2014年前后,爱立信连续起诉了多家印度智能手机厂商,最后均以硬件厂商赔款告终,并没有永远禁售产品,爱立信与小米的专利纠纷有可能同样以赔款结束。

二、涉案公司爱立信简介

爱立信(Telefonaktiebolaget LM Ericsson)成立于1876年,总部设在瑞典斯德哥尔摩,是世界领先的电信设备制造商和提供专业电信服务的公司,产品组合包括移动和固定网络基础设施,以及针对运营商、企业客户和开发商的宽带和多媒体解决方案。此外,爱立信还通过索尼爱立信合资公司提供个人移动终端设备。作为2G、3G和4G移动通信技术的市场领导者,爱立信支持的网络为全球超过10亿用户提供服务。爱立信正以其创新精神、尖端技术和可持续发展的业务解决方案,努力实现"构建人类全沟通世界"的愿景。该公司员工分布在全球175个国家。爱立信在斯德哥尔摩北欧股票交易所和纳斯达克证券交易所挂牌上市。(见表1-14-1)

表1-14-1 爱立信公司财务数据摘要 （单位:亿瑞典克朗）

项目	2009	2010	2011	2012	2013
总营业收入	2064.77	2033.48	2269.21	2277.79	2273.76
同比(%)	—	-1.52	11.59	0.38	-0.18
营业利润	102.36	156.24	204.00	132.24	178.62
净利润	36.72	111.46	121.94	57.75	120.05
总资产	2698.09	2818.15	2803.49	2749.96	2691.90
总负债	1287.82	1350.30	1350.79	1365.13	1275.67
普通股权益	1398.70	1451.06	1431.05	2368.83	1402.04
股东权益合计	1410.27	1467.85	1452.70	1384.83	1416.23
经营活动现金流量	244.76	265.83	99.82	220.31	173.89
投资活动现金流量	-374.62	-125.41	45.41	-48.88	-111.09
资本支出	54.49	53.33	65.09	70.70	54.18
筹资活动现金流量	-17.01	-56.70	-64.94	-93.85	-95.08
现金净流量	-150.15	80.66	78.12	60.06	-25.87

数据来源:wind数据库。

爱立信在新兴的移动数据通信领域正在迅速发展,在第三代移动系统的发展中发挥了推动作用。第三代移动系统具有很高的数据传输转换容量,能够提供互联网的无线接入和移动媒体服务。

爱立信从事第三代移动通信技术的研究已经十几年,是第一个提供宽带码分多址(WCDMA)实验系统的公司。1999年4月,爱立信获得了向日本NTT. DoCoMo提供WCDMA移动电话和基站设备的订单,这是世界上第一个WCDMA商业订单。同时,爱立信还在德国、意大利、英国、美国、加拿大、瑞典、日本和中国建立了实验系统,这些系统正在进行高速传送的实验,日趋完善。

爱立信对现有的GSM和TDMA系统也在不断进行改进和发展,通过利用通用分组无线电业务(GPRS)和增加数据全球改进模式(EDGE)等分组交换技术使它们提供更好的数据通信服务。1999年1月初,爱立信获得了德国网络营运公司T-Mobile的世界上第一份GPRS合同,目前,爱立信已占领了全世界GPRS市场的60%。

爱立信是无线通信标准的主要贡献者,拥有3.5万个专利,迄今已与其他通信行业伙伴签署了超过100个专利使用授权协议。爱立信不仅在西方国家注册了GSM和UMTS/WCDMA的核心专利,而且在亚洲、拉美和非洲等主要市场都注册了专利。爱立信认为,在全球市场上销售的产品都应得到相应的专利使用许可,因为没有获得专利授权的企业拥有不公平的竞争优势,会扰乱市场。据印度媒体报道,爱立信此次起诉的是关于AMR、EDGE和3G技术中的8项专利,均为电信方面。

爱立信表示,通信行业的可持续发展是建立在这样的生态系统之上:电信业允许市场新人利用其他公司的研发投资所产出的创新成果,帮助他们将产品迅速商用并推向全球。作为回报,市场新进入者应当给予技术创新者公平的补偿,因为他们正是得益于后者的发明创造,才筑就了自己的商业成功。

爱立信认为,由于目前基于公平、合理和非歧视(FRAND)原则的生态系统之上的技术分享,一个低准入门槛的移动和宽带市场才得以布局全球。当今全球十大手机厂商中,有八家在十年前根本都还不存在,这些厂商的产品无不利用了行业前辈已经开发成熟并被纳入标准的技术。

三、涉案公司小米简介

小米公司成立于2010年4月,是一家专注于高端智能手机、互联网电视自主研发的创新型科技企业,主要由前谷歌、微软、摩托、金山等知名公司的顶尖人才组建。

小米手机、MIUI、米聊、小米网、小米盒子、小米电视和小米路由器是小米公司旗下七大核心业务。"为发烧而生"是小米的产品理念。小米首创了用互联网模式开发手机操作系统的模式,将小米手机打造成全球首个互联网手机品牌,并通过互联网开发、营销和销售小米的产品。但截至2014年12月30日,公司还未上市。

小米注重专利开发和知识产权保护。2014年12月21日,小米总裁林斌在接受PingWest采访时,首次公开透露其发明专利申请情况:2012年之前小米拥有35项专利,2012年申请了257项,2013年申请了643项,2014年申请超过1300项,上述超过2235项均是发明专利申请。此外,林斌还强调小米2015年将新申请2000多项发明专利。这意味着,到2015年年底,小米将总共拥有超过4000项专利。但小米申请专利,只是为了防御。

然而,专利是一个积累的过程,是无法短时间内培养出竞争优势的,与国内通信竞争对手华为、中兴通信相比,小米的专利劣势较为明显。

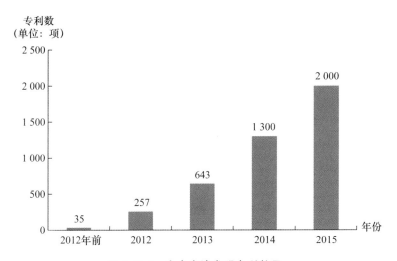

图 1-14-1　小米申请发明专利数目

数据来源:根据小米总裁林斌演示文档数据制图。

四、涉案公司中兴简介

中兴公司是全球领先的综合性通信制造业上市公司,是近年全球增长最快的通信解决方案提供商。公司凭借在无线产品(CDMA、GSM、3G、WiMAX

等)、网络产品(xDSL、NGN、光通信等)、手机终端(CDMA、GSM、小灵通、3G等)和数据产品(路由器、以太网交换机等)四大产品领域的卓越实力,现已成为中国电信市场最主要的设备提供商之一,并为100多个国家的500多家运营商,以及全球近3亿人口提供优质的、高性价比的产品与服务。

公司承担了近20项国家863重大课题,是通信设备领域承担国家863课题最多的企业之一。中兴通信已相继与和记电信、法国电信、英国电信、沃达丰、西班牙电信、加拿大Telus等全球顶级运营商及跨国运营商建立了长期合作关系,并持续占领发达国家的高端市场。

中兴集团每年在科研开发上的投入均保持在销售收入的10%左右,并在中国、美国、瑞典及法国等地设立了18个研发中心,集团还与领先运营商成立了10多个联合创新中心,以便更好地把握市场需求和客户体验,获取市场成功。

截至2014年6月30日,中兴集团专利资产累计超过5.3万件,其中授权专利累计超过1.7万件、PCT国际专利申请量累计超过1.5万件。此外,集团已成为70多个国际标准化组织和论坛的成员,有30多名专家在全球各大国际标准化组织中担任主席或报告人等重要职务,累计向国际标准化组织提交文稿28000多篇,取得了200多个国际标准编辑者(editor)席位和起草权,持续在重点产品和技术领域构建技术和专利优势,不断加强专利风险防御能力。

五、涉案公司华为简介

华为公司在德国、瑞典、美国、印度、俄罗斯、日本、加拿大、土耳其等地设立了16个研究所,进行产品与解决方案的研究开发人员约70000名(占公司总人数45%)。截至2013年12月31日,华为累计申请中国专利44168件,外国专利申请累计18791件,国际PCT专利申请累计14555件,累计共获得专利授权36511件。

华为将主流国际标准与产业紧密结合,与全球主流运营商密切合作,为做大ICT产业做出贡献。华为推动WRC-15为IMT新增至少500MHz全球频段,发布5G技术Vision白皮书;在SAE/PCC领域推动网络能力开放、Service Chaining等重要议题;领跑NFV标准,推动ICT融合标准生态环境;促进Carrier SDN产业孵化;推动更易互联互通、适当增强的IP/Internet领域安全原则;引领Flex-OTN标准,是100GE/400GE以太网标准的主要贡献者;在IEEE 802.11启动和引领下一代WiFi标准的研究。截至2013年底,华为加入全球170多个行业标准组织和开源组织,包括3GPP、IETF、IEEE、ITU、BBF、ETSI、TMF、WFA、CCSA、GSMA、OMA、ONF、INCITS、OpenStack和OpenDaylight等,其中在ETSI、CCSA、OMA、OASIS和WFA等组织担任董事会成员。2013年,华为向各标准组织提交提案累计超过5000件。该年,华为研发费用支出为人民币30672百万元,占收入的12.8%。近10年投入的研发费用超过人民币151000百万元。

六、启示与借鉴

近些年,手机行业专利纠纷不断,有国外企业之间的专利纠纷,如苹果与三星之间的专利大战,也有中国企业诉外国企业的专利纠纷,如华为诉IDC公司专利授权案。

ISO等全球主流标准化组织推荐并在组织内强制实施的FRAND标准,指标准专利的授权必须遵循公平、合理与无歧视原则。深圳中院一审并经广东高院在2014年终审维持的华为诉IDC公司专利授权案就直接适用FRAND原则,认定IDC向华为索取的许可费率过高,并以判决形式确定IDC在中国的标准必要专利许可费率为不超过0.019%。法院在审理华为诉IDC案件中对标准专利的态度一点不让人意外。最高人民法院早在2008年的关于季强、刘辉与朝阳兴诺公司复合载体夯扩桩专利侵权纠纷案的答复([2008]民三他字第4号)中就明确指出:"专利权人参与了标准的制定或者经其同意,将专利纳入国家、行业或者地方标准的,视为专利权人许可他人在实施标准的同时实施该专利,他人的有关实施行为不属于专利法第十一条所规定的侵犯专利权的行为。专利权人可以要求实施人支付一定的使用费,但支付的数额应明显低于正常的许可使用费"。尽管标准专利往往不是一个而是一系列专利,但0.019%的许可费标准显然低于权利人的期望值。从这一点来看似乎可以说华为帮助小米降低了对标准专利侵权诉讼的担忧。

本案例给予的启示是:

(1)国产手机走向世界不能规避技术竞争。智能手机制造需要巨额研发投入才能保证技术优势,这一点没有例外。中兴、华为、联想、酷派和三星每年研发费都占营业收入的10%以上,还不可避免地为高通、爱立信或诺基亚另行支付手机售价约8%—12%的标准专利许可费。购买专利同样需要付出巨大代价。TCL率先走向海外收购阿尔卡特包含专利在内的手机业务,联想收购IBM台式电脑和笔记本业务以及摩托手机业务都包含大量专利转让和许可,其在 2014 年以每项专利平均 500 万美元的天价耗费 1 亿美元专门购买 Unwired Planet 的 21 项专利。因此,小米要想在智能手机制造领域越走越远,专利技术是小米亟待攻克的难关。

（2）应重视专利人才的培养和引进。小米专利总监张亮和知识产权总监徐伟锋均具有从事专利工作的背景,比如张亮曾就职于国家知识产权局实质审查部、美国海陆国际律师事务所北京办事处、美国高智发明专利基金北京办公室、法国电信北京研发中心等部门。但是小米的专利负责人基本上来自政府部门、专利运营实体、律师事务所和短暂的外企、央企经历,没有太多产业部门工作经验。初步查看小米专利申请的结构,基础的通信技术仅有 10%,难以支持企业长期发展。对比中华酷联,专利管理成功的一个重要原因就是专利管理人员众多,有深厚技术和产业背景,同时对本企业、本产业和技术发展脉络有透彻的了解。显然,小米要把企业的专利政策落地扎根,专利技术人才也是一个关键因素。

（郭　宇）

【案例讨论】

1. 爱立信为什么诉小米手机侵权？该案例结果如何？
2. 该案例对于小米及中国企业,有什么值得总结的教训或启示？
3. 小米为什么要申请这么多专利？专利对于企业有什么用处？

【参考文献】

1. 孙国栋:《小米手机市场营销策略的研究分析》,载《现代营销(学苑版)》2014 年第 10 期。
2. 王睿:《小米手机战略定位分析》,载《河北经贸大学学报》2014 年第 3 期。
3. 陈润:《谋局者雷军》,载《企业观察家》2014 年第 10 期。

【案例1-15】 科勒诉贝朗等侵犯外观设计专利权纠纷案

一、涉案公司简介

创立于1873年的美国科勒公司(KOHLER)是卫浴品牌领域全球消费者较为熟悉的公司,它在世界各地拥有45家工厂,主要生产科勒浴缸、脸盆、坐便器、龙头等卫浴产品。2002年,该公司在上海成立科勒(中国)投资有限公司,作为科勒亚太区总部。

贝朗(上海)卫浴设备有限公司(以下简称"上海贝朗公司")和贝朗(广州)卫浴设备有限公司(以下简称"广州贝朗公司")是美国贝朗卫浴工业公司于2000年在上海和广州兴建以研发新产品为主的综合性生产基地,主要开发最新款式与功能的卫浴类产品,包括各式五金龙头、马桶、脸盆、浴缸,亦与欧洲著名的零件工厂配套。

北京星苹伟业科技有限公司(以下简称"星苹公司")于1997年在上海成立,长期致力于各世界名牌卫浴产品的代理及服务工作。2000年,由于星苹公司连续3年进入科勒经销商全国销售前3名,并获得钻石俱乐部成员称号,因此被美国科勒公司点名到北京来开发华北区的业务。

二、科勒公司诉上海贝朗公司、广州贝郎公司以及星苹公司

本案起因于美国科勒公司发现星苹公司代理经销上海贝朗公司、广州贝朗公司生产的型号为B25001W-4的浴缸涉嫌侵害了该公司专利号为01814674.0浴缸的专利权。

为了收集侵权的证据,2008年6月25日,科勒公司委托代理人林剑从北京星苹公司处支付预付款预订型号为B25001W-4的浴缸一个,并取得盖有美国贝朗卫浴设备有限公司北京办事处之印章的《检验报告》一份,盖有被告上海贝朗公司印章的《经销商授权书》。7月2日,在北京市海诚公证处监督下,科

勒公司委托代理人林剑向北京星苹公司缴纳所购浴缸的剩余货款,并取得相应发票,随后提取涉案浴缸及随浴缸一起包装的《产品说明书》《产品使用手册》、保修卡,公证处对全部物品进行了封存,并出具了(2008)京海诚内民证字第4897号公证书。检验报告表明委托单位、生产单位均为被告上海贝朗公司。产品使用手册上印有"贝朗卫浴设备有限公司""地址:上海市松江高新技术产业园区申徐路168号""http://www.bravat.com"字样。保修卡上印有"产地:中国广东省""地址:广州市番禺区小平工业区福平路2街6号"字样。认为被告广州贝朗公司也认可其制造了涉案浴缸。

2008年7月9日,在北京市长安公证处监督下,科勒公司委托代理人林剑访问了www.bravat.com网站,在该网站中展示溢流按摩浴缸,在"联系我们"部分记载的是贝朗广州公司及其分公司和办事处的联系方式。公证处出具了(2008)京长安内经证字第6548号公证书。

在掌握了足够的证据后,科勒公司以上海贝朗公司广州贝朗公司、星苹公司侵犯发明专利权为由,向北京市第二中级人民法院提起诉讼。法院于2008年8月6日受理后,依法组成合议庭,于当年10月20日和12月12日公开开庭审理了本案。

三、诉讼与抗辩

科勒公司认为上海贝朗公司和广州贝朗公司生产的型号为B25001W-4的浴缸落入其涉案专利保护范围,侵犯其专利权,给该公司造成相当大的经济损失,故诉至法院请求法院判令:(1)上海贝朗公司和广州贝朗公司立即停止侵害该公司专利权的全部行为,包括停止制造、销售、许诺销售侵权产品等侵权行为,星苹公司停止销售行为;(2)请求判令上海贝朗公司和广州贝朗公司销毁侵权产品,及相应的模具和专用工具,删除对侵权产品的网站介绍或宣传内容,销毁书面广告或宣传材料;(3)请求判令上海贝朗公司和广州贝朗公司连带赔偿因其侵权行为给科勒公司造成的经济损失人民币15万元,以及科勒公司为本案支出的合理费用38000元;(4)判令上海贝朗公司、广州贝朗公司和星苹公司承担本案诉讼费用。

上海贝朗公司和广州贝朗公司提出相应的抗辩:(1)两公司生产的B25001-4型号浴缸具有沐浴池、溢出槽、管路及泵的基本结构,但是其所采用的注水、溢水原理以及各基本结构的布局和尺寸与涉案专利浴缸存在根本差异;(2)被控侵权产品的其他特征亦不同于科勒公司涉案专利权利要求书中所要求保护的权利。在科勒公司申请专利之前已有相关的技术公开,上海贝朗公司和广州贝朗公司所采用的技术属于公知技术范围,没有侵犯科勒公司的专利权,故请求法院查明事实,驳回科勒公司的诉讼请求。

被告星苹公司同意上述上海贝朗公司和广州贝朗公司的意见,又辩称:我公司仅销售了涉案这一台浴缸,不知道销售的涉案浴缸侵犯了科勒公司的专利权,而且我公司有合法的进货渠道。故请求驳回科勒公司诉讼请求。

四、开庭及判决

2008年10月20日,北京市第二中级人民法院第一次开庭。法院经审理查明:涉案专利名称为"溢出式浸泡浴缸",专利权人为科勒公司,专利号为01814674.0,申请日为2001年6月25日,由国家知识产权局于2005年9月7日公告授权,现专利处于有效状态。法庭没有当庭对该案作出判决。

第一次开庭之后,上海贝朗公司和广州贝朗公司共同补充提交了七份对比文件用以证明被控侵权产品是被公知技术所公开的。而北京星苹公司也提供进货单等证明了所购被控侵权产品是从合法渠道购得的。

2008年12月12日,北京市第二中级人民法院第二次开庭,科勒公司明确以权利要求1、2、9、16作为本案主张权利的依据。该专利权利要求为:1. 一种浴缸,包括:沐浴池,具有底板和延伸到上边缘的侧壁;2. 如权利要求1所述的浴缸,其特征在于沐浴池的上边缘高于溢出槽的最高处;9. 如权利要求1所述的浴缸,其特征在于溢出孔设置在溢出槽的槽壁上;16. 如权利要求9所述的浴缸,其特征在于还包括排水开关,其控制设置沐浴池底板上的排水口中的排水塞,其中排水开关安装在溢出槽的内侧壁上。

在法院主持下,双方公司当庭进行了技术对比,在被控侵权产品中确认了如下技术特征:具有底板和延伸到上边缘的侧壁的沐浴池;导通溢出槽和沐浴池之间的液体的管路;与管路连接,将水从溢出槽送到沐浴池中的泵;所述溢出槽环绕在沐浴池的周边上,用途是收集从上边缘溢出的水;沐浴池的上边缘高于溢出槽的最高处。但未在被控侵权产品上找到排水开关。

据此,北京市第二中级人民法院首先肯定了科勒公司享有的"溢出式浸泡浴缸"发明专利权(专利号为01814674.0)现仍有效,受我国专利法保护。

但是,在法院当庭主持技术对比时,科勒公司并不能举证证明被控侵权产品的溢出槽的内侧壁上有排水开关,上海贝朗公司和广州贝朗公司则陈述其排水开关是排水孔上有把手的盖子,因此必要技术特征8未在被控侵权产品上体现。所以,被控侵权产品落入科勒公司涉案专利权利要求 1、2、9 的保护范围,未落入权利要求 16 的保护范围。

在本案中,上海贝朗公司、广州贝朗公司共同提出了已有技术抗辩。根据其提交的文献号为 DE3610823 的德国专利文件,可以看到该专利文件中的 14 是安全泄水槽,从该文件中可以看出该安全泄水槽在溢流槽的槽壁上,从该专利文件的"描述"部分可以看出该安全泄水槽与排水管道连接。

因此,针对科勒公司以涉案专利的权利要求 1、2、9 为权利依据的诉讼请求,上海贝朗公司、广州贝朗公司已有技术抗辩成立。

综上,依据《专利法》第 56 条第 1 款之规定,北京市第二中级人民法院判决如下:驳回原告科勒公司的诉讼请求,案件受理费 4060 元,由科勒公司负担。

一审判决后,科勒公司不服,向北京市高级人民法院提起上述。北京市高院于 2009 年 2 月 23 日受理本案,依法组成合议庭,于 2009 年 3 月 19 日公开开庭进行了审理。

科勒公司的上诉理由为:一审法院采纳被上诉人举证期限届满后补交的证据,违反举证期限规定;一审法院只就本专利的部分权利要求与被控侵权产品进行比对,理解法律错误,原告并非仅就本专利的权利要求 1、2、9、16 主张权利,而是以本专利的全部权利要求主张权利;一审法院认定被控侵权产品为现有技术属于认定事实错误;被告的公知技术抗辩主张不能成立,被控侵权产品已构成侵权。而被告上海贝朗公司、广州贝朗公司、星苹公司表示服从原审判决。

北京市高院经过审理,认为:上诉人科勒公司的上诉主张不能成立,其上诉请求高院不予支持。一审判决认定事实清楚,适用法律正确,依法应予维持。因此驳回科勒公司的上诉,维持原判。

五、案例分析

本案例共涉及三个知识点:PCT 专利申请、专利权利要求和公知技术。

1. PCT 专利申请

PCT(Patent Cooperation Treaty,专利合作条约)国际专利申请首先由专利申请人向其主管受理局提交,由世界知识产权组织国际局进行国际公开,并由国际检索单位进行国际检索。如果申请人要求的话,该国际专利申请由国际初步审查单位进行国际初步审查。国际检索的目的是提供与该国际专利申请有关的现有技术资料,而国际初步审查的目的是为该国际专利申请提供有关其新颖性、创造性和工业实用性的初步审查意见。经过国际检索、国际公开以及国际初步审查(如果要求了的话)这一国际阶段之后,专利申请人办理进入某个国家阶段的手续。

应当注意,专利申请人只能通过PCT申请专利,不能直接通过PCT得到专利。要想获得某个国家的专利,专利申请人还必须履行进入该国家的手续,由该国的专利局对该专利申请进行审查,符合该国专利法规定的,授予专利权。

在本案例中,PCT的主要好处在于只需提交一份国际专利申请就可以向多个国家申请专利,而不必向每一个国家分别提交专利申请,为专利申请人向外国申请专利提供了方便。通过PCT,专利申请人可以在首次提交专利申请之后的20个月内办理国际专利申请进入每一个国家的手续,如果要求了国际初步审查,还可以在首次提交专利申请之日后的30个月内办理国际专利申请进入每一个国家的手续,这样就延长了进入国家阶段的时间。利用这段时间,专利申请人可以对市场、对发明的商业前景以及其他因素进行调查,在花费较大资金进入国家阶段之前,决定是否继续申请外国专利。若经过调查后,决定不向外国申请专利,则可以节省费用。

原告美国科勒公司的发明专利是通过PCT途径进入中国的,通过PCT途径,专利权人可以以较低的成本获得多个国家的专利申请,这也就意味着原告有能力在多国范围内获得专利权。

2. 专利权利要求

在专利申请中,权利要求是对要求保护的技术方案的定义,是确定专利权保护范围的依据,因此,在专利侵权诉讼等法律程序中,正确地解释权利要求是非常重要的。

我国《专利法》第56条第1款规定,发明或者实用新型专利权的保护范围以其权利要求的内容为准,说明书及附图可以用于解释权利要求。《专利法》第26条第4款规定,权利要求应当以说明书为依据,说明要求专利保护的范围。这解释了科勒公司以专利权利要求(比如专利权利要求1、2、9、16)作为本案主张权利的原因。

3. 公知技术

基于技术的飞速发展,很多行业的技术存在交叉,新技术的诞生往往离不开基础技术的应用,因此,如何判断一项新技术属于独占技术领域还是公知技术领域,对于技术本身是至关重要的。

公知技术是指涉案专利技术之申请日前已经在国内外公开出版物上公开发表过,或者在国内公开使用过,或者以其他方式为相关公众所知道的技术,以及已经授权的专利技术、申请专利公开技术、失效专利技术及其他公知技术等。公知技术可以分为两大类:一类是在本国拥有有效专利权的现有技术,由专利权人公布于众,从而获取国家授予的排他权,他人不能自由、随意使用;另一类是大量存在的所谓"自由公知技术",即已经进入公有领域的现有技术,人人都可以自由使用。

公知技术抗辩是指在专利侵权诉讼中,被控侵权物与专利权利要求所记载的专利技术方案等同的情况下,如果被控侵权物与一项自由公知技术相同或更为接近,那么侵权就不成立。《专利法》第62条规定:"在专利侵权纠纷中,被控侵权人有证据证明其实施的技术或者设计属于现有技术或者现有设计的,不构成侵犯专利权。"《专利法实施细则》第30条规定:"已有的技术,是指申请日(有优先权,指优先权日)前在国内外出版物上公开发表、在国内公开使用或者以其他方式为公众所知的技术,即现有技术。"

在专利侵权诉讼中,被告的产品或者方法尽管落入专利权的保护范围,但其可以以该技术是公知技术为理由进行抗辩,从而免除侵权责任。因此,公知技术抗辩也是对现有技术抗辩或自由公知技术抗辩,被告只能以其使用的是可以自由使用的已有技术进行抗辩,对于不能自由使用的已有技术(如他人的专利),不能作为抗辩的理由。

因此,针对原告科勒公司以涉案专利的权利要求1、2、9为权利依据的诉讼请求,被告上海贝朗公司、广州贝朗公司已有技术抗辩成立。原告科勒公司的诉讼请求被驳回。

(林　僖　刘雯霓)

【案例讨论】

1. 一审中,上海贝朗公司、广州贝朗公司和北京星苹公司面对科勒公司的诉讼,是如何据理力争,反败为胜的?

2. 在一审过程中,上海贝朗公司和广州贝朗公司针对科勒公司提出了相应的抗辩:在科勒公司申请专利之前已有相关的技术公开,上海贝朗公司和广州贝朗公司所采用的技术属于公知技术范围。请问什么是公知技术?

3. 美国科勒公司的专利权利要求影响本案的判决结果吗?为什么?

【参考文献】

1.《中华人民共和国北京市第二中级人民法院民事判决书》(2008)(二中民初字第13842号),http://www.law-lib.com/cpws/cpws_view.asp?id=200401247218,2008年12月18日访问。

【案例 1-16】 英国戴森诉中国威海海欣侵犯"无叶风扇"专利权

一、企业简介

在本案例中,申请知识产权保护的一方为英国戴森技术有限公司,这是一家由"英国设计之王"詹姆斯·戴森建立的从事家电设计制造的国际性工程技术创新公司,成立于 1983 年,其产品在全世界 37 个国家销售,在家电制造业内享有盛誉。在 30 多年的发展历程中,该公司推出"G-FORCE"吸尘器、双气旋吸尘器等家用电器,受到欧美、日本等许多家庭的欢迎。

2009 年,戴森公司推出全球首创的无叶风扇系列产品,这种无叶风扇利用喷气式飞机引擎及汽车涡轮增压中的技术,在风扇的底座安装了一个超强吸力的装置,每秒吸入的空气流量高达 24 升,吸入的空气经过加压被带入环形的内壁中,从宽度只有 1.3 毫米的缝隙中向外挤出时空气增量达 15 倍,这使得无叶风扇所形成的风比普通风扇所形成的风更为强劲。不仅如此,无叶风扇由于没有叶片,不会像普通风扇那样时间久了叶片上就落满灰尘,也不会伤害到儿童插进叶片的手指,所以安全性较高。至于价格,无叶风扇的市场售价约为人民币 3500 元/台,在电扇销售领域价格较高,也正是因为高昂的价格以及良好的口碑,许多企业纷纷瞄准了无叶风扇这一产品进行仿冒,妄图从中获益。为了保护这项发明专利,戴森公司在包括中国在内的全球多个国家和地区申请了专利。

而在此次案例中,被告一方为中国威海海欣进出口有限公司,该公司成立于 2013 年 6 月 13 日,在威海市工商局登记注册。虽然该公司成立时间较短,但已成为威海进出口代理行业的知名企业,其主营业务是进、出口国内外的货物及技术。

二、戴森诉海欣

英国戴森公司与中国威海海欣公司的侵权纠纷始于 2013 年 7 月 14 日。当天,青岛海关接到英国戴森公司的举报,称中国威海海欣进出口有限公司即将在威海港口出口一批侵犯戴森公司专利权的无叶风扇,要求青岛海关通知威海海关对海欣公司的侵权行为作出处理。青岛海关在接到举报之后,当即向威海海关传达了指令。

2013 年 7 月 17 日,威海海关依据指令对威海海欣公司的出口集装箱进行开箱查验,在掏箱作业的过程中,威海海关的工作人员在集装箱内部发现了 504 台无叶风扇。经过英国戴森公司技术人员的比对,证实这批无叶风扇正是他们所举报的那批产品。威海海关的工作人员随即在这批产品中提取了大、小型号的风扇各一台,将其中标记为"MIRACLE FAN"和"Fan 25cm"字样的无叶风扇留存作为证据。

2013 年 7 月 19 日,戴森公司就威海海欣公司侵犯其专利权一事向山东省济南市中级人民法院正式提起民事诉讼,济南中院在受理此案之后于 2013 年 11 月 18 日进行公开庭审,原告戴森公司出席了此次庭审,但是被告威海海欣公司不仅缺席了此次庭审,而且没有提交抗辩的材料。在此次庭审中,原告称其公司在中国就无叶风扇这一产品,于 2010 年 3 月 4 日向中国国家知识产权局申请专利,并于 2011 年 12 月 7 日正式获得授权。向被告未经其许可擅自生产、制造、销售侵害其"无叶风扇"专利的产品,在其向威海海关申报出口的一批货物中私自夹带侵犯原告知识产权的产品,这种行为严重损害了原告的合法权益,因此原告要求法院判令被告立即停止制造、销售侵权产品,立即销毁已经生产的产品以及用于制造侵权产品的模具、设备,并赔偿原告经济损失及维权支出共计人民币 50 万元。此外,原告还向法庭提交了标号为 ZL201010130004.3 号的发明专利证书、专利证书年费缴纳凭证等证据用以证明原告确实为此案的专利权人、涉案专利的保护范围和法律状态。

在庭审过程中,法院当庭对威海海关此前扣留的"MIRACLE FAN"和"Fan 25cm"字样的无叶风扇进行了拆卸,结果表明该无叶风扇有喷嘴、基部。喷嘴包括内部通道,喷嘴限定开口,喷嘴射出的气流从风扇部吸入,底部可以旋转。这些产品的特征与专利权人所发明的专利所采用的技术特征一模一样,属于原告的专利权保护范围,事实上构成了对原告专利权的侵犯。

经过审理,2013 年 12 月 9 日,济南中院发布了此案一审的民事判决书,法院认定原告戴森公司系 ZL201010130004.3 号无叶风扇的发明专利权人并且在持有专利权期间如期缴纳了专利年费,此项专利权合法有效,受中华人民共和国法律保护。除法律另有规定之外,任何单位和个人未经权利人许可,不得实施专利,不得生产、制造、经营其专利产品,否则应负相应的法律责任。经裁定,法院判决威海海欣进出口有限公司立即停止销售侵害戴森技术有限公司发明专利权产品的行为,并且于判决书生效10日内销毁其已经制造的侵权产品,并赔偿英国戴森技术有限公司经济损失共计25万。

三、案件评述

在本案中,行政机关和司法机关各司其职,实现了对知识产权权利人的保护。此次案件中,青岛海关协同威海海关及时制止侵权产品的出口并积极配合法院对侵权产品实施扣押和销毁,履行了海关知识产权边境保护的职责,有效地保护了知识产权权利人的利益。司法机关依据相关法律对侵权方实施制裁也体现了司法的公平与公正,这也在一定程度上增强了我国知识产权保护法律的公信力。越来越多的企业通过研发高新技术来提升其企业核心竞争力实际上有利于改善我国产品的出口结构,实现出口产品品质的提升。

本案中,山东威海海欣公司侵犯英国戴森公司的知识产权受到惩处的结果也给我国从事进出口的企业敲响了警钟。近几年,虽然我国企业的自主创新能力不断提高,但是个别企业依旧心存侥幸,想要通过仿冒其他公司的产品获得利润,结果往往是遭受更大的损失。究其原因,不难发现这与一些企业知识产权保护意识淡薄以及商业竞争的加剧密不可分。从主观上来看,一些企业已经将企业的发展拓展至海外市场,但是这些企业又不愿投入资金增强其产品的科技含量,同时对知识产权的相关法律缺乏必要的认知。从客观上来看,若是一方侵犯了另一方的知识产权,这会在本就激烈的市场环境下挤压知识产权权利人的市场,带给竞争对手更大的压力,于是权利人利用自身所拥有的知识产权对侵权方提起诉讼成为一种必要的维权手段和竞争手段。

目前,在我国知识产权备案的信息已经实现了全国海关共享,各口岸海关在日常管理中只要发现有货物存在侵犯备案的知识产权的嫌疑就会启动相应的保护程序,并且对于备案的知识产权,海关收取的担保金只是侵权嫌疑货物价值的一半,最高不超过10万元人民币,而对于未曾备案的知识产权,海关收取的是与侵权货物等额的担保金,这在一定程度上减轻了权利人的经济负担。本案中,威海海关对威海海欣公司的侵权货物进行查扣就是因为之前英国戴森公司已经对其产品在海关进行登记备案,这使得威海海关有权处置这批侵权产品,进而使戴森公司的权益得到了及时的保护。

(郭丽娟)

【案例讨论】

1. 英国戴森公司为什么起诉中国威海海欣公司？中国威海海欣公司为什么不出庭？

2. 通过该案例,谈谈中国的知识产权海关保护备案制度在保护知识产权方面的重要作用。

3. 如何提高企业知识产权保护意识？如何提高企业技术创新能力？在这方面应采取什么手段或措施？

【参考文献】

1. 《我的电扇没扇叶》,载《北京晚报》2009年11月28日。

2. 中华人民共和国海关总署网站,http://www.customs.gov.cn/publish/portal0/tab1/info737822.htm,2017年5月5日访问。

3. 中华人民共和国山东省济南市中级人民法院民事判决书(2013)济民三初字第400号。

4. 《中国企业绕不开专利危局 知识产权保护国外严苛国内薄弱》,载《新快报》2016年1月15日。

【案例 1-17】 杜菲尔诉欧康等发明专利侵权案

一、案例介绍

杜菲尔国际开发有限公司(Duphar International Research B. V.),是一家从事药物研发和生产的公司,它的住所地在荷兰韦斯普。1999 年 11 月 10 日,该公司向中国知识产权局提交一项名为"新的哌嗪和哌啶化合物"的发明专利申请,国家知识产权局经审查于 2005 年 11 月 2 日授权该项专利申请,专利号为 ZL99813071.0。

2007 年,杜菲尔国际开发公司(下面简称"杜菲尔公司")经调查发现,一家名为杭州欧康化工股份有限公司(下面简称"欧康公司")在域名为 www.onicon.cn 的网站上公开许诺销售及销售"帕多卢诺"产品。欧康公司主要致力于医药化学品、科研测试化学试剂的销售和供应,是一家在中国香港地区注册的离岸公司,该公司在中国从事生产、许诺销售和销售"帕多卢诺"产品。同时,杜菲尔公司通过向信息产业部 ICP/IP 地址/域名信息备案管理系统查询,发现 www.onicon.cn 网站的主办人叫陈继文。陈某除了是网站的主办人之外,还系欧康公司的管理者和股东,他直接参与了生产、许诺销售和销售"帕多卢诺"。

杜菲尔公司认为"帕多卢诺"产品进入了专利权利要求 1、2、3、4 的保护范围,因此,欧康公司以及陈继文个人生产、许诺销售和销售"帕多卢诺"的行为已经构成了专利侵权,应当承担法律责任。因此,2008 年 4 月,杜菲尔公司向北京市第二中级人民法院提出诉讼,诉欧康公司以及陈继文侵犯其专利号为 ZL99813071.0 的发明专利,北京市第二中级人民法院于 2008 年 4 月 15 日受理了该案。

原告杜菲尔公司请求法院判令两被告:第一,停止生产、许诺销售和销售侵犯原告享有的第 99813071.0 号发明专利权的"帕多卢诺"产品;第二,共同赔偿原告经济损失 50 万元人民币;第三,共同承担原告付出的调查取证费、律师费及案件诉讼费共计 10 万元人民币。

原告杜菲尔公司发现被告侵犯其发明专利权利之后,曾做了以下取证调查工作:

首先,原告于 2007 年 10 月 12 日、11 月 30 日,在北京市公证处公证员的监督下,通过互联网搜索欧康公司的英文名,进入该公司网站后,发现网站上登载了以下文字:"供出售 pardoprunox;化学文摘登录号 269718-84-5",其中 pardoprunox 即为"帕多卢诺"的英文名。另外,查到网站域名:onicon.cn;负责人:陈继文;备案/许可证号:杭 ICP 备 07016065 号;审核通过时间:2007 年 7 月 2 日。

其次,为了证明"帕多卢诺;化学文摘登录号 269718-84-5"的成分,原告进入世界卫生组织网站进行公证,在点击"世界卫生组织药物信息"进入页面后,再点击该页面中的"2006 Volume 20, number 4",在打开的网页中找到"建议使用的国际通用药品名称:表 96"。表 96 给出了"帕多卢诺"的图解式、分子式($C_{12}H_{15}N_3O_2$)、化学文摘登录号(269718-84-5)以及功用(抗帕金森症)。

再次,原告在美国化学文摘社相关网页上搜索出了"化学文摘登录号"的权威定义。化学文摘登录号是独特的化学物质标识,本身没有固有的化学意义,但它却为人们提供了一种在存在很多可能的系统的、基因的、通用的或者其他名称的情况下,查询化学物质或分子结构的明确方法。

最后,原告在上述调查取证的基础上向法院证明了"帕多卢诺"与"新的哌嗪和哌啶化合物"实际上为同一物质。由于专利权利要求 1—4 记载的结构通式(Ⅰ)所表示的化合物中的官能团"S1、R1、R2 和 R4 均可为氢,Q 可以为甲基……Z 可以为-N",故当"S1、R1、R2 和 R4 为氢,Q 为甲基,……Z 为-N"时,名称为"帕多卢诺"的化合物的化学结构与原告涉案专利权利要求 1—4 所记载的化学结构完全相同。

北京市第二中级人民法院针对此发明专利侵权案作出了以下裁决:第一,杭州欧康化工股份有限公司、陈继文于本判决生效之日起,立即停止许诺销售侵犯杜菲尔国际开发有限公司专利号为 ZL99813071.0 的发明专利权的"帕多卢诺"产品;第二,杭州欧康化工股份有限公司、陈继文于本判决生效之日起 10 日内,共同赔偿杜菲尔国际开发有限公司因本案诉讼支出的合理费用人民币 6320 元;第三,驳回杜菲尔国际开发有限公司其他诉讼请求。

二、案例分析

在我国,发明专利的保护期限为 20 年。因此,杜菲尔公司于 2005 年 11 月 2 日获得中国知识产权局授权的专利号为 ZL99813071.0,名称为"新的哌嗪和哌啶化合物"的发明专利在 2009 年依然是合法有效的。换言之,该项发明专利受我国专利法的保护。未经专利权人许可,任何单位和个人都不得实施其专利,即不得以生产经营为目的生产制造、使用、许诺销售、销售、进口其专利产品。

欧康公司在其网站上登载了"供出售 pardoprunox;化学文摘登录号 269718-84-5"字样,这是一种公开许诺销售行为。虽然该公司未在其网站上公开"帕多卢诺"的化学结构,但其公开了化学登录号。根据化学登录号 267918-84-4,可以查到"帕多卢诺"产品的化学结构。当"S1,R1,R2 和 R4 为氢,Q 为甲基……Z 为 -N"时,名称为"帕多卢诺"的化合物的化学结构与原告享有的第 99813071.0 号发明专利权利要求 1—4 所记载的化学结构完全相同,故"帕多卢诺"进入了原告专利权的保护范围。

基于以上事实,被告欧康公司在其网站上许诺销售"帕多卢诺"产品的行为,已经侵犯了原告所享有的发明专利权,被告应就其侵权行为承担相应的法律责任。但是,欧康公司的行为只是公开许诺销售侵权产品,若要证明该公司生产、销售侵权产品的话,还需提供其他直接证据。在原告缺乏其他直接证据的前提下,原告只能要求被告就其许诺销售侵权产品的行为作出赔偿。被告陈继文系网站的主办人,其开办的网站上登载有侵权产品的许诺销售信息,故陈某应该与欧康公司共同承担侵权的法律责任。

发明专利的侵权主要有三种处理方式,分别是停止侵权、公开道歉和赔偿损失,此案例中停止侵权(停止许诺销售侵权产品)和赔偿损失(只限于赔偿许诺销售侵权产品带来的经济损失)是基本处理方式,至于是否需要采取公开道歉行为取决于原告的意愿以及原告由于被告的侵权行为实际引发的损失大小。鉴于本案中原告在诉讼请求中并未提及公开道歉,被告可免除此项义务。

上述案例涉及的是药品发明专利侵权,由于药品本身具有特殊性,其作用对象是人,且化学药品物质的结构具有微观性,所以在判定药品专利侵权时存在一定的困难。药品的用途类型专利侵权分为药品第一用途专利侵权和药品第二用途专利侵权。我国对于药品第一用途专利只保护药品制剂组合物,不保护化合物原料药;药品第一用途专利侵权的判定依据是对比活性化合物是否相同。药品的第二用途专利侵权是在第一用途专利侵权的基础上产生的,第二用途专利侵权的前提条件是产品相同,第二用途专利侵权将医生的使用行为排除在侵权之外。

(施 丹)

【案例分析】

1. 原告杜菲尔公司发现被告侵犯其发明专利权利之后,做了哪些取证调查工作?

2. 为什么说被告欧康公司的行为构成侵权?它做了什么?我国《专利法》中对这样的行为是如何判定或规定的?

3. 根据该案例,谈谈专利权所有人应该采取哪些措施来保护自己的知识产权?

【参考文献】

1. 《菲尔国际开发有限公司诉杭州欧康化工股份有限公司等侵犯发明专利权纠纷一案》,http://www.110.com/panli/panli_192106.html,2009 年 6 月 5 日访问。

2. 郑永锋:《药品专利侵权判定规则研究》,中国政法大学 2008 年博士学位论文。

3. 杨晓玲:《专利侵权判定原则在药品专利诉讼中适用的研究》,北京中医药大学 2008 年博士学位论文。

4. 张杏丽:《药品专利侵权判定中等同原则的应用》,西南政法大学 2013 年博士学位论文。

【案例1-18】 兵马俑的发现及发现人之争

1974年3月,陕西省临潼县大旱,西杨村农民杨志发等人挖井取水。根据目前公认的当事人之一杨志发所述,秦俑是他和本村村民王普志、杨彦信3人挖井时发现的。3月29日那天,他同往日一样,从家中扛了把老镢头来到井旁。当井挖到2米多深时,发现了红土层,这层红土很硬实,与生土层不太一样。当他一镢头挖向井筒西壁时,一个大土块掉了下来,露出一个圆圆的瓦器。继续挖,挖出了一个真人大小的"黑瓦人"。第一个兵马俑就这样重见天日了。他们3人将这个兵马俑搬运到井上,谁也不认识这是什么东西,只是觉得很像庙里的神像。再后来,他们和村中的几个人,用架子车把出土的七八个神像运到了临潼文化馆。现在,王普志、杨彦信这两位"发现人"已离世。

1979年10月1日,秦始皇兵马俑博物馆正式对外开放后,中外游客络绎不绝,外国元首纷至沓来。众多游客要求与发现人见面、合影,请发现人签字留念,听发现人讲述发现奇迹的经过。1998年,美国总统克林顿访华,在参观兵马俑时也提出要会见发现世界第八大奇迹的人,据说克林顿当场要求杨志发为他签名留念。后来,兵马俑博物馆旅游商店的一个年轻经理,想出了一个招揽生意的绝招。他把当年打井时最早挖到陶俑的农民杨志发聘进店内,"坐堂"签名售书,从此杨志发告别农业生产,像城里人一样按月从店里领取工资上千元。

这么一来,争夺第一发现人的多了起来。根据还活着的人阐述,发现人不只是3个,还包括该村的杨全义、杨新满、杨培彦、杨文学等,还有管水员房树民,如果没有他及时制止挖掘,这些文物将被全部毁坏。此外,还有人认为新华社记者蔺安稳是当之无愧的"第一人",若没有他写"内参",就不可能引起高层重视并组织考古发掘。

2003年12月,杨新满、杨培彦、杨全义三人代表9名"秦俑发现人",联名向秦始皇兵马俑博物馆递交了一份《关于"秦兵马俑发现人"资格认定的申请报告》,要求该馆颁发证书,确认包括他们在内的 9 名农民对秦兵马俑的"发现权"。然而,陕西文物部门对此事却始终保持沉默。正当他们与当地文物部门就发现权一事陷入僵局之时,此事再掀轩然大波。原临潼文化馆馆长赵康民从幕后走出,并坚称:"我才是兵马俑的发现人,因为是我第一个认识到兵马俑的历史价值,我像绣花一样复原了秦俑。"

赵康民说,29 日杨志发在井壁西壁上挖出陶俑之后,陆续挖出七八个陶俑个体。但他们都不认识这是重要的文物,更不知这是秦始皇兵马俑,因而被运上井的陶俑残体被扔在地上无人问津,有的俑身蹲着,俑头被架到树上,一些善男信女还对着陶俑点香烧纸。挖出的"铜箭头"(即弩机箭头)还被当废铜烂铁卖进了废品收购站。直到陶俑被挖出的第 28 天,即 4 月 25 日,这些农民才向公社书记付永仁作了汇报。付书记安排文书李淑芳打电话向县博物馆报告,陶俑的命运才出现了转机。当时,作为临潼县博物馆文博专职干事的赵康尼,接到电话后马上和副馆长王进成、工作人员丁耀祖骑自行车赶到现场,当那些被农民随意处置的文物出现在赵康民眼前时,他惊呆了,通知立即停工,进行发掘。发掘中,参与的村民就多了。

赵康民称,他组织社员收捡散失的陶俑碎片,还去废品收购站把被农民卖掉的碎片作价收回,并对这些陶俑残体碎片作了初步整理,当时他意识到这里面大有文章,便亲自到井旁扩大发掘。经过绣花似地拼对、粘接,修复了两件完好武士陶俑。根据这出土的"铅砖"与秦始皇陵出土的"铅砖"一对,以及"瓦人"服饰及"铜箭头",自己推断并命名其为"秦武士陶俑",属秦始皇陵的陪葬坑。正式发掘后又发现了陶马俑,才有了"秦始皇兵马俑"这个统一的称谓。也正是因为发现并命名,自己被国务院批准为有突出贡献的专家,享受国务院特殊津贴,还被评为全国文博战线先进工作者。赵康民说,根据《辞海》,"发现"一词的解释是:"本有的事物或规律,经过探索、研究,才开始知道"叫作发现。由此判定,自己才是当之无愧的兵马俑发现人。赵康民认为:"对发现权索要的真正动机是利益的驱动。"

杨新满则对记者说,他挑头发起联名讨要"发现权",是因为他忘不了几个已经去世的打井农民临死前的忠告:"新满,你一定给咱把名分争到手!没有名分,老让别人说咱闲话,咱谁都没脸面对世人啊!"他告诉记者:"兵马俑博物馆在介绍发现兵马俑时,只模糊地说是 1974 年由农民打井时发现。为什么不提我们9个人的名字,这不公平,如果没有我们,能有这个震惊世界的奇迹吗?"

于是争夺第一发现人的官司从西安市打到陕西省再打到京城的最高人民法院,这期间各大媒体纷纷推波助澜,将此事炒得沸沸扬扬。最后最高人民法院说他们都是"兵马俑的发现者",至于谁是第一就没有再明确了。

判决之后,后来杨新满、杨培彦、赵康民也去签名售书。2011年后,杨俊朋、杨继德、杨世华等人也先后成为发现人签名售书。当地至今流传着当年县里管宣传的秀才写给老杨的一副对联:翻身不忘共产党,致富全靠秦始皇,横批:谢谢老杨。

从上可见,兵马俑的发现是为数众多的人集体合作的结果。几位临潼县农民打井时最先挖出秦俑;管水员房树民意识到那些陶俑可能是文物,向公社书记付永仁汇报;付永仁将这一消息传达给县博物馆;原临潼县博物馆馆长赵康民等亲自赶赴现场,通知立即停工,进行发掘,并对挖出的兵马俑进行了拼对、粘接、修复,恢复了秦俑原貌并命名为"秦代武士俑";原新华社记者蔺安稳撰写《秦始皇陵出土一批秦代武士俑》一文在《情况汇编》上发表,引起了中央领导的高度重视;国家文物局委派陕西省组织秦俑考古队对其进行发掘和勘察。兵马俑的发现是由众多环节组成的,几位打井农民挖出秦俑只是"发现"秦兵马俑众多环节中的一环。

《民法通则》第97条规定:"公民对自己的发现享有发现权。发现人有权申请领取发现证书、奖金或者其他奖励。"那么这些农民是否得到过证书和奖金? 根据报道,当年在县博物馆赵康民的指导下,社员们把残缺不全的"瓦爷"碎片装了满满三架子车,拉到几公里外的县文化馆后,赵康民当场给了30元人民币以示奖励,农民们看到这么多钱时说道:"想不到这瓦爷都快比人还值钱了",非常高兴地走了。后来,这些农民更是通过签名售书获得相应的报酬。似乎只要姓杨,或参与后来考古挖掘工作的,都成为"发现人"。由于从发现到正式发掘存在众多环节,而该村农民也已经从该"发现"中获得经济利益,为此再争论自己就是"第一发现人"并要求获得政府颁发的证书,已经没有实际意义了。

(林　珏)

【案例讨论】

1. 为什么国家要授予发现人"发现权",并规定其以此权利获得经济收益?

2. 你认为谁是兵马俑发现的"第一人"?你是否同意作者有关该案例的最后分析?

3. 2003年声称"第一发现人"的农民多起来,这一现象说明什么?

【参考资料】

1.《秦兵马俑发现人的风波》,载《以商会友》2013年4月8日。

2.《兵马俑发现者杨彦信、杨志发 西安秦始皇兵马俑发现者》,载《京城热线》2014年11月27日。

三、著作权（版权）

【案例1-19】 七大唱片公司状告百度MP3侵权案

2000年1月，李彦宏和徐勇两人从美国硅谷回国，在中关村创立了百度在线网络技术(北京)有限公司，主营中文搜索引擎业务。公司飞速发展，成为中国互联网的一大巨头，现在已经是全球最大的中文搜索引擎网站。21世纪初，流行音乐的载体开始由磁带转向电子格式，年轻人也越来越多地使用MP3播放器来享受音乐，音乐资源的下载成为互联网时代商业的蓝海。许多专门的音乐在线收听和下载网站涌现出来，由于互联网的版权保护概念在当时还很模糊，法律也不完善，所以这些网站大部分都没有购买相应音乐产品的版权。

2002年11月，百度发布了MP3搜索频道，为用户提供MP3格式音乐的搜索和下载服务。不过，此时MP3搜索还只是百度娱乐板块下的一个子模块。2003年，百度的网站版面进行重大调整，为用户提供简洁的搜索服务，MP3也独立出来成为新闻、网页、Flash等几大功能模块之一。借助于在中文搜索领域的领导地位和百度MP3提供的便捷用户体验，百度很快在MP3搜索市场占据了九成以上。在百度MP3中，只要输入歌曲的名称、专辑或是歌手姓名，就会显示出用户需要内容的试听、歌词等不同速度的下载渠道链接，很是方便，因此它占据了网络音乐服务的绝大部分流量。不过，这种富有争议的音乐服务方式给百度带来了一系列的版权纠纷。

一、案情介绍

2005年6月，环球唱片就百度网站未经许可，提供该公司艺人张学友的《情网》、李克勤的《日出》、张柏芝的《星语心愿》等46首歌曲的播放和下载服务的行为,要求法院判令百度立即停止上述服务,并赔偿经济损失及合理诉讼费用人民币51万元。与此同时,其他几家唱片巨头也开始发难,2005年7月,EMI集团香港有限公司、SONY BMG音乐娱乐(香港)有限公司、华纳唱片有限公司、环球唱片有限公司、金牌娱乐事业有限公司、正东唱片有限公司、新艺宝唱片有限公司向北京市第一中级人民法院提起诉讼,依据《著作权法》及相关法律法规,要求百度停止在其网站上提供未经许可的137首涉案歌曲试听和下载服务,公开赔礼道歉,并赔偿经济损失共计人民币167万元。在此之前,国际唱片业协会(International Federation of the Phonographic Industry)的亚洲办事处代表几大公司向百度发送了律师函,要求百度立即停止侵权,并对涉及的几家会员唱片公司提供经济赔偿,但是没有提供具体的涉案作品以及侵权链接。

2005年9月26日,法庭正式开庭审理此案。对于几家唱片公司的指控,百度公司进行了以下几个方面的辩解:首先,百度是一家专业的搜索引擎服务提供商,MP3搜索服务和其他产品一样,是搜索服务项目之一。虽然百度提供了涉案歌曲的下载链接,但是不论音乐作品有无版权,百度并没有在自己的服务器上存储这些歌曲,其下载链接均来自于对互联网其他网站的信息检索。其次,搜索的工作过程均由程序自动完成,目前大部分音乐网站上的音乐作品大都没有版权,百度很难做到在技术上区别音乐来源是否侵权,不存在侵权的主观故意或者过失。同时,百度在其网站上发布了"权利声明",提供了维权通道。最后,虽然国际唱片业协会亚洲区办事处在诉前发送了律师函,但是在律师函中没有提供涉案作品的权利人、侵权链接等细节。百度已经积极主动地回复并希望对方配合提供细节来采取进一步措施,但是没有得到反馈。以上事实说明,被告对保护权利人的合法权利的态度是积极的,措施是有力的,不存在任何主观过错,而原告怠于履行义务,滥用诉权。

2006年11月17日,北京市第一中级人民法院一审判决因七大唱片公司对百度侵权的指控缺乏法律依据,驳回其诉讼请求。法院认为,原告指控的侵权行为发生于2005年6月,适用我国的《著作权法》和《最高人民法院关于审理涉及计算机网络著作权纠纷案件适用法律若干问题的解释》(以下简称《解释》)。搜索引擎技术服务用于帮助互联网用户在浩如烟海的信息中迅速定位并显示其所需要的信息。百度公司提供的MP3搜索引擎服务是以互联网中的音频数据格式文件为搜索对象的,其搜索范围遍及整个互联网中未被禁链的每个网络站点,并受控于上载作品的网站。权利人应向搜索引擎服务提供商提交书面通知,要求其断开与该制品的链接,通知中应当明确告知侵权网站的网址。搜索引擎服务提供商接到权利人的通知后,应立即断开与该制品的链接。在此案中,原告未尽到通知义务。因此,被告提供 MP3 搜索引擎服务并没有侵犯他人信息网络传播权的主观过错。

一审判决后不久,国际唱片业协会就明确表示会继续上诉。然而,第二次上诉的原告已由原来的七家变为五家,百代和金牌两大公司在 2007 年年初和百度达成了战略合作协议,退出诉讼。据业内消息称,剩下的五家原告内部也存在不一致的意见。实际上,百度控制了大部分的音乐入口流量,也开始积极探索和版权方的合作盈利方式,如果不是国际唱片业协会的推动,几大唱片公司已无心再继续这种成本过高的版权保护方式。

北京市高级人民法院对此案进行了第二次审理。华纳公司认为,百度公司提供搜索链接,并提供试听和下载的接口,为侵权录音制品的传播提供了便利条件,客观上参与并帮助了第三方网站的侵权行为;同时,百度公司在 MP3 频道中加入音乐排行榜功能,是主观上明知侵权而为之的行为。法院认为,百度公司的 MP3 试听和下载功能,性质上属于连接通道服务,不属于信息网络行为;百度公司的 MP3 排行榜功能虽然包含主观判断,但是不等于对音乐来源是否侵权构成明知,对于已经提交证据的涉案歌曲,百度已经断开了链接,而华纳亦无其他证据证明百度存在明知作品侵权而未消除侵权后果的行为,因此,华纳公司关于百度公司提供的 MP3 搜索引擎服务包括榜单形式的搜索引擎服务构成侵权、应当承担共同侵权责任的上诉主张,缺乏事实和法律依据,不予支持。

2007 年 12 月 20 日,北京市高级人民法院对此案作出终审判决,驳回五家公司的诉讼请求,认定百度公司不构成侵权,五家唱片公司不得继续上诉。至此,这场历时两年多的诉讼以百度胜出告终。

二、案例分析

分析该案例,国际唱片业协会在此案一审中败诉的原因,以及法院判决的关键依据主要在于:

国际唱片业协会对百度的指控,在于其未经授权就使用七大唱片公司所有的音乐作品,侵犯了其著作权和信息网络传播权,该案件应适用《著作权法》。在技术方面,百度强调自己提供的服务只是搜索,提供的内容均来自第三方网站,真正侵权的是第三方的音乐网站,国际唱片业协会没有去起诉第三方网站,而是向作为中间通道的搜索引擎服务提供商发难,这种行为是不合理的。

此外,百度提出,自己难以在技术上区分音乐来源盗版与否,对于第三方的侵权行为,可以说百度并不知情。此案审理适用的法律依据是《解释》,其第5条规定:"提供内容服务的网络服务提供者,明知网络用户通过网络实施侵犯他人著作权的行为,或者经著作权人提出确有证据的警告,但仍不采取移除侵权内容等措施以消除侵权后果的,人民法院应当根据民法通则第130条的规定,追究其与该网络用户的共同侵权责任。"

这里,我们可以看到,百度的行为因为技术原因,并不构成"明知"而去继续帮助侵权,同时,百度也在网站上给出了侵权申诉的通道,唱片公司是可以通过通道告知百度相关音乐侵权的。国际唱片业协会在律师函中并不告知百度具体侵权作品,这样一来,百度的行为就不构成"共同侵权"。可见,没有履行"告知义务"也是国际唱片业协会此次诉讼的一大败笔。

本案审判的焦点,是在百度共同侵权行为的认定上。在版权法律方面,直接侵权和间接侵权有显著区别,一般来说,直接侵权行为较为容易认定,是各国版权法明文规定的侵权行为,但是在间接侵权的认定上,存在很多争议,尤其是在互联网领域,我国的法律规定较少。2006年7月1日,我国正式施行《信息网络传播权保护条例》(以下简称《条例》),其中对搜索引擎侵权的判断有如下相关内容:"网络服务提供者为服务对象提供搜索或者链接服务,在接到权利人通知书后,根据本条例断开与侵权的作品、表演、录音录像制品的链接的,不承担赔偿责任;但是,明知或者应知所链接的作品、表演、录音录像制品侵权的,应当承担共同侵权责任。"

而此案中,原告最初是在2005年6月由环球唱片提出百度的侵权行为,所以此案审理适用的法律依据是《解释》。该司法解释对搜索引擎侵权方面的规定是"明知网络用户通过网络实施侵犯他人著作权的行为……"可见,两者重要区别在于"明知"和"明知或应知",本案一审期间《条例》已经出台,而法院仍以之前出台的《解释》为判决依据是因为我国民事立法坚持民法无溯及力的原则,即本案审理期间新出台的民事法律规范《条例》对其生效前的事件和行为不具有追溯力,百度无须承担因"应知"而"过失"的主观过错。此后,这一变化使得企业视而不见的规避做法不再有效。2009年9月3日,文化部下发了《文化部关于加强和改进网络音乐内容审查工作的通知》，第一次将音乐产品链接的监管纳入监管体系中。可见，在以后的法律规定中，作品使用方的义务会越来越多，版权保护的力度将会越来越大。文化产品的网络版权必定会有更完善的授权机制，著作人的权利也会受到法律更为完善的保护。

三、如何采取措施应对潜在的知识产权纠纷风险？

首先，就搜索引擎的技术特性来看，虽然MP3音乐搜索不构成直接侵权，在本次的诉讼中，百度也成功推翻了自己共同侵权的认定。现有法律对搜索引擎的认定使得音乐搜索始终处在知识产权侵权的中间地带，以后可能还会面对更多的诉讼。根据国外相关法律的发展来看，版权保护必定是越来越严格的，以后国内无版权音乐的来源必定会越来越少。从这两个层面来说，百度应尽快将百度MP3的音乐作品的版权明晰下来。

其次，百度的这次胜诉，关键在于法院认定百度不存在明知音乐来源而传播的行为，但百度不可能始终采取视而不见的"鸵鸟"政策来对待音乐版权问题，按照法律判决，只要版权方告知，百度还是要移除相关音乐作品的。诉讼的胜利实际上可以作为和几大唱片公司进行合作的谈判筹码，百度应尽快和几大唱片公司洽谈音乐版权的合作，借胜势压低版权费用，实现现有音乐的正版化。网络音乐服务作为互联网服务的蓝海，用户的需求会不断增加，百度既然需要出资来购买音乐版权，不如将自己的MP3搜索服务扩大，走出搜索服务和在线音乐服务的灰色地带，提供独立的音乐服务。

（董　哲）

【案例讨论】

1. 你认为国际唱片业协会在此案一审中为什么会败诉？法院判决的关键依据在哪里？

2. 如果你是百度公司MP3搜索服务项目的负责人，在此案胜诉后，会采取什么样的措施来应对潜在的知识产权纠纷风险？

3. 结合本案判决结果和我国著作权保护相关法律，谈谈你对网络版权保护的看法。

【参考资料】

1. 祁建:《谁该为网络下载埋单》,载《中国文化报》2006 年 11 月 22 日。

2. 朱华顺:《搜索引擎"帮助侵权"判定——对"七大唱片公司诉百度侵权案"的思考》,载《情报探索》2013 年第 3 期。

3. 贾慧珍:《百度 MP3 版权问题研究》,华中师范大学 2010 年硕士学位论文。

【案例1-20】 中国水木动画状告索尼侵权案

一、事件背景回顾

2011年4月,水木动画股份有限公司(以下简称"水木动画公司")的一名员工购买了电视生产商索尼(中国)有限公司(以下简称"索尼中国公司")索尼KDL-40NX710型液晶电视机,发现该电视能够在联网后具备上网功能,通过键入电视机厂商提供的网址,可以链接播放自己公司的动画产品《中华五千年》、皮影戏《寓言故事》《孙子兵法》《成语故事》等多部作品,认为涉嫌侵犯本公司动画片的著作权。其后,水木动画公司聘请了上海市长宁公证处就索尼该型号液晶电视机能够播放侵权动画作品的事实予以公证,并于2011年7月以侵害著作权为由将索尼中国公司与视频服务提供商北京华夏安业科技有限公司(下称"华夏安业公司")告上北京市海淀区人民法院,要求两被告立即停止侵权,进行公开道歉,赔偿经济损失共计人民币230万元。

水木动画是国内知名原创动画制作公司,拥有近千名制作人员,动画年产量约占全国的1/9。这些来之不易的作品现在被索尼中国公司、华夏安业公司未经许可无偿使用,将其生产的电视机具有上网功能作为销售的一个卖点,这对于水木动画公司来说,简直无法容忍。在接受中国知识产权报记者采访时,水木动画公司有关负责人指出:"原创和品质是立身之本,而知识产权则为保身之道。"公司不管侵权者是谁,来自何处,都将坚决维权到底,这不仅是为了维护自己的合法权益、挽回损失,也是为维护国产动漫企业的原创精神。

二、双方各执一词争执不下

2012年4月23日,海淀法院开庭审理此案。法庭上,水木动画、索尼、华夏安业三方围绕信息网络传播权及责任主体等关键性问题进行了激烈的辩论。

原告水木动画公司诉称,公司是动画片《中华五千年》等的著作权人,华夏公司未经公司许可就将涉案动画片上传至其服务器上,索尼中国公司生产的索尼牌 KDL-40NX710 型液晶电视机通过与华夏公司网站建立链接,可以在线观看涉案动画片,两被告的行为已严重侵犯本公司对涉案动画片享有的信息网络传播权,给本公司造成巨大的经济损失。故诉至法院,要求两被告立即停止侵害、登报道歉,并赔偿公司经济损失共计人民币 230 万元。

被告索尼中国公司辩称,公司仅是硬件设备生产商,公司生产涉案电视机的行为不构成信息网络传播行为。现在很多电视都具备上网功能,这些电视只是上网设备,生产的时候并未对电视机进行任何的绑定,电视生产过程不构成对信息网络传播权的侵犯,只有在用户自行完成绑定后才会成为华夏安业公司的客户,域名为 internet.sony.tv 的网站提供自动接入服务,不构成信息网络传播行为。公司将所购电视机与华夏公司提供的网络服务建立关联的登录网址 internet.sony.tv,域名所有权为日本索尼公司,提供关联服务的是索尼美国公司,如果侵权事实成立,侵权责任应当由索尼(日本)公司和索尼(美国)公司承担,索尼中国公司没有对内容审核的义务,不承担侵权责任,故索尼(中国)公司不是本案的适合被告,不构成著作权法意义上的侵犯信息网络传播权。水木公司主张的高额涉案作品广告价值损失没有事实和法律依据。水木动画公司主张的购买涉案电视机和公证费的支出属于不必要的、自行扩大的损失,依法不应得到支持。

被告华夏公司辩称,公司对涉案动画片取得授权合法,不构成侵权。2010 年,水木动画公司将涉案动画片授权给北京磐海鸿星文化传媒有限公司(以下简称"磐海公司")。磐海公司因为不具备 IPTV 资质而不能实现合同目的,因此磐海公司与华夏公司签订《合作协议》,并按协议内容为磐海公司提供技术和设备服务,帮助磐海公司实现磐海公司与水木动画公司的合同目的,公司在此过程中不存在过错,也没有违反法律规定,不构成侵权。水木动画公司提交的公证书的公证内容存在重大错误,未能完整、准确地反映事实,操作过程存在错误。水木动画公司要求的赔偿数额也无法律依据,其要求公司赔偿高额损失不合理。公司未侵害水木动画公司的人身权利,水木动画公司要求公司登报赔礼道歉的主张无事实和法律依据。水木动画公司提交的证据显示的公司名称均不同,不认可其主体资格。另外,涉案影片已不属于热播影片,市场价值不高,因此不同意原告的诉讼请求。

本案中,信息网络传播权无疑成为水木动画公司及索尼(中国)公司争论的焦点。假定索尼(中国)公司在双方合作协议中是产品的生产商以及服务提供商,通常意义上而言,作为电视机的生产厂商和电视中网络技术服务的提供商,没有对内容审核的义务,不应承担侵权责任;但如果生产商使用户通过其销售的产品,例如在本案中,用户通过销售产品的上网功能可以浏览其指定合作伙伴提供的侵权动画片,并且经过法庭举证的唯一路径,以及未经著作权人许可,以营利为目的,擅自协助下载权利人版权的事实以及复制发行的行为,则应当承担法律责任。

由于此案属国内动漫行业首次状告国际大公司侵犯著作权,故引起中国动漫行业以及知识产权界的广泛关注,多位知识产权界专业人士及媒体到场旁听。法庭没有当场作出判决。

三、最终宣判结果

北京市海淀区人民法院经过审理后,于2012年6月18日判决被告华夏公司在线播放原告水木公司享有著作权的涉案动画片行为构成侵权。认为原告水木动画公司对涉案动画片享有著作权,被告华夏公司在未取得原告授权的情况下,将涉案动画片置于向公众开放的网络服务器中,供公众获得涉案动画片的观看行为,侵犯了原告水木公司的信息网络传播权;索尼公司系涉案电视机的生产者,无法审查电视机登录互联网之后所链接的内容是否侵权,且不能对视频提供商提供的内容进行改变,故索尼公司生产电视机的行为主观上无过错,不构成侵权。鉴于被告华夏公司的行为构成侵权,法院判令被告华夏公司立即停止侵权行为并赔偿原告水木公司经济损失及维权费用共计人民币2.5万余元。

四、相关法律的出台

2012年4月20日,就在此案审理前三天,最高人民法院全文公布《关于审理侵犯信息网络传播权民事纠纷案件适用法律若干问题的规定(征求意见稿)》(以下简称《规定》),向社会各界广泛征求意见。同年11月26日,最高人民法院审判委员会第1561次会议通过该规定。该规定对网络服务提供者和网络用户侵权行为作出了具体界定。

比如,《规定》第3条规定:"网络用户、网络服务提供者未经许可,通过信息网络提供权利人享有信息网络传播权的作品、表演、录音录像制品,除法律、行政法规另有规定外,人民法院应当认定其构成侵害信息网络传播权行为。通过上传到网络服务器、设置共享文件或者利用文件分享软件等方式,将作品、表演、录音录像制品置于信息网络中,使公众能够在个人选定的时间和地点以下载、浏览或者其他方式获得的,人民法院应当认定其实施了前款规定的提供行为。"

由此,该规定为正确审理侵害信息网络传播权民事纠纷案件,保护信息网络传播权,促进信息网络产业健康发展,维护公共利益,提供了法律依据。

(刘玉茹　林　珏)

【案例讨论】

1. 为什么水木动画公司要状告索尼公司和华夏公司?

2. 为什么最后是华夏公司侵权,而不是索尼公司侵权?依据后来出台的《规定》,在本案中,华夏公司根据哪条构成侵权?(请到网上查阅该法规)

3. 如何在学习、工作、生活上既享受现代信息技术带来的网上查阅信息和资料的便利,又正确使用网上资源,注重知识产权的保护?谈谈你的看法。

【参考文献】

1. 《水木动画诉 SONY 侵权案日前在北京开庭》,http://tech.qq.com/a/20120425/000354.htm,2012 年 4 月 25 日访问。

2. 刁云芸、付玉:《动画片"中华五千年"引发著作权纠纷　华夏侵权索尼免责》,http://www.chinacourt.org/article/detail/2012/06/id/524777.shtml,2012 年 6 月 18 日访问。

3. 《最高人民法院关于审理侵害信息网络传播权民事纠纷案件适用法律若干问题的规定》。

【案例 1-21】 乐高诉广东小白龙等著作权侵权案

乐高公司是全球领先的玩具制造商,总部位于丹麦比隆。1932 年,丹麦木匠 Ole Kirk Kristiansen 以标志性的乐高积木为基础创办了乐高公司。乐高公司致力于通过游戏和学习开发儿童的创造力,其设计的乐高积木闻名世界。现今,乐高公司已向全球 130 多个国家的儿童提供玩具、经验和教学资料,已经成为世界玩具市场的领导品牌。

一、案例介绍

广东小白龙动漫玩具实业有限公司(简称"小白龙公司")创建于 2004 年,目前拥有"小白龙"与"COGO"两大玩具品牌。小白龙公司以动漫玩具、益智玩具为主导产品,将文化教育融入产品中,致力于培养儿童和青少年多元智能的发展。经过多年的市场开拓,小白龙公司现已形成覆盖全球的市场销售网络和丰富的客户资源,其产品销往美国、欧盟、拉美等全球近百个国家和地区。

在乐高公司诉小白龙公司、北京华远西单购物中心有限公司(简称"西单购物中心")侵犯著作权纠纷一案中,乐高公司主张其对 63 件玩具积木块的著作权,北京市第一中级人民法院在庭审后将该案分为 63 个案件。在分案后的起诉书中,原告乐高公司诉称:几十年来,乐高公司一直设计、制造和销售以"LEGO"和"乐高"为注册商标的塑料积木系列玩具并销售至中国,上述积木块构成了美术作品,乐高公司对其享有著作权。在西单购物中心销售的小白龙公司生产的玩具中,乐高公司发现存在复制乐高公司享有著作权的玩具积木块的产品,这一行为并没有得到乐高公司的许可,因此,侵犯了乐高公司依法享有的复制权及发行权。依照《保护文学和艺术作品伯尔尼公约》《著作权法》的相关规定,乐高公司享有的著作权应受到法律的保护。

依据《著作权法》第 47 条第(1)项和第 48 条的规定,原告乐高公司请求法院判令:(1)责令被告小白龙公司和西单购物中心立即停止销售侵犯原告著作权的产品;(2)责令被告小白龙公司立即停止生产侵犯原告著作权的产品;(3)责令被告小白龙公司在法院监督下上交并销毁侵犯原告著作权的库存产品以及生产上述产品的模具,相关费用由小白龙公司承担;(4)责令被告小白龙公司在《法制日报》上刊登声明,以消除因侵犯原告著作权所造成的不良影响;(5)责令被告小白龙公司赔偿原告因侵犯原告著作权给原告造成的损失人民币4762元;(6)责令被告小白龙公司支付原告调查取证的合理支出人民币866元,并承担本案全部诉讼费用。[①]

2010年8月10日,北京市第一中级人民法院对此案开庭审理。针对乐高公司所提出的63件侵犯其积木块著作权的诉讼,法院一审判决结果如下:涉案积木块中58件积木块不具有独创性,不构成作品或美术作品,被控侵权积木块并未构成对乐高公司美术作品著作权的侵犯,原告乐高公司的全部诉讼请求被驳回。在其余5件积木块中,小白龙公司被控侵权积木块与之相比,不构成相同或实质性近似、不构成侵权的有1件,法院驳回原告乐高公司的全部诉讼请求;构成实质性近似、侵权的有4件,对此,法院判决被告广东小白龙动漫玩具实业有限公司立即停止生产、销售被控侵权积木块,并赔偿原告乐高公司经济损失人民币4762元,合理支出人民币866元,被告北京华远西单购物中心有限公司立即停止销售被控侵权积木块,驳回乐高公司的其他上诉请求。

对于法院判决构成实质性近似、构成侵权的4件诉讼,乐高公司和小白龙公司均不服原审判决,向北京市高级人民法院提起上诉,北京高院最终驳回上诉,维持原判。对于法院判决涉案积木块不构成作品或美术作品的58件诉讼,乐高公司不服原审判决,向北京市高级人民法院提起上诉,请求撤销原审判决,依法改判并支持乐高公司原审诉讼请求。最终,北京高院对其中1件作出改判,认为小白龙公司构成侵权,其余57件上诉均被驳回,维持原判。

对于被驳回的57件上诉请求,乐高公司不服北京市高级人民法院判决,向最高人民法院提出再审申请。其中,56件再审申请被最高人民法院驳回;1件由最高人民法院提审,再审期间,中止原判决的执行。

二、案例分析

在具体分析被告小白龙公司和西单购物中心的行为是否构成对乐高公司

---

① 北京市第一中级人民法院民事判决书(2010)一中民初字第16660号等。

著作权的侵犯之前,笔者认为有必要先对乐高公司是否拥有涉案积木块相关的著作权进行探讨。

为了证明对涉案的 63 件积木块享有的著作权,乐高公司向法院提交了经公证认证的、印有"LEGO"标识的乐高玩具积木块设计图纸、产品图册以及使用说明书。此外,乐高公司还提交了乐高系统公司作为第一转让方、英特莱特公司作为第二转让方与受让方乐高公司(原告)签订的《知识产权转让协议》(简称《协议》)。《协议》显示,"第一转让方(即乐高系统公司)完全承担了乐高产品的创作、完善、生产、市场推广以及销售,按照丹麦法律,由第一转让方的雇员与设计人员创作的与乐高产品相关的所有知识产权都归属于第一转让方",因此,涉案积木块创作完成时,与其有关的知识产权归属于乐高系统公司。同时,《协议》明确指出,上述两公司享有的一切知识产权均归属原告,涉案积木块的相应知识产权依据该协议归属原告。《协议》还约定受让方有权对协议生效日之前发生的任何侵犯知识产权的行为采取法律行动,并且享有任何和全部源于该法律行动的法律救济。因此,乐高公司拥有与涉案积木块相关的知识产权,并有权对侵权行为提起诉讼,获得救济。

本案分案后,共包含 63 个案件。从结尾部分的附录以及介绍部分可以看出,综合一审、二审和最高人民法院的裁决,本案的最终判决结果主要包括三大类:涉案积木块不构成作品或美术作品,驳回原告乐高公司的全部诉讼请求;被控侵权积木块与涉案积木块未构成实质性相似,驳回原告乐高公司的全部诉讼请求;被告的行为构成对原告著作权的侵犯,应依法停止侵权并赔偿损失。下面,将对上述三类判决结果分别进行分析。

1. 涉案积木块不构成作品,驳回原告乐高公司全部诉讼请求

在判断被告的行为是否构成对原告乐高公司著作权的侵犯之前,首先要判断原告所主张权利的涉案积木块是否构成作品。《著作权法实施条例》第 2 条规定:"著作权法所称作品,是指文学、艺术和科学领域内具有独创性并能以某种有形形式复制的智力成果。"也就是说,构成作品的智力成果必须兼具独创性及可复制性两种基本特性,缺一不可。

通常而言,对于独创性的判断可以基于以下两个条件:首先,智力成果应由作者独立创作,而不是对他人智力成果的抄袭;其次,智力成果的智力创作性应达到著作权法所要求的基本高度。所谓达到基本的智力创作性高度,并不要求该智力成果能够达到较高的艺术或科学的美感程度,而只是要求作品中所体现

的智力创作性不能过于微不足道。

具体到本案,最终被法院判决不构成作品的涉案积木块共56件,法院之所以作出该判决,是因为这些积木块并未同时满足符合作品独创性所必备的两个条件——独立创作和达到基本的智力创作性高度。具体而言,在独立创作方面,在被告未提供反证的情况下,可以认定涉案积木块由原告所独创,而非对他人智力成果的抄袭;但在智力创造性方面,尽管涉案的56件积木块形态各异,但其均存在创作性高度均过于微不足道的问题,不能达到作品独创性所要求的基本的智力创作性高度。因此,上述56件积木块不具有独创性,不能构成作品,乐高公司认为被控侵权积木块构成对其美术作品著作权的侵犯的主张不能成立,法院驳回原告乐高公司全部诉讼请求的判决是合理的。

2. 被控侵权积木块与涉案积木块未构成实质性近似,驳回原告乐高公司全部诉讼请求

在分案后的63件案件中,有1件案件因小白龙公司的被控侵权积木块与涉案积木相比,未构成相同或实质性近似,因此,不构成侵权。

在该案中,涉案积木块符合作品的独创性、可复制性要求,构成作品。对于该积木块是否如原告所主张的构成美术作品,可以根据《著作权法实施条例》的有关规定进行判断。《著作权法实施条例》第4条规定:"美术作品是指绘画、书法、雕塑等以线条、色彩或者其他方式构成的有审美意义的平面或者立体的造型艺术作品"。该案件的涉案积木块符合上述规定,属于美术作品,因此,原告乐高公司对该美术作品享有著作权的主张成立,原告同时享有对涉案作品著作权中的复制权,有权禁止他人实施对其作品的复制行为。

对于被告的行为是否构成复制行为的问题,一般认为,只有以下两个条件同时满足时,被告的行为才构成复制行为:(1)被控侵权的积木块采用了与原告涉案积木块相同或实质性近似的表达;(2)被告对于原告涉案积木块具有接触的可能性。具体到这一案件,由于原告涉案积木块在被控侵权积木块生产销售之前已经公开发行,因此,在被告未提交足够反证的情况下,被告对于原告的作品具有接触的可能性,满足构成复制行为的第二个条件。在此基础上,将被控侵权积木块与涉案积木块进行比较,可以看出二者存在显著差异,未构成实质性近似,构成复制行为的第一个条件未能满足。因此,被告生产被控侵权积木块的行为未构成复制行为,亦不构成对原告涉案积木块著作权的侵犯,法院理应驳回原告乐高公司的全部诉讼请求。

3. 被告的行为构成对原告著作权的侵犯,应依法停止侵权并赔偿损失

在分案后的63件案件中,最终有5件案件被法院判为侵权。这5件案件中的涉案积木块均属于美术作品,原告乐高公司对其享有著作权,也同时享有著作权中的复制权、发行权等。

乐高公司对于这5件涉案积木块享有著作权中的复制权,即有权禁止他人实施对其作品的复制行为。由于原告涉案积木块在被控侵权积木块生产销售之前已经公开发行,因此,在被告未提交足够反证的情况下,小白龙公司对于乐高公司的作品具有接触的可能性;同时,将被控侵权积木块与原告涉案积木块进行比较,可以看出二者虽有一定差异,但该差异过于微不足道,构成实质性近似。因此,小白龙公司生产被控侵权积木块的行为构成复制行为。

乐高公司对于这5件涉案积木块享有著作权中的发行权,即有权禁止他人实施对其作品的发行行为,也就是禁止他人以出售或者赠予方式向公众提供作品的原件或复制件的行为。在本案中,小白龙公司、西单购物中心不能证明其销售被控侵权积木块(构成复制件)的行为已获得乐高公司许可,因此这一行为构成对乐高公司享有的发行权的侵犯。

由《著作权法》第47条第(1)项规定可知,未经著作权人许可,复制、发行他人作品的,除非著作权法另有规定,应当根据情况承担停止侵害、消除影响、赔偿损失等民事责任。本案中,被告小白龙公司及西单购物中心销售被控侵权积木块的行为已构成对原告乐高公司复制权、发行权的侵犯,因此,应依法停止侵权并赔偿损失。

另外,对于乐高公司要求小白龙公司上交并销毁库存产品以及生产上述产品的模具的诉讼请求,由于这一诉讼请求已被停止侵权这一民事责任所涵盖,因此,法院对这一诉讼请求予以驳回是合理的。对于乐高公司要求小白龙公司消除影响的主张,由于被控侵权产品仅仅是小白龙公司生产的成套产品中的一个组件,在该产品中所占比例很小,因此,在乐高公司不能证明被告的行为对其造成不良影响的情况下,法院对这一诉讼请求予以驳回亦是合理的。

(韩春燕)

【案例讨论】

1. 法院为什么对该案进行分案审理？最后得出什么结论？
2. 你是否同意法院的判决？
3. 这一有关著作权纠纷的案例给我们什么启示？

【参考文献】

1. 范莉、何莹、席恺：《论实用艺术品的知识产权保护——由中国第一例实用艺术品著作权侵权案引发的思考》，载《艺术科技》2014 年第 4 期。

【案例 1-22】 莫斯科电影制片厂诉"图书之家"圣彼得堡书屋侵犯版权案

在俄罗斯最常见的侵犯著作权的案例是录像片盗版,这种盗版主要通过网络和原盘出版物的非法复制,如音乐、电影、电视节目等复制而表现。

一般来说,盗版者盗版录像片原因有二:一是营业性的,如在小售货亭推销侵权商品;二是非营业性的,如朋友之间交换侵权商品。

非法盗版电影的形式主要有:(1)"枪版"电影(CAMRip),通常用数码摄像机从电影院盗录、通过在线看电影或者下载。它们与正版电影的区别在于视频和声音的质量上。(2)电影版(Telesync),同样属于偷录版,但在偷录时使用了外置音频,这种音频一般是电影院为听力不好的人而设的耳机孔。(3)数字拷贝(Telecine),是使用电视电影机从胶片直接数字拷贝,其图像和声音质量较之前两种更好。(4)打印版(Workprint),从未完成的电影拷贝转制而成,可能会缺失镜头和音乐,质量不稳定,可能从最好到最差。(5)DVD过滤网和筛选器(DVD screener & Screener),在电影发行 VHS 录像带之前送到录像出租店或其他地方用做促销目的。(5)来自广播电视直播盗袭的影视资料如,DVDRip、HDTVRip、CATVRip、TVRip、SATRip 等。

2002 年,莫斯科电影制片厂(Mosfilm)诉诉于北美的圣彼得堡书屋侵犯版权,盗用了原告 383 部电影,其中包括苏联、俄罗斯最著名的电影,如《钻石胳膊》(The Diamond Arm)、《狗心》(Heart of a Dog)、《伊凡·雷帝:回到未来》(Ivan Vasilievich: Back to the Future)、《幸运先生》(Gentlemen of Fortune)等。圣彼得堡书屋是纽约一家大公司,位于布莱顿海滩,主要销售俄罗斯电影的 DVD 和录影带,他们以为那里距离俄罗斯很远,可以做任何想做的事。当苏维埃、卓越级计划有限公司(DVD 和录影带电影联合会)和美国国际特写(苏维埃的代理)对圣彼德堡书屋 J. Berov 和 N. Orlova 进行起诉,指责他们侵犯版权,司法审查开始时,许多经销商与俄罗斯工作室联系,签订销售合同,然而圣彼德堡书屋继续销售他们的假冒商品。

该案审理过程特别长,从 2002 年一直持续到 2006 年,其中一个原因是圣彼得堡书屋采用各种各样的方法拖延司法审判程序。比如,他们声称,原告提供的证明大部分是假的,由此法庭仅核对证据就花费了很长的时间。此外,美国法律跟俄罗斯的法律差别非常大,Mosfilm 对美国的版权法不像圣彼得堡书屋那么了解,好不容易找到律师,费用支出相当大。

不过,最后法院发现美国人非法销售俄罗斯 383 部电影,以及出售美国国际特写目录中约 1400 部影片,其中绝大多数影片是由莫斯影片制造的。

最终这两家电影制片厂 Mosfilm 和 Lenfilm 胜诉,这在美国尚属前例。美国联邦纽约东部区法院最终判决圣彼得堡书屋在美国销售俄文的 DVD 和录影带,侵犯了苏维埃和 Lenfilm 的版权。之后,法院确定的赔偿金额可能会超过 1900 万美元。

([俄]维 卡)

【案例讨论】

1. 莫斯科电影制片厂为什么要起诉圣彼得堡书屋侵权?最后美国法院是如何判决的?

2.《保护文学艺术作品的伯尔尼公约》中哪些条款适用该案例?

3. 你认为圣彼得堡书屋会支付原告这些费用吗?如果不支付会出现什么后果?

【参考文献】

1. Garant:http://base.garant.ru/10164072/71/,2016 年 5 月 10 日访问。

2. Consultant Plus:http://www.consultant.ru/document/cons_doc_LAW_2238/,2016 年 5 月 7 日访问。

【案例 1-23】 上海首例集成电路布图设计纠纷案

一、案情简介

2006年5月,钜泉光电科技(上海)股份有限公司(以下简称"钜泉公司")与珠海炬力集成电路设计有限公司(以下简称"炬力公司")签订技术转让合同及补充协议,约定炬力公司将电能计量系列芯片的专有技术转让给钜泉公司,合同总价款为1200万元。此后,钜泉公司进行后续研发,并于2008年将研发完成的布图设计到国家知识产权局申请登记了 ATT7021AU 布图设计,获得专有权。

然而,钜泉公司很快发现,在深圳刚刚成立才一年的锐能微科技有限公司(以下简称"锐能微公司")于2009年研制的单相多功能防窃电专用计量芯片 RN8209 系列,严重抄袭了钜泉公司申请的布图设计。根据锐能微公司官方网站显示,该芯片在2010年7月获得中国电子工程权威杂志《电子工程专辑》评选的"2010年度热门产品奖",2010年9月销售量突破1000万片。

更引起钜泉公司注意的是,钜泉公司原销售经理陈某、原研发部门从事IC设计工作的赵某分别成为锐能微公司现任总经理和设计总监,而炬力公司原研发设计部工程师杨某也成为锐能微公司现任技术顾问。2010年3月,钜泉公司向上海市第一中级人民法院提起诉讼,向锐能微公司索赔1500万元。

对此,锐能微公司始终坚称自己芯片的布图设计系自主开发,该设计与钜泉公司的设计不同,完全是锐能微公司通过自身独创性实现了芯片功能的提升和飞跃。同时,锐能微公司认为,钜泉公司的布图设计不具有独创性,属于常规设计。针对锐能微公司的说法,钜泉公司向法院提交了自己芯片中10个部分的"独创点"。2011年至2013年,法院委托相关鉴定机构对双方的芯片进行鉴定,鉴定机构经过比对后得出结论,认为钜泉公司提出的"10个独创点"中的2个点具有独创性,且不是常规设计。

2013年12月24日,一审法院作出判决,责令锐能微公司应立即停止侵害钜泉公司享有的 ATT7021AU 集成电路布图设计专有权,并赔偿钜泉公司经济损失等共计人民币 320 万元,对钜泉公司其余诉讼请求不予支持。判决后,钜泉公司和锐能微公司均不服,提起上诉。

2014 年 9 月 23 日,上海市高级人民法院作出终审判决,驳回上诉人钜泉光电科技(上海)股份有限公司、深圳市锐能微科技有限公司的上诉请求,维持原判。

二、对本案的处理意见

上海市高级人民法院针对双方的争议焦点进行了详细论述,这些论述从专业的角度,完整、细致地诠释了集成电路布图设计专有权保护的标准,该诠释将成为国内今后指导业界人士的重要原则。

针对双方对于鉴定结论的争议,法院除明确鉴定机构和鉴定人员资质、鉴定程序合法外,重点说明鉴定方法的合理性,即依据《集成电路布图设计保护条例》所确定的保护标准,比对是在双方集成电路布图设计的相似部分之间进行,而不是去比较两个完整的布图设计。

针对双方的涉案芯片是否相同,法院认为,集成电路布图设计的创新空间有限,因此在"相同或实质性相似"的认定上应当采用较为严格标准。法院在明确"工艺不是布图""互联线路虽然是集成电路布图设计考量时的参考因素之一,但布图设计的侧重点更在于有源元件和元件与互联线路的三维配置"等原则后,依据本案证据认定,即使按照严格的认定标准,双方芯片的集成电路布图设计仍有极小部分构成实质性相似。

针对钜泉公司的"2 个点"是否具有独创性,法院认为,钜泉公司已经对自己产品的独创性提供了权利登记证书,而且专利复审委经审查后也终止了撤销程序,鉴定机构的结论也表明其芯片中的"2 个点"具有独创性。反之,锐能微公司提交的证据材料不足以证明其所称的"常规设计"之说,故法院认定钜泉公司"2 个点"具有独创性。

针对锐能微公司的行为是否侵犯钜泉公司的权利,法院认为,即使是占整个集成电路布图设计比例很小的非核心部分布图设计,其独创性也应得到法律保护。本案中,锐能微公司未经许可直接复制了钜泉公司芯片布图设计中的"2 个点"并进行商业销售,故构成侵权。

至于赔偿数额,法院认为,锐能微公司拒绝提供相关财务资料,原审法院根据其网站页面显示的销售数量作为计算依据,同时综合考虑了法院保全锐能微公司部分发票、"2个点"所占布图面积及作用、锐能微公司通过直接复制缩短了芯片研发时间而获得的市场竞争优势等情况,判决赔偿钜泉公司 320 万元,该判决并无不当。制造集成电路的前提是进行布图设计,由它决定如何在半导体材料的三维空间中配置各种元件及互联线路,布图设计的成本往往非常高昂,需要投入大量的智力劳动,但在含有集成电路产品售出后,他人通过拆解产品了解布图设计并加以抄袭却相对容易。鉴于此,《TRIPS 协定》和我国《集成电路布图设计保护条例》均对独创性的布图设计提供保护,禁止未经许可复制该布图设计。

三、本案启示

在此案中,法院正确地作出了两个区分:

首先,区分了认定侵犯布图设计权的标准与认定侵犯著作权的标准。对于后者,被控侵权作品必须与原作在表达上构成实质性相似,仅复制个别独创性的表达尚不足以认定侵权。但对于前者,复制受保护的布图设计中任何具有独创性的部分都可构成侵权。这不仅是因为立法对此有明确规定,还因为布图设计与文学艺术作品不同,其设计具有实用功能性,各设计点相互依存,牵一发而动全身,任何独创性的设计点都值得保护。因此,法院认定被告对原告两个独创设计点的复制足以构成侵权。

其次,区分了布图设计与实现布图设计的工艺。布图设计是对元件和其互联线路的三维配置,对于相同的配置可以通过多种工艺实现。这正如原告在一块瓷砖上绘制了水彩画,被告在四块瓷砖上用碳素笔加以临摹,再现的仍然是同一美术作品。法院据此指出:四个电容呈田字形的排列方式是三维配置,而用几个阱放置电容则是工艺,也即实现布图设计的方式,本身不是布图设计,并认定被告复制了原告的布图设计。

法院对上述难点问题的认定,不仅体现了对法律的精准理解,也澄清了判断布图设计侵权的法律标准,使布图设计者了解了合理借鉴与抄袭在先设计之间的界限,这对于保护布图设计、促进集成电路产业的发展具有重要的现实意义。

(刘兴鹏)

【案例讨论】

1. 钜泉公司为什么起诉锐能微公司侵权？法院是如何判决的？

2. 为什么在"相同或实质性相似"的认定上对集成电路布图采用较为严格的标准？

3. 在技术转让合同中可以加入哪些条款来规避集成电路布图设计的侵权问题？

【参考文献】

1. 高远：《上海首例集成电路布图设计纠纷案二审宣判》，载《法制日报》2014 年 9 月 24 日。

2. 王迁：《上海首例集成电路布图设计纠纷案》，载《人民法院报》2015 年 1 月 7 日。

四、商业秘密与专有技术

【案例 1-24】 小职员充当间谍 21 次偷卖国家绝密情报获死刑

某大学计算机专业毕业生黄某,1997 年进入一家涉密科研单位工作。由于工作态度不端正,能力平平,五年中更换过三个部门,但业绩始终靠后,根据单位末尾淘汰制规定,他被解职。为了发泄私愤,同时也出自对金钱的贪欲,2002 年,黄某通过互联网与境外间谍机构取得联系,开始出卖工作中复制的涉密文件,并成为境外间谍机构雇用的一名间谍。9 年里,他出国 21 次与境外间谍机构人员见面,向对方提供涉密资料,从中获利 70 万美元。

在"存货"用完后,他曾 3 次设法策反老同事闻某,但均遭拒绝,不过遗憾的是后者并未及时将此情况向上级领导汇报。此后,他又将黑手伸向也在涉密单位工作的亲属。他的妻子唐某在另一家涉密单位工作,是资料管理员,经常接触涉密材料。他让妻子把资料备份到光盘上带回家,趁其不在家时进行复制。此外,他也把同在一个单位、担任总工程师的姐夫谭某当成"猎物",因为后者经常将在单位使用的笔记本电脑带回家。一天谭某请他修理电脑,他用 U 盘偷偷复制了电脑里的保密文档。在谭某 2004 年离职后,黄某为了不断给境外间谍机构提供涉密资料,利用在原单位的关系,窃取同事电脑上的资料,并向好友郑某等人打探科研所的动态消息,利用他们窃取科研所的内部刊物。

就这样,从 2002 年开始间谍活动到 2011 年事情败露,黄某向境外间谍机构提供的资料达到 15 余万份,其中绝密级国家秘密 90 项,机密级国家秘密 292 项,秘密级国家秘密 1674 项,其数量之大、范围之广、涉密之深,令人震惊。

2011 年,四川省和成都市国家安全机关在掌握黄宇的犯罪证据后,决定对其实施抓捕。被捕后的黄某对犯罪事实供认不讳。根据《刑法》(2015年)第111条和113条的规定,"参加间谍组织或者接受间谍组织及其代理人任务",构成间谍行为,"危害国家安全的,处十年以上有期徒刑或者无期徒刑","对国家和人民危害特别严重,情节特别恶劣的,可以判处死刑"。最终,黄宇因间谍罪行危害极大被依法判处死刑,剥夺政治权利终身,并没收全部所得。对于这样的结果,黄宇追悔莫及。面对镜头,他说:"如果说还有其他人看到我,自己也在做着和我一样的事,在做卖国的事,希望能自己去找国家安全局的人员(自首),对家里面的人也好,对自己也好,都是一个更好的结果。"

黄某间谍案涉及多人,其妻子及姐夫因过失泄露国家机密罪,被分别判处五年、三年有期徒刑;其原来就职单位有29人因渎职等问题受到不同程度的处分。

为了防范、制止和惩治间谍行为,维护国家安全,2014年11月1日,我国颁布并实施了《反间谍法》。该法规定了国家安全机关在反间谍工作中的职权、公民和组织的义务和权利,以及法律责任。同时,对"间谍行为"进行了界定,它是指下列行为:(1)间谍组织及其代理人实施或者指使、资助他人实施,或者境内外机构、组织、个人与其相勾结实施的危害中华人民共和国国家安全的活动;(2)参加间谍组织或者接受间谍组织及其代理人的任务的;(3)间谍组织及其代理人以外的其他境外机构、组织、个人实施或者指使、资助他人实施,或者境内机构、组织、个人与其相勾结实施的窃取、刺探、收买或者非法提供国家秘密或者情报,或者策动、引诱、收买国家工作人员叛变的活动;(4)为敌人指示攻击目标的;(5)进行其他间谍活动的。

该法规定公民有维护国家的安全、荣誉和利益的义务,不得有危害国家的安全、荣誉和利益的行为。公民和组织发现间谍行为,应当及时向国家安全机关报告。境外机构、组织、个人实施或者指使、资助他人实施,或者境外机构、组织、个人与境外机构、组织、个人相勾结实施间谍行为,构成犯罪的,依法追究刑事责任。非法持有国家秘密的文件、资料和其他物品,构成犯罪的,依法追究刑事责任。

为了增强全社会民众的国家安全意识,自觉维护国家安全利益,2015年7月1日,第十二届全国人民代表大会常务委员会第十五次会议通过并实施《国家安全法》,该法规定维护国家安全的任务,"防范制止和依法惩治窃取、泄露国家秘密等危害国家安全的行为",并规定"每年4月15日为全民国家安全教育日",由此构筑起维护国家安全之法律体系。

(林 珏)

【案例讨论】

1. 黄某为什么要偷卖国家秘密？该行为构成什么罪？主要的法律依据是什么？

2. 其亲属唐某和谭某因为什么而获罪？有哪些法律条款适用于他们的过失泄密罪？

3. 黄某的偷卖行为暴露了其所在涉密单位在保密管理方面存在哪些问题？涉密单位在建立安全管理制度方面应该出台哪些措施？

【参考资料】

1. 《男子偷卖90项国家绝密情报获利70万美元被判死刑》，http://news.qq.com/a/20160419/004086.htm，2016年4月19日访问。

2. 《小职员为钱铤而走险 化身"资深间谍"出卖国家机密》，载《焦点访谈》2016年4月18日。

3. 《中华人民共和国反间谍法》。

4. 《中华人民共和国国家安全法》。

5. 《中华人民共和国刑法》。

【案例1-25】 肯德基的商业秘密

商业秘密是指不为公众所知悉、具有商业价值并经权利人采取相应保密措施的技术信息和经营信息。它可以是一项发明,比如机器设备或工业过程;也可以是一个抽象的工业或商业的设想,比如新产品名称或广告计划;还可以是资料汇编,比如客户清单或供应资源。根据美国《统一商业秘密法》的定义,商业秘密是指特定信息,包括公式、模型、汇编、程序、设计、方法、技术或过程的信息。作为一项发明,可以申报专利,但一旦进行申请及获得,其秘密就公开了,并且专利也是有年限的,不能续展。为此,一些企业宁愿通过人为的保密措施将一些发明保护起来。比如,肯德基配方、可口可乐配方等。下面我们看看,肯德基公司是如何保护配方的。

据说肯德基的配方藏在其公司总部,公司总部位于美国肯塔基州路易斯维尔市。那里有一间守卫森严的保密房间,保险库大门上有三道锁。打开锁,推开房门,里面是一个装有两道密码锁的结实的档案保险柜,里面便是肯德基的核心商业机密——1940年由肯德基创始人哈兰·桑德斯上校发明的炸鸡配方。那是一张已经发黄的小纸片,上面是桑德斯上校亲手用铅笔写下的11种香辛料名称和调配比例,据说是肯德基炸鸡之所以美味的关键所在。截至2007年年末,肯德基在全球拥有14892家分店,这一商业成绩跟这张秘密配方不无关系。

自从20多年前该小纸片被放入档案柜保存起来后,还从未离开过肯德基总部。据说全世界只有肯德基两名高层管理人员知道秘方的内容,还有另一名高管知晓存放秘方的保险库和保险柜的密码。为安全起见,这3人被规定不得搭乘同一架飞机或同一辆汽车外出。而知道这3人身份的肯德基员工也没有几个。为了保密,肯德基特意选择不同厂商分别供应和混合这些香辛料。肯德基与这些厂商签订了严格的保密协议,且从不公开厂商名称。

有一段时间,网上刊登了所谓的"肯德基秘方",并称"肯德基官方配方大泄露",后来有消息说是肯德基公司为保护该配方,将其从保密房间取走,暂存他处,并且更新原保密设施,以期更严密保管这一核心机密。

(林　珏)

【案例讨论】

1. 为什么肯德基公司不通过申请发明专利的形式,而是通过自行保密的方式去保护自己的知识产权？

2. 各国有关商业秘密的保护主要采用什么手段？

3. 网上有人公布肯德基配方的行为,不管是否真实是否构成侵犯肯德基公司的商业秘密？涉及这类行为,应适用什么法律？

【参考资料】

1.《肯德基(KFC)官方配方大泄密——大家都来做 KFC 啊》,https://www.douban.com/note/86272048/,2010 年 8 月 18 日访问。

2. 林珏:《国际技术贸易》,北京大学出版社 2016 年版。

【案例1-26】 工业革命:普鲁士的剽窃

如今,德国企业总是抱怨其他国家的仿冒品,但具有讽刺意味的是,200年前德国在工业革命初期为获得英国的工业技术,窃取手段可谓无所不用其极。当时,为了破解英国人的秘密,一批批的德国工程师、机械制造师和企业主接踵前往英国。

传说在18世纪英国工业革命时期,为了得到英国的水力纺织机,一名普鲁士人约翰·戈特弗里德·布吕格尔曼委托他的朋友卡尔·阿尔布雷希特·德利乌斯前往英国,偷运回一台机器和一位能够操作并复制的技工,并于1783年建立起德国第一家工厂,赚了大笔钱。此后,普鲁士官方派遣经验丰富的工程师去英国进行所谓的"考察旅行",诱使英国人说出技术秘密,由此开国家资助下的经济间谍活动之先河。

为了窃取瓦特的蒸汽机技术,1779年按照腓特烈大帝的特别命令,柏林派往英国 批人员,其中包括卡尔·弗里德里希·比克林。此人在英国待了一年,参观了工厂,也与瓦特和其合伙人马修·博尔顿交谈,收集信息。1780年他回国后,用了五年的时间制造出德国第一台瓦特式蒸汽机。但不久后机器就出了问题。1786年,他不得不再次前往英国进行活动,并带回一名英国技术工人威廉·理查德,后者改进了这台蒸汽机并使其顺利运转。

为了维护自己的技术,英国开始对那些来访者进行技术限制,规定只有拥有良好关系或者能够出示最高当局推荐信的人,才被允许进入英国工厂内部参观。为了得到技术,德国人采取贿赂工人的做法。比如,1819年在普鲁士政府的委托下,弗朗茨·安东·埃格尔斯前往英国研究纺织工业,为了能够进入工厂,他贿赂工人,让他们帮忙购置各种生产设备。

除了窃取纺织技术外,德国人还试图了解被严格保密的钢铁生产过程。比如,阿尔弗雷德·克虏伯曾化名施鲁普斯先生,经常进入英国社会,骗取信任,参观一些钢铁工厂。

德国的工业间谍活动一直到19世纪中期才最终结束。这是因为:第一,德国企业在技术方面追赶上来,他们自己开始从事研究工作。第二,英国放宽了严格的出口规定,因为英国人意识到出口设备比之出口制成品更能赚大钱。从1842年开始,英国允许机器出口,从而一个新的产业诞生,这就是机器制造业。

1851年,伦敦举行了第一届世界博览会,来自世界各地的企业介绍自己的生产方法。由此,以考察旅行为幌子的德国工业间谍最终消失。

(林 珏)

【案例讨论】

1. 普鲁士为什么要通过派遣间谍的方式来获取技术?如此是否成本更大?

2. 英国为什么最后放松机器出口禁令?技术输出是否比制成品出口更能让企业获利?

3. 对于世界博览会展出的技术发明,如何采取知识产权保护?在这方面有哪些规定?

【参考资料】

1. 约翰娜·卢特罗特:《工业革命:普鲁士的剽窃》,载《德国金融时报》2012年11月18日。

2. 《普鲁士疯狂剽窃英国工业革命成果》,载《参考消息》2012年11月29日。

【案例1-27】 江钻诉立林及幸某侵犯商业秘密案

本案例中,举报者是中石化江汉石油钻头有限责任公司(简称"江钻公司"),嫌疑人是天津立林钻头有限公司(简称"立林公司")和幸发芬(简称"幸某")。

江钻公司成立于1973年,是国家一级企业、国家重点高新技术企业,同时也是亚洲最大、最先进的石油钻头制造商,2008年拥有一百多项专利和专有技术。江钻公司拥有的三牙轮钻头设计制造技术,是通过耗资2亿多元从美国德克萨斯州休斯敦工具公司引进,并经过多年消化吸收与研发,逐步实现牙轮钻头产品商品化、专业化、国产化。江钻公司按照与该公司签署的协议,将三牙轮钻头设计制造技术视为技术秘密,采取必要的保密措施,截至案发时从未对外转让过该项技术。

立林公司则是国内另一家大型牙轮钻头生产企业。而被告人幸某1983年大学毕业分配到江汉石油管理局钻头厂(江钻公司前身)工作,从车间技术员干起,晋升到产品开发研究所主任、人力资源部培训处经理等,并获得高级工程师职称,还两次被公司派往美国学习先进的牙轮钻头制造技术。

2001年7月,江钻公司进行机构改组,幸某所在部门被撤并,单位对其下达了"解除劳动合同通知书"。8月,幸某和丈夫自荐去了天津立林钻头有限公司,签订了劳动合同书。9月,幸某回江钻公司办理正式离职手续。从2002年2月开始,幸某担任立林公司技术部部长,负责牙轮钻头产品设计、制定企业技术标准和检验规程工作。

2005年3月21日,江钻公司向江汉油田公安局经侦支队报案,称立林公司及其员工幸某等人侵犯商业秘密,利用江钻公司的商业秘密,生产和销售与江钻公司类似的钻头,挤占了江钻公司的市场份额,给江钻公司带来巨大经济损失。

2006年1月18日,幸某被来自湖北的警方带走,理由是涉嫌侵犯原公司的有关商业秘密。警方在抓获幸某时,搜出一个移动硬盘,里面有两张标有江钻图纸标号,但没有江钻真正的图纸中的公差和技术要求的图纸。经科学技术部知识产权事务中心鉴定,立林公司有四个编号的牙轮、牙掌轴承图纸与江钻公司有两个编号的图纸中记载的技术信息具有相似性。

江钻公司诉幸某违反公司有关保守商业秘密的要求,非法利用自己在江钻公司所记录的工作笔记和掌握的专业技术,相继设计和指导立林公司其他工作人员设计了四种牙轮钻头,编写了相关技术标准与检验规程等文件,给江钻公司造成直接损失共计人民币1069多万元。由此,立林公司仅用两年多时间和不多的经费就走过了江钻公司10多年的艰辛研发历程。

在有关侵权人是否具有侵犯商业秘密主观故意问题上,江钻公司认为幸某曾作为公司技术人员,对于三牙轮钻头的技术指标和保密协议应该十分熟悉。终审法院认为,由于幸某是江钻公司的技术研发人员,明知带走江钻公司的秘密技术资料行为违反公司的保密规定,但离开公司时,仍将属于江钻公司的轴承图纸等秘密技术资料带到立林公司,并在从事三牙轮钻头产品的设计中使用了带去的部分秘密技术资料,可见其主观上有侵犯江钻公司商业秘密的故意。

在有关两家公司轴承图纸存在"相似"问题上,立林公司和幸某认为,江钻公司牙轮钻头轴承图纸的形状和尺寸并不属于商业秘密,且两家公司的轴承图纸与技术标准存在差异。但根据科技部鉴定报告对"相似"的定义是:所谓相似,是指嫌疑人信息与举报人信息相对比,有一定数量的改变,但这种改变范围较小,并且这种改变对技术性能不产生实质性的影响。江钻公司认为两者虽有微小差异,但对技术性能不产生实质性的影响。

2007年11月26日,湖北省潜江市人民法院经审理后认为,幸某违反江钻公司关于保守商业秘密的要求,使用其所掌握的该公司的商业秘密为立林公司设计轴承图纸并编制了相关技术标准、检验规程等文件,其行为构成侵犯商业秘密罪,给江钻公司造成特别严重的后果。依照相关法律规定,判处有期徒刑6年,并处罚金人民币5万元。

幸某不服,上诉湖北省汉江中级人民法院,请求"撤销一审裁判,改判无罪"。

2008年5月20日,湖北省汉江中级人民法院裁定:维持一审判决,驳回被告上诉请求,判处被告有期徒刑6年,并处罚金5万元。

这期间,幸某、立林公司也提出管辖权异议,辩称行为发生地在立林公司的主营业地天津市津南区,汉江中级人民法院对本案无管辖权。江汉中级人民法院一审认为,原告幸发芬窃取商业秘密的侵权行为发生在湖北省潜江市,立林公司非法使用该商业秘密和销售同类产品,造成江钻公司重大经济损失的结果也发生在潜江市,根据《民事诉讼法》第29条之规定,因侵权行为提起的诉讼,由侵权行为地或者被告住所地人民法院管辖。根据《最高人民法院关于适用〈中华人民共和国民事诉讼法〉若干问题的意见》第28条规定,民事诉讼法第29条规定的侵权行为地,包括侵权行为实施地、侵权结果发生地。根据上述两条,本法院有管辖权。

幸某和立林公司均不服从上述一审民事裁定,分别向湖北省高级人民法院提出上诉。

有人觉得把握商业秘密分寸比较困难。幸某20多年就一直从事牙轮钻头行业,属于技术型人才,不懂别的谋生办法,离开原单位后只能干老本行,否则就失业了。一名技术人员在工作中自然要运用自己所掌握的一些知识,如何把握分寸,令人头痛。

(徐　映　范雪菲　林　珏)

【案例讨论】

1. 怎样界定商业秘密?保护商业秘密有什么意义?
2. 《民事诉讼法》和《反不正当竞争法》对于商业秘密分别有哪些规定?如何防止商业秘密泄密?
3. 作为专业人士,如何掌握好保密原则?谈谈你对该案例的看法。

【参考资料】

1. 张弛:《幸发芬侵犯"商业秘密"了吗?》,http://www.legaldaily.com.cn/zbzk/2009-09/04/content_1149214.htm,2008年11月2日访问。
2. 《湖北省汉江中级人民法院审理幸发芬犯侵犯商业秘密罪一案二审刑事裁定书》(2008)汉刑终字第9号,http://old.chinacourt.org/public/detail.php?id=330950,2008年11月17日访问。

第二部分

知识产权保护

一、知识产权保护及面临的挑战

【案例 2-1】 我国台湾地区反盗版大游行

2002年4月4日,我国台湾地区娱乐业举行了一场声势浩大的反盗版大游行。近百名台、港流行音乐知名人士汇聚在一起,与唱片公司、电影录影业、电台音乐频道等各界人士约8000人,举行了长达3小时的游行集会。这是我国台湾地区历史上乃至华人电影及音乐史上最大规模的反盗版行动,人们在这一天度过了没有电影、没有流行音乐的寂寞一刻:160家电影院和戏院关门息影,300多家录影带租售店从下午2时开始同时暂停营业,各主要电台全天不放流行音乐,并在下午4时44分"默声"20秒,各大报纸的电影广告版取消了影片广告等等。以上这些行动,都是要用沉默来抗议盗版的泛滥,并配合当天下午的游行。

下午2时,游行队伍在知名音乐人士的带领下,身穿黑色上衣,系有写着"盗版猖獗""音乐将死"的白色布条,高举"盗版无理,业者断气""警力不够,盗版不停""反盗版,用公诉"等的牌子,举行了集会,抗议盗版泛滥给娱乐业造成的伤害。艺人们在反盗版主台上发表反盗版宣言,为"音乐将死"默哀。整个游行队伍蜿蜒曲折长达数百米,场面十分热烈。业者们高呼"反盗版""盗版有罪""拒买盗版"等口号,将喇叭按得震天响。游行队伍中出现众多赫赫有名的歌手,这让"粉丝"们兴奋不已,于是游行队伍外又多了一支"粉丝"族队伍,他们跟随着大部队,为亲眼目睹心中的偶像而狂欢不已,而对游行的反盗版主题本身,似乎并不都那么关心。面对这些歌迷们的狂呼,歌星们个个面无表情,并持"不签名、不合影、不握手"的"三不"态度。

"这是一件很严肃的活动",一位歌手这么说,"这么多的人一起走上街头,可见盗版对音乐的伤害有多深!"另一位专程返台参加游行的歌手认为,现在是整个中国台湾地区唱片业生死存亡的关键时刻,尽管自己很忙,但也要跟大家一起来反盗版。

我国台湾地区歌坛曾撑起华语流行音乐的半边天。20世纪80年代末,一些歌手的唱片销售量曾达到100万张,一般知名的歌手专辑也曾卖到过50万张,唱片公司最多时达到40家。然而,2000年销量超过30万张的歌手只有一人,超过20万张的歌手不到10人,唱片公司剩下不到10家。大量盗版严重地打击了我国台湾地区的唱片业。1997年,当地正版唱片的销售量为4700万张(卷),销售金额123亿多新台币(约合30多亿人民币),到2001年销售量下降到1800多万张(卷),销售金额只有53亿元新台币。从1998年开始,正版唱片销售量以每年20%的幅度递减,而盗版唱片销售量则迅速攀升,增幅从25%提高到48%。受到冲击的不仅仅是唱片公司,还有电影院和戏院,两年间我国台湾地区500家电影院和戏院只剩下160家。2001年,由于盗版,当地电影整体利润减少一半,三年累计减少收入30亿新台币。

过去被盗版的主要是港台电影,现在因港台电影已被盗完,因此盗版业者把目光放到西方电影上,同时盗录的技术也大大提高,盗版光碟放映效果堪称一流。美国大片周六上片,周一街上就有盗版光碟卖,且每盘才60元新台币,搞得电影院与戏院无法正常经营。

美国电影公司曾希望通过更先进的加密技术制作DVD来阻止盗版的蔓延,但这种技术很快被破解。视频技术的普及使得盗版比以往更加容易。一些国内厂家生产的DVD播放机,无论什么样的光碟都可放,花上不到50美元就可以买到,盗版影碟也不过1美元一张,而去趟电影院则要花4-10美元。为此,美国人认为盗版影碟泛滥的一个主要原因就是价格因素。美国电影协会的女发言人玛尔塔·格鲁特卡指出:"现在的盗版已经由地下活动发展成了有技术支持的犯罪组织。"

如何看待我国台湾地区盗版猖獗现象,大学生们在互联网上争论不休。不少学生对反盗版大游行不以为然。一位学生指出:为什么无人检讨原版CD卖得如此之贵?一张CD成本很低,但却要卖到300多元新台币?有学生质疑:"反盗版到底是在为艺人的利益,还是为消费者的利益看紧荷包?每一个人的钱都来之不易,并不只是艺人挣钱辛苦。""难道只许他们漫天要价,却不许别人就地还钱?"一些人认为,正版卖得贵,唱片公司也应检讨。

一些文化界人士也反对唱片公司将行业不景气都归结于盗版,认为目前唱片公司面临的危机主要是因为公司经营的弊端,即过度商业化,追求市场与经营规模,花大钱进行华而不实的宣传和包装,导致成本上升,这种商业利益凌驾一切的做法,完全背离了创作音乐的初衷。

不过,面对我国台湾地区影视唱片业的低迷,一些影视、唱片公司作出了经营战略调整,一些歌手也想出了办法。比如,一些唱片公司将专辑发行改为售票演唱会,一些歌手到祖国大陆去录制唱片,因为我国大陆不仅录制成本低,而且市场也很大,虽然也存在盗版现象,但比之当地,正版销售市场要大得多。

打击盗版,保护正版,有利于促进创新和经济增长。根据欧洲工商管理学院的一项研究,企业使用正版软件可以比使用盗版软件获得更多收益,并给GDP带来更多的增量。这是因为使用正版软件的客户能够得到厂家在软件升级、补丁、培训和问题解决等方面的支持,因此比使用盗版软件者更能降低受到病毒感染的概率以及防范其他安全漏洞的风险,提高企业的效益和效率。

该项研究对占据全球经济96%的95个经济体使用正版软件和盗版软件对GDP产生的影响进行了测度后发现:(1)与盗版软件相比,正版软件能够持久地带来更高的回报;(2)全球正版软件的使用量每增加1%,将为世界经济贡献约739亿美元,而在同样情况下,盗版软件的使用量每增加1%,仅为世界经济贡献200亿美元,换言之,使用正版软件会额外产生高达530亿美元的经济影响;(3)高收入国家通过增加正版软件的支出所获得收益最大,而以同等金额为基础,新兴经济体得到的回报最大。因此,该研究的结论是:正版软件可以作为带动经济发展的引擎,为企业和国家经济创造客观的价值。

(林　珏)

【案例讨论】

1. 请评价我国台湾地区反盗版游行的意义。你认为通过这类活动能否提高市民保护知识产权的意识?为什么?

2. 你认为盗版的猖獗会给国家、地区、社会、个人带来什么样的危害?在反盗版和保护知识产权方面,我国台湾地区应该采取什么样的措施?

3. 你是否同意这样的看法:"正版卖得贵是盗版猖獗的主要原因?"请说明理由。你有什么好建议遏止或杜绝盗版泛滥?

4. 保护正版对企业发展有什么好处?

【参考资料】

1. 朱华颖、胡创伟:《台湾息歌息影反盗版》,载《参考消息》2002年4月9日。

2. 美国商业软件联盟(BSA):《竞争优势:正版软件的经济影响》,http://www.bsa.org/studies/? sc_lang=zh-CN. pp.1、4、8,2013年5月21日访问。

【案例 2-2】 版权保护与保护的局限

较长一段时间内,一首好歌通过表演者的演唱风靡全国,而作词、作曲者除了得到几元或几十元的稿费外却再未从中获得报酬;一台节目一旦受到观众的欢迎就会立刻被电视台或广播台编集到精品集中不时地重播,同时也可能被音像公司制作成光盘出售,而表演者却不能从中得到什么收益;一则综艺节目只要收视率较高,马上就会有多家电视台纷纷效仿,最后导致该节目迅速衰败,创作人员的心血付诸东流。不过,《著作权法》等版权法律法规颁布以后,上述不合理的现象开始出现一定程度的改变。

《著作权法》将音乐、戏剧、曲艺、舞蹈、杂技艺术作品都归到版权保护的范围。此外,对出版、表演、录音录像、播放也有了专门条款的规定。比如,规定:"使用他人作品演出,表演者(演员、演出单位)应当取得著作权人许可,并支付报酬。演出组织者组织演出,由该组织者取得著作权人许可,并支付报酬。""使用改编、翻译、注释、整理已有作品而产生的作品进行演出,应当取得改编、翻译、注释、整理作品的著作权人和原作品的著作权人许可,并支付报酬。"表演者对其表演享有许可并获得报酬权,如许可他人从现场直播和公开传送其现场表演、录音录像、复制与发行录有其表演的录音录像制品、通过信息网络向公众传播其表演,并通过这种许可获得相应的报酬。而电视台"播放他人的电影作品和以类似摄制电影的方法创作的作品、录像制品,应当取得制片者或者录像制作者许可,并支付报酬;播放他人的录像制品,还应当取得著作权人许可,并支付报酬"。

中国音乐著作权协会是由国家版权局和中国音乐家协会共同发起成立的中国唯一的音乐著作权集体管理组织,该协会成立于 1992 年 12 月 17 日,对海内外 1800 多万首音乐作品享有管理权。1994 年 5 月,该协会加入国际作者和作曲者协会联合会(CISAC),2007 年 6 月和 2012 年 10 月,又先后加入国际影画乐曲复制权协理联会(BIEM)和国际复制权联合会(IFRRO),开展音乐作品保护的国际合作。至今,该协会已与全球 50 多个国家和地区的同类组织协定相互代表协议。截至 2015 年底,该协会个人会员已达 8034 人、出版公司会员 67 家、海外协会 70 家。

2000 年 9 月,我国颁布《使用音乐作品进行表演著作权许可使用费标准》,其后音乐著作权协会与国内千余家背景音乐使用者签订了许可协议。2009 年 11 月,国务院出台了《广播电台电视台播放录音制品支付报酬暂行办法》,规定了支付报酬标准,词曲作者的广播权得到落实。2010 年,中央电视台率先与音乐著作权协会达成协议,支付音乐作品版权使用费,并且带领全行业制定了音乐作品付酬标准体系,各省级台基本上都加入了版权保护委员会。

针对部分未经许可,擅自使用并不支付背景音乐使用费的商业、企业提出索赔诉讼。首起诉讼针对的是北京一家商场,后商场败诉,被索赔 20 万元。2002 年最火的电视连续剧《激情燃烧的岁月》也因背景音乐中多次出现《解放区的天》《保卫黄河》《延安颂》等十首作品,但未向音乐著作协会支付著作权使用费,遭到协会诉讼。据该协会法律部反映,全国每年开拍数百部影视作品,或多或少都会使用一些背景音乐,但每年主动来交著作权使用费的不过几家,不少人习惯不交钱,现在突然开始收费,很不习惯,但"免费午餐"的时代已经结束。

此外,以往一个剧团创作的一台戏只要大获成功,就会立即被其他剧团全部抄袭。《著作权法》出台后,剧团的维权意识加强了,并通过法律手段保护自己的知识产权。例如,南京市越剧团是一个较著名的剧团,创作的《柳毅传书》在 20 世纪 50—60 年代曾红遍大江南北,还被拍成彩色戏曲片发行到海外。为了让老剧焕发新姿,南京越剧团对老剧本进行了较大的修改,并在江苏省版权局申办了著作权登记。任何团体或个人想要演出这一台剧目,都必须征得南京市越剧团的同意。

在电视综艺节目保护方面,涉及对创意的保护。目前,《著作权法》只对有形的实体,如文字作品、艺术作品、美术建筑作品、摄影作品、电影作品、图形作品与模型作品、计算机软件等作品进行保护,对无形的、抽象的东西无法进行保护。2001 年,著名电视栏目《梦想成真》制作方因为忍受不了被多方抄袭,向国家知识产权局申请起电视节目形式专利保护,但被拒绝。国家版权局的有关人士明确表明电视节目形式不受专利法保护,不能申请专利,但可以寻求版权保护。然而从版权保护看,除了该栏目的图案可以申请保护外,其游戏方法、规则、节目形式等创意性的东西都不能申请版权保护。有律师建议,可以通过《反不正当竞争法》寻求保护,该法的适用范围是"商业行为",电视节目的制作到投入市场可以看作是"商业行为",因此可以通过该法制止好的电视节目不断被抄袭的现象。

不过,也有人士对批评抄袭现象的说法很不以为然,认为随着信息技术的快速发展,人类已经进入全球化的时代,电视台要完完全全地追求原创,闭门造车是根本不可能的,也是不值得推崇的。较好的做法还是相互学习、互相借鉴,不断推出更好的节目。

2015年9月,新闻出版、广播、影视等50余家行业社团联合签署从业人员职业道德自律公约,公约中承诺的第8条是"积极自主创新,不抄袭剽窃他人创意及成果"。

不管怎么说,音乐著作权协会的建立,不仅维护了作曲者、作词者和其他音乐著作权人的合法权益,鼓励更多人去创作、创新,也增强了公民知识产权保护意识。自协会成立以来,协会会员在增多,许可费收入也在上升。(见图2-2-1)

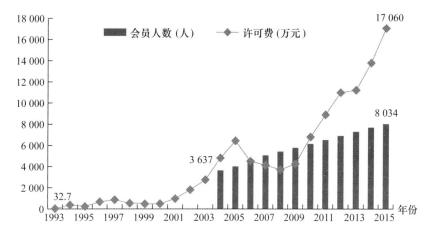

图2-2-1 音乐著作权协会会员与许可收入状况

数据来源:根据下面数据制图:(1)音乐著作权协会历年年报,http://www.mcsc.com.cn/infom-4-1.html;(2)《23年音著协词曲著作权使用收费总额突破10亿元》,http://www.mcsc.com.cn/imS-13-1471.html。

当然,与其他地区或国家相比,我国人均著作权使用费和音乐著作权使用费还是比较低的。2015年,国际作者作曲家协会联合会(CISAC)对120个国家的230家著作权集体管理协会2014年人均著作权使用费进行了统计,从其发表的《著作权集体管理全球报告》看,我国人均不到0.02欧元,大大低于全球人均数。根据金砖国家音乐著作权集体管理协会数据,该年我国音乐著作权使用费排名大大低于巴西和俄罗斯。(见图2-2-2)

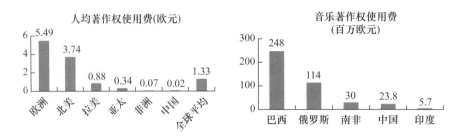

图 2-2-2　2014 年我国人均著作权使用费和音乐著作权使用费与世界其他国家或地区比较

注释:这里"中国"的数据依据中国音乐著作权协会的数据计算,人均使用费是协会许可收入除以人口。

数据来源:根据下面数据制图:(1)《23 年音著协词曲著作权使用收费总额突破 10 亿元》,见 http://www.mcsc.com.cn/imS-13-1471.html;(2) 人均数据来自国际作者作曲协会联合会(CISAC)2015 年 10 月发布的《著作权集体管理全球报告》;(3) 音乐著作权使用费数据来自金砖国家音乐著作权集体管理协会。

此外,从音乐著作权使用费在 GDP 中的比重看,根据 CISAC 2015 年发布的《金砖国家创意产业报告》,我国创意产业的经济贡献占 GDP 比重超过 6%,高于其他金砖国家,但是音乐著作权使用费在 GDP 中的比重只有 0.000016%,大大低于欧洲(0.049%)、拉美(0.020%)、北美(即美国和加拿大,0.016%)、亚太(0.014%)、非洲(0.008%),以及全球平均数(0.014%)。显然,我国音乐著作权的保护依然任重道远。

(林　珏)

【案例讨论】

1. 非营利文艺演出,比如学校的文艺演出,使用了背景音乐或演唱了名歌名曲,是否也要向原创者支付报酬?为什么?
2. 《反不正当竞争法》中哪些条款适用于电视节目的保护?
3. 你是否同意抄袭有理的说法?为什么?
4. 我国音乐著作权的保护取得了哪些成就?为什么说我国音乐著作权的保护依然任重道远?

【参考资料】

1. 《中华人民共和国著作权法》。
2. 《首例背景音乐著作权案,商场被索赔二十万》,载《报刊文摘》2003 年

11月7日第4版。

3. 小尧:《剧中多次使用他人音乐作品,"激情"可能烧掉51万》,载《新闻晨报》2003年3月7日。

4. 王力、施越:《南京越剧团为〈柳毅传书〉登记著作权》,载《新闻晨报》2003年4月1日。

5. 吴勇:《电视节目有没有版权》,载《新闻晨报》2001年8月21日。

6. 中国音乐著作权协会:《23年音著协词曲著作权使用收费总额突破10亿元》,http://www.mcsc.com.cn/imS-13-1471.html.,2016年1月19日访问。

7. 张宁:《中央电视台副总编辑:版权保护是媒体强基固本的战略任务》,载《中国新闻出版广电报》2015年12月10日。

8. 国家新闻出版广电总局:《新闻出版广播影视50家行业社团联合签署从业人员职业道德自律公约》,http://www.mcsc.com.cn/imS-14-1437.html,2015年9月18日访问。

【案例 2-3】 入世后第一场知识产权之争

"chemnet"是一个由英文"chemical"(化工)和"network"(网络)两个单词简称组合而成的词组。1995年2月,www.chemnet.com域名由美国俄克拉荷马州的一家机构注册,并于当年4月建立了站点。此后,该域名相继出现在世界各大搜索引擎显著位置,并被与化工有关的企业、图书馆、大学系部连接到首页。

1997年10月,该域名被转让给印度一家信息公司。1999年3月,瑞典的Vertical Development AB(简称"VDAB")花费一千多万美元将该域名购入。2001年4月,VDAB因经营不善使该域名站点面临倒闭。2001年4月10日,澳大利亚最大的化工企业Orica公司同VDAB达成将该域名转让协议。然而,Orica公司后来并未按规定在当年8月30日前向注册服务机构NSI及时续费,因而该域名于2001年8月30日被NSI注销。

按规定,被注销的域名任何人都可重新注册使用。2001年8月31日,韩国一家互联网公司DomainAgent.com成功注册该域名。令人意外的是,该公司并不知道这一域名的价值,开价一万美元出售。2001年9月5日,杭州世信信息技术有限公司(后改名为"杭州中化网络技术有限公司",下面简称"中化公司")以9000美元的价格顺利将这一域名购入。

然而,当年9月9日,中化公司孙总经理收到一封发自澳大利亚的律师函,信中称该域名为Orica公司所有,Orica公司对中化公司擅自使用该域名的行为表示严正抗议,希望中化公司立即归还域名并限24小时给予答复,否则Orica公司将向世界知识产权组织申请仲裁。

10月5日,中化公司孙总经理收到世界知识产权组织用联邦快递寄过来的书面应诉通知,以及Orica公司的投诉书副本。经过10多天紧张的应诉准备,中化公司于10月19日向世界知识产权组织递交了答辩状,对所有指控一一加以驳斥,并陈述了大量事实和国际法依据。同时,中化公司对澳大利亚公司传送了答辩状副本。

10月31日,Orica公司方面请求世界知识产权组织延期裁决,称将同答辩方寻求通过商业途径解决域名纠纷。11月1日和12日,世界知识产权组织两次通知Orica公司,如果需要延期裁决,需递交书面请求,并限定了最后时间。11月18日,Orica公司提出撤诉请求,世界知识产权组织立即作出裁决,该域名判归中化公司所有。由此,中国加入世界贸易组织后第一起知识产权纠纷案以中方企业获胜结案。

(林　珏)

【案例讨论】

1. 为什么Orica公司在世界知识产权组织作出裁决前撤诉?

2. 如果你是中化公司的总经理,你将从哪几个方面入手准备材料积极应诉?

3. 中化公司为什么要购入这一化工网域名,该域名的经济价值体现在哪里?

【案例 2-4】 新品种保护与物种流失

从 20 世纪 70 年代开始,日本在进行产业结构调整中,将大量资源型的工业生产基地转移到东南亚地区。面对经济的不景气,同时为了降低生产成本,日本一些农产品进口商社将一些农业生产也转移到海外,利用当地的土壤进行种苗繁殖和栽培,利用当地廉价的劳动力进行生产,然后再将农产品运输到日本国内销售,以此获得利润。虽然海外劳工只得到很低的工资,但日本政府认为如此返销对日本的农业造成很大的影响,同时也侵犯了育种人的权利。

根据日本的法律,任何人只要开发培育出产量高、抗病虫害、花卉或果实大的不同于原品种的新品种,都可申请注册育成者权即专利权。经审查认可后,享有新品种种苗和收获物的生产、销售和进出口等专用权。未经权利人许可,任何人不得栽培和销售该品种的种苗和收获物,否则构成侵权。任何人想种植这些新品种,必须向权利人支付专利使用费。新优良品种保护期为 20 年,果树等树木的保护期为 25 年。

为了保护日本国内受专利保护的种苗,2003 年 7 月 8 日,日本颁布并实施了《种苗修改法》,该法对 1988 年的《种苗法》作了修改,扩大了处罚范围,同时加大了处罚力度。原来的法律只对非法繁殖、销售和进出口受保护种苗的企业和个人进行处罚,《种苗修改法》还把购买并栽培受保护品种种苗、销售和进出口其收获物的企业和个人也列为处罚对象。根据该法规定,非法繁殖、销售和进出口受保护种苗的企业和个人,以及非法购买种苗栽培并销售收获物者,个人处以 3 年以下有期徒刑或最高 300 万日元的罚款,企业法人处以 1 亿日元以下罚款。

法规出台几个月后,日本熊本县向长崎海关提出诉讼申请,指控中国向日本出口的榻榻米使用了熊本县拥有的知识产权。2001 年,日本熊本县开发出一种具有光泽的榻榻米用的蔺草,取名为"日绿",并于当年注册登记,同时申请了专利。使用这种蔺草编织的榻榻米体感很好,因此非常畅销。2003 年 11

月,该县向日本海关提出诉讼申请,指控中国产的榻榻米中使用了熊本县拥有的知识产权,即未经许可在中国非法栽培蔺草,并向日本出口用这种蔺草编织的榻榻米。据日本《朝日新闻》报道,熊本县有关方面已对中国产的榻榻米的蔺草做了 DNA 鉴定,发现与日本熊本县取得专利权的蔺草完全一致。该县怀疑有人将日本的种苗偷偷带到中国,并在中国繁殖和栽培。长崎海关接受了该县的申请,其后日本全国 9 个海关对从中国进口蔺草或榻榻米进行外观、外型、基因等方面的检测,一旦认定是侵权产品,立即给予没收和销毁。

日本是我国重要的蔬菜、水果、花卉等农产品出口国,近些年一些日本商社委托我国农业企业栽培大葱、生姜、大蒜、菠菜等农产品,这些农业企业很可能在完全不知晓状况的情况下成为日本新品种专利的侵权者。日本有关方面已经把从我国进口的一种白四季豆列为嫌疑对象,认为它可能是在北海道培育出的白四季豆"雪手亡"的盗种,并对此进行了调查。日本《种苗修改法》的实施无疑对我国农产品的对日出口产生重要影响。

日本《种苗修改法》的出台,提出了有关物种流失问题。事实上,我国动植物物种流失现象也十分严重。我国是世界上生物物种最丰富的国家之一。我国物种丰富,约有高等植物 3 万多种,居世界第三位;生物物种的特有性高,拥有大量特有的物种和孑遗物种,如大熊猫、白鳍豚、水杉、银杉等;生物区系起源古老,如晚古生代的松杉类植物,我国占现存 7 科中的 6 科;经济物种异常丰富,如药用植物 11000 多种,原产国的重要观赏花卉超过 2238 种。然而长期以来,由于缺乏对物种重要性的认识,不少物种流失到国外。下面根据《环球时报》记者的报道,介绍野生大豆、北京鸭、猕猴桃物种流失的情况。

我国是大豆的原产地,拥有世界上已知野生大豆种质资源的 90%。野生大豆的许多特别性状对于改良大豆品质具有重要意义,因而成为育种与生物工程公司争夺专利权的目标。在过去的几十年中,美国在我国大量收集大豆种质资源。1995 年至 1998 年间,美国孟山都农化公司从美国农业部的种质库里获得来自中国的野生大豆遗传材料,并从中发现一种能够检测大豆高产性状的"标记基因"。1998 年 10 月 1 日,该公司向美国专利局提交了一项名为"高产大豆及其栽培和检测方法"的标记基因专利申请。2000 年 4 月 6 日,又向 101 个国家专利局申请这种标记基因的专利。此项专利一旦被批准,意味着该公司对使用这种标记基因的所有大豆的研究与生产具有专利权。此事件很快在我国曝光，受到舆论的强烈批评。但是随着大豆资源的流失，我国已从世界上最大的大豆出口国变为最大的大豆进口国，产量居于美国、巴西和阿根廷之后。

北京鸭出口至英国后，杂交繁育出樱桃谷鸭，并返回国内，迅速占领市场。现在真正的北京鸭市场份额很小，而樱桃谷鸭却成为北京烤鸭的主要原料。我国输出北京鸭时没有获利，进口樱桃谷鸭却价格不菲。据了解，我国每年用于引进种畜禽的费用超过2000万美元。

猕猴桃是我国特有物种，但流失也很严重。1906年，一个新西兰人到我国境内旅行时，从湖北武昌带回野生猕猴桃种子，1934年开始商业化栽培，现在以"奇异果"为名畅销世界。为了维持和改良品质，新西兰还继续在我国收集猕猴桃野生资源。

随着经济全球化，发达国家的跨国公司加速了对发展中国家的市场垄断。发展中国家的遗传资源又面临一项新的挑战——遗传资源商业专利。发展中国家很多优良品种资源被外国拿走，经育种和生物技术加工，变为新的品种，申请专利，再高价让发展中国家进口，或将发展中国家赶出原有的市场。印度香米就是一例。

印度香米被称为"皇冠上的珠宝"，千百年来都在印度、巴基斯坦与尼泊尔交界地区种植，印度香米以细长的形状和浓郁的香味而闻名。印度农民一直使用它来培育不同品种的香米，以配合不同的环境和气候。印度香米是印度出口的重要农产品，仅1997年度的出口额就高达4亿多美元。1997年，美国稻米科技公司RiceTec获得有关印度香米的20项专利权，其中包括品种特质和培育方法等多个方面。RiceTec公司给自己生产的印度香米取了两个新的名字，意在将印度农民种植的香米赶出市场。值得欣慰的是，2000年印度政府正式向RiceTec的专利提出挑战，并成功使其撤销了4项权利要求。

1992年6月1日，联合国环境规划署发起的政府间谈判委员会第七次会议在内罗毕通过《生物多样性公约》(Convention on Biological Diversity)，这是一项保护地球生物资源的国际性公约，该公约规定，一国使用另一国的自然资源要与该国分享研究成果、盈利和技术。截止到2016年2月，168个经济体（欧盟作为整体）签约，成员已达196个。我国于1992年6月11日签署，1993年12月29日成为正式成员。

我国已经制定并实施了《生物多样性保护行动计划》《自然保护区发展规划

纲要》《生物多样性国情研究报告》《国家生物安全框架》等保护管理规划和科学规范。截止到 2014 年底，我国共建立各类自然保护区 2729 个，总面积 147 万平方公里，约占陆地国土面积的 14.84%，高于世界 12.7% 的平均水平。其中，森林生态系统类型自然保护区 1410 个，各类植物园 230 多个，收集保存植物物种 2 万多个。立法机构也一直在组织专家学者讨论、研究并制订《自然保护区法》《转基因生物安全法》等，拟订生物多样性保护、外来入侵物种监管和生物遗传资源获取与分享等方面的法律法规；组织开展全国生物物种资源重点调查，进行生物物种资源编目，摸清我国生物物种资源状况；组织制定生物物种资源保护与利用规划，为物种资源的保存与可持续利用提供政策指导和投入保障；组织生物遗传资源获取与惠益分享政策调研，拟订国家生物物种资源专利保护战略，参与相关的国际谈判，建立与完善中国的相关管理制度等。

2016 年 1 月 1 日，全新修订的《种子法》施行。该法律规定国家要有计划地普查、收集、整理、鉴定、登记、保存、交流和利用种质资源，定期公布可供利用的种质资源目录；实行植物新品种保护制度；鼓励和支持种业科技创新、植物新品种培育及成果转化。规定应当审定的农作物品种未经审定的，不得发布广告、推广、销售；从境外引进农作物或者林木试验用种，应当隔离栽培，收获物也不得作为种子销售；禁止进出口假、劣种子以及属于国家规定不得进出口的种子。

这些措施、计划、法律的实施，将有助于保护国内的野生物种资源，一定程度上遏止物种外流现象和生物入侵带来的危害。

（林　珏）

【案例讨论】

1. 为什么日本政府要修改《种苗法》？其意义何在？对我国农业企业可能会产生什么影响？为什么？

2. 物种保护的意义何在？我国保护现状如何？

3. 你能举一个案例，说明新品种保护或物种保护在经济上的意义吗？

【参考资料】

1. 乐绍延:《日加强农产品知识产权保护 中国出口将受冲击》,载《经济参考报》2003年12月5日。

2. 张莉霞、李颖:《全聚德烤的是英国鸭 猕猴桃吃不出自家味》,载《环球时报》2003年7月2日。

3. 《生物多样性公约》,http://news.xinhuanet.com/ziliao/2004-02/12/content_1311642.htm,2017年7月2日访问。

4. 《积极履行公约保护生物多样成效显著 六大措施推进中国物种安全监督管理》,http://www.sepa.gov.cn/eic/649094490 434306048/20050519/7751.shtml,2005年5月19日访问。

5. 《中华人民共和国种子法》。

【案例 2-5】 高新技术资产的流失与科技成果转让面临的难题

从 20 世纪 80 年代到 90 年代,我国高新技术这类无形资产流失的数字之大令人触目惊心,其中最有代表性的则是菌草技术。

我国某农业大学十多年来先后研制成功了"菌草代木代粮栽培食用菌""香菇、木耳菌草发酵法栽培"等近 20 项具有国际先进水平的成果,然而只有 3 项申请了我国专利,1 项申请了外国专利。据测算,该大学的菌草技术每年仅用我国 1% 的草地就可生产出来 4000 吨菇类产品,产值可达 120 多亿美元,而全世界每年仅花菇一项产值就达 100 亿美元。然而,由于发明者不愿支付更多的专利申请费,因此在绝大多数发明未取得专利保护的情况下,菌草技术通过各种方式传到 16 个国家,等于轻而易举地放弃了国际市场。

国家知识产权局政策研究处负责人指出,20 世纪 90 年代下半期,我国每年取得国家级重大科技成果达 3 万多项,但每年受理的具有较高技术水平的发明专利申请只有 1 万多件,这意味着有 2 万项重大成果没有取得专利保护。根据国家知识产权局统计,从 1985 年《专利法》颁布到 1998 年底,我国共受理国内发明专利申请 11.59 万余件,而向国外申请的发明专利不足 3000 件。由于未申请专利的发明,人们可以无偿使用,由此有人认为在 14 年的时间里中国将 11.3 万项发明无偿地赠送给世界各国。

分析发明人不愿申请专利的原因,主要在于科技成果转换率较低。申请专利的发明成果迟迟得不到产业化开发,收不回成本的一个重要原因是科技单位或发明者个人不愿支付专利申请费用。一些发明成果即使找到愿意应用的企业,但由于许可方和被许可方之间在如何预测开发前景、计算专利许可或转让使用费上,难以达成一致意见,以致最后发明成果仍束之高阁,不能应用。下面是一则有关技术成果转让的案例。

70 多岁的李先生是中国植物蛋白研究专家,1980 年,他研制的大豆蛋白肉开发成功,在长春投产后,引来众多的仿冒者,很快劣质产品充斥市场,破坏了这一成果的声誉。1986年,他主持研究的大豆、花生开发利用等8项成果得到国家科委推广。在此后10多年间,这些技术推广到全国,但无一项成果成为真正的大产业。

1997年,李先生又发明了一项"花生低温制油同步利用其蛋白"的高新技术,这项技术解决了花生榨油和蛋白无法同步利用的世界性难题,具有十分诱人的产业化前景。

李先生的成果引起关注,国内外企业纷至沓来,希望转让这项技术或使用这项技术。1997年,印度尼西亚有关部门从我国食品研究机构获悉该技术后,专程赴杭州洽谈合作,许以优厚的待遇,请李先生去印尼,但遭到李先生的拒绝。同年,国内一家很有影响的食品企业愿意出资100万元买断这项技术,同样遭到拒绝。欧美国家的商人也来找李先生,或要求转让,或要求合作,但都遭到老先生的拒绝。他说:"转让很可能糟蹋了这项技术,我不愿意再看到十年前转让技术的结局。我要自己搞。"

李先生提出合作开发该项技术,但合作的前提是必须由他控股51%。其理由是从20世纪60年代开始,他就潜心研究这项技术,经过20多年时间才发明了"花生低温制油同步利用其蛋白的原理与技术"。运用该技术,可以使花生仁低温脱脂后,其蛋白粉能够保持各种纯天然营养成分,从而解决花生蛋白的组织化问题,使花生的营养价值充分利用。该项技术采用了干法脱脂,脱脂后的花生的残油含量仅4%—5%,国际上最先进的高温榨油技术的残油量也有7%—9%。

李先生指出,用传统办法榨油后的花生饼,每吨价格在1600元左右,使用这项技术榨油后的花生饼,每吨价格最低也在1.4万元以上。中国年产花生800万吨,如果有1/3采用这项技术,花生粉再作为食品的原料使用,仅此一项增加值就达400多亿元。此外,他还为该项技术设计了生产工艺流程,并已经在校办工厂进行了试验性的生产。李先生担心这一技术的转让会由于商人一味追求经济利益,而与自己追求社会效益的初衷相背离。他说:"我个人不要钱,要钱的话我转让专利就可以成为百万富翁。我是为了造福大众,中国人太需要植物蛋白了。"因此,他认为只有自己控股,才能确保这一技术的产业化进程健康发展。

一些企业认为老先生利欲熏心,仅凭一项技术就想占大头,而企业投入资金、设备和厂房,却占到小头,有些不划算。根据我国科技部门的规定,高新技术的入股率最高为35%,显然,李先生的这一要求与规定不符。但李先生认为技术入股率应该视技术在企业中的地位而定,他的技术中还包含了生产工艺和生产流程,并且他已经实现了工业化生产,因此他认为他有理由占51%。

也有企业提出李先生的技术必须由有关部门进行评估,再根据评估的价值和企业的投入来确定其股份。1998年,李先生向国家专利局申报了专利。

不过,因为51%控股的这个原则,使得许多合作者望而生畏,许多很希望开发这个产品的企业家为得不到这一技术而苦恼。而"花生教授"则更加苦恼,放弃原则意味着他可以马上得到合作者的支持,该技术可立刻得到应用并大规模生产,但他担心有可能因为无法支配企业,导致质量不保;而不放弃原则,他的技术只能小打小闹,形不成大的规模。值得欣慰的是,根据2001年1月4日《光明日报》的后续报道,这一技术已在河南省卫辉市唯旺实业公司开花结果。

21世纪初以来,针对科技成果转换中存在的问题,国家采取了一系列措施鼓励高校和科研院所科技成果的转让。2013年,高等学校专利申请量已经达到16.77万件,专利授予量8.5万件,高等学校作为卖方在技术市场签订的技术合同达6.4万件。为了推进科技成果的转化,2015年11月,中共中央在《关于制定国民经济和社会发展第十三个五年规划的建议》的第三部分提出:"扩大高校和科研院所自主权,赋予创新领军人才更大人财物支配权、技术路线决策权。实行以增加知识价值为导向的分配政策,提高科研人员成果转化收益分享比例,鼓励人才弘扬奉献精神。"这表明在崇倡科技人员科学奉献精神的同时,需要重视发明创造的知识价值,给予发明者、创新者一定的收益回报。由此,天才之"火",浇上利润之"油",推进科技成果的转换。

(林 珏)

【案例讨论】

1. 为什么一些发明者不申请专利?这种做法有什么害处?如何鼓励发明者积极申报专利?

2. 知识到底价值几何?你支持文中李先生的要求吗?请说出理由。

3. 在发明专利转化为生产力的过程中,各级政府应起什么样的作用?具体应采取什么样的促进措施?

【参考资料】

1.《我国高新技术流失触目惊心》,载《新民晚报》1999年10月21日。

2. 叶辉,邱小华:《"花生教授"的苦恼》,载《光明日报》1999 年 11 月 4 日。

3. 《知识价几何?》,载《新民晚报》1999 年 10 月 15 日第 9 版。

4. 《我国成功解决花生低温制油技术》,http://www.npinfo.net.cn/kj110/110/kjdt/newpage3.htm。

5. 《中共中央关于制定国民经济和社会发展第十三个五年规划的建议》,新华社北京 2015 年 11 月 3 日。

6. 《2013 年我国高等学校 R&D 活动分析》(中国科学技术部创新发展司的科技统计报告),http://www.most.gov.cn/kjtj/201508/P020150817347260155878.pdf,2015 年 3 月 12 日访问。

【案例 2-6】 "新经济"浪潮对中国经济的影响

1996年12月30日,美国《商业周刊》经济编辑迈克尔·小曼德尔在一文中提出"新经济"一词,指出新经济是"以信息革命和市场全球化为基础的经济"。他同时指出,美国已经进入新经济时代,20世纪90年代美国出现的经济繁荣,是"新经济的胜利"。一时间,有关"新经济"的争论风起云涌,"网络经济""信息经济""知识经济""高科技经济""全球化经济""创新经济""数字经济"等概念随之出现,成为"新经济"的另一注释或内容的扩充。

一些学者认为"新经济"概念有别于"知识经济""信息经济"等概念,它只是一个经济增长范畴的概念,不过是对20世纪90年代中期以来美国经济强劲表现的一种描述。另一些学者指出,新经济不是具体指哪个行业,而是指经济的新运行形态,建立新机制是新经济带来的最大挑战。

例如,美国前财政部长、哈佛大学校长劳伦斯·萨默斯和前助理财政部长、加利福尼亚大学伯克利分校经济学教授布拉德福德·德朗指出,电脑引发的种种变化中最大的变化是新经济最为重要的产物——信息不具有"对立性",即某人使用信息并不影响他人使用;某人得到的信息或有权使用的软件,他人也可得到或使用,新经济的产品具有"网络效益"。例如,单个传真机只是一块废铜烂铁,但是10万台传真机就有可能连接起100亿个不同对象,这就是梅特卡夫法则:联系的数量以及网络的功用不是成正比增长,而是呈指数级递增。萨默斯和德朗认为,新经济最为重大的革新来自基础科学方面的进步和广泛传播,知识的传播能够提高研究与发展的效率,但知识产权的强大保护在赋予创新者高额垄断利润的同时,由于产品定价远远高于它们的边际成本,又可能会危及科学知识的传播。由此,政府需在此处发挥作用,比如制定这样一种政策与机制:既鼓励企业发展和拥有创新动力,又确保边际成本的价格定位和科学研究的积累过程。此外,非营利性的教育机构在解决新经济的革新和矛盾中也应起到作用。显然,建立新机制是新经济带来的最大挑战。经济繁荣发展需要法律和机制的变革,新经济带来了新规则和新矛盾。

还有学者探讨了新经济对经济结构和产业结构带来的影响。认为新经济通常是由于新兴产业的兴起与壮大，使经济结构和经济运行状态发生变化，生产效率迅速提高，从而使传统经济过渡到新经济。所谓新兴产业，主要有数字信息、电子技术、航空航天、生物工程、新材料和新能源等新兴高技术产业。由于电子信息技术在各领域的广泛运用，不仅加快了高新技术的发展，推动了传统部门的改造，也加强了各国之间的联系。新经济对世界的推动不只是某些新兴产业的快速发展，传统产业的脱胎换骨，它还促进了世界经济一体化的趋势。新经济推动了发达国家特别是美国经济持续八年的增长，它也将加快发展中国家的工业化与现代化进程。

由于新经济最先出现在美国，因此美国制定的规则成为许多国家的范本或参照，故有人认为所谓新经济实质上就是"全球化经济"，而全球化经济就是"美国化经济"。

在美国的倡导和推动下，不少发展中国家，尤其是拉美国家对美国的经济增长模式和经济政策进行了效仿。从 2001 年 3 月开始，欧美发达国家经济相继出现衰退，一些国家经济发展速度也呈现减缓的态势，失业率增长，收入日益集中，脱贫遥遥无期。2001 年诺贝尔经济学奖获得者施蒂格利茨在其著作《咆哮的九十年代》(The Roaring Nineties)中提出"抛弃'新经济'神话"的观点。他指出，美国在 20 世纪 90 年代取得的一系列经济成就被认为是经济界的神话，而现在到了该抛弃这些神话的时候了。美国式的经济政策在大多数发展中国家实施已带来负面效应，人们不应该继续迷信这些神话，而应该从美国政府和私营企业所犯的错误中汲取教训，未来的经济不再有像 20 世纪 90 年代那样好的运气了。施蒂格利茨列举了新经济神话的种种表现形式，比如，全球化给每个国家都带来发展和经济增长，指出全球化本身不是坏事，但操作方式决定了受益的只能是发达国家。全球化要求金融和市场的全球化，金融领域的开放既带来机遇，也带来风险。由于发展中国家是在美国的要求下开放市场的，但这种开放是不对等的，即美国农牧业等行业仍然紧闭且享受着高额补贴，因此这种开放或全球化给发展中国家带来的是低速经济增长、更严重的不平等割据、失业以及贫困，全球化的好处都给了华尔街，而风险都留给了发展中国家。美国人总是相信市场经济模式和美国式的生活方式，总是认为凡是对美国有好处的，给世界各国都能带来好处，因此将各种改革措施强加给发展中国家，完全不管实际情况是否允许，而实际上市场经济模式或资本主义的运行模式也有多种，比如美国的模式不同于日本，也不同于欧洲。美国守着自己的经济神话不放,以自己的利益为出发点,左右全球化格局,毫不考虑其他国家特别是发展中国家的心声,因此落后的国家不仅应抛弃所谓的新自由主义神话,更应该迈开大步去寻找适合自己的发展道路。

在1994年,美国经济学家克鲁格曼(Paul R. Krugman)就指出,几乎每个国家的政府都准备通过高技术产业的发展来刺激经济增长,这种努力很可能带来生产能力的过剩和失望。

不管怎么说,学术界有关新经济的争论和探讨进一步推动了20世纪90年代中期以来各国产业政策的调整,各国都加大了对信息产业的支持。还在1993年美国政府为面对即将到来的21世纪信息社会,放弃了已经花费300亿美元的"星球大战"计划,作出建立"国家信息高速公路"(national information infrastructure)的重大决策,投入巨资建设国家信息基础设施,包括信息设备、网络、人员培训。几年后又推动全球信息产品贸易自由化进程。许多国家纷纷将信息业的发展列为本国优先发展的产业或刺激经济增长的产业。在欧洲,英国内阁建立了电子交易委员会,全面推动电子商务。在亚洲,日本政府在九次扩大内需失败后,推出信息化战略,支出巨额公共预算来建设信息基础设施。在中国,政府明确提出"十五"信息化框架,以信息化带动工业化,实现国民经济跨越式的增长。2001年在中国召开的APEC会议上,数字经济问题成为各国领导讨论的热点话题,与会者呼吁采取共同行动,缩小数字化鸿沟,促进全球信息化进程。

各国鼓励信息产业发展的政策,给社会带来巨大的变化。以我国为例,从居民家庭电话的普及到电视机的普及,从电视的国产化到电视的数字化;从电子计算机在各部门的应用到对外贸易电子商务的无纸化通关,从卫星商业性发射到载人航天飞机的上天与回收,无不反映了新经济给百姓生活、企业发展和社会进步带来的巨大影响。2002年7月底我国固定电话用户数突破2亿,手机用户数达到1.8亿户,均居世界第一位。2003年11月我国固定电话用户数又超过5亿,固定电话普及率达到20.3部/百人;移动电话的普及率达到19.5部/百人。2003年,我国互联网用户达到7950万,居世界第二。

当然,新经济也带来了国家之间、地区之间差距的扩大。2003年,世界知识产权组织收到的专利申请数量超过11万件,其中排在最前的五个国家分别为美、日、德、英、法,合计8万多件,占总数的73.4%,其中单美国就申请了3.9万多件,占35.7%。而发展中国家与上述国家差距很大,排在发展中国家前五位的国家分别为中国、印度、南非、巴西、墨西哥,专利申请合计数目为2536件,只占总数的 2%。

从我国国内情况看,2003 年全国软件产业统计局联合开展 2002 年全国软件产业统计调查,结果显示:2002 年我国软件行业完成软件及系统集成收入 1100 亿元,同比增长 46.5%,出口创汇 15 亿美元,同比增长 100%;全国年销售额在 1 亿元以上的企业有 214 家,占全部软件企业的 4.5%;软件业主要集中在东部地区。软件产业比较发达的北京、广东、江苏、上海、浙江和山东六个省市软件及系统集成收入占到全国 70% 以上,中西部地区软件产业发展水平整体上很低,除陕西、四川、湖南外,其他地区所占比重均在 1% 以下。

2003 年,现代化战略研究课题组研究了我国各地区工业化状况,提出第一次工业化与第二次工业化指标体系。所谓"第一次现代化",是指从农业时代向工业时代、农业经济向工业经济、农业社会向工业社会、农业文明向工业文明的转变,其特点是工业化、城市化、福利化、民主化、法治化、世俗化等。而"第二次现代化"是指从工业化时代向知识时代、工业经济向知识经济、工业社会向知识社会、工业文明向知识文明的转变过程及其深刻变化,其特点是知识化、分散化、网络化、全球化、创新化、个性化、生态化、信息化等。

根据课题组研究表明,如果从以工业化和现代化为主要特征的第一次现代化实现程度看,上海居首;如果以知识化、信息化为主要特征,北京居首。2000 年,第一次现代化水平前五名省市为上海、北京、天津、辽宁、江苏;第二次现代化水平前五名为北京、上海、天津、辽宁、陕西。研究表明包括港澳台在内的 34 个行政区中,6 个现代化较发达地区为京津沪港澳台,它们第一次现代化实现程度和第二次现代化指数都超过世界平均值,其中香港、北京、上海第二次现代化指数达到发达国家水平;11 个初等发达地区为辽宁、浙江、江苏、黑龙江、广东、吉林、湖北、陕西、福建、山东、山西;17 个欠发达地区为重庆、河北、新疆、宁夏、内蒙古、湖南、青海、四川、海南、安徽、江西、广西、河南、甘肃、贵州、云南、西藏,这些地区无一进入第二次现代化。在各地区之间,第一次现代化的差距在缩小,1970 年最大差距为 40%,2000 年降为 38%;但是第二次现代化的差距却在拉大,2000 年与 1970 年相比,知识创新的差距从 27% 上升到 52%,知识传播的差距从 30% 上升到 53%,生活质量的差距从 49% 上升到 61%。

显然,信息技术的发展,知识的创新,促进了世界经济的发展,同时也拉大了发达国家与发展中国家之间的差距以及发展中大国国内地区之间的差距。为了推动我国和亚洲地区数字化发展进程,缩小发达国家之间的数字差距,以及中西部与东部的差距,国内近百家 IT、金融、媒体企业组成非政府、非营利民间社团组织"数字中国"联合会。2002年10月,联合会在宁夏海原启动西部计算机实用人才培训计划,对长期服务中西部贫困地区的志愿者、受援学校和受援学校附近具备受训条件的中小学校的师资和学生进行计算机和网络应用知识的培训,计划用三年左右的时间为西部培训100万人。该组织还号召企业和学校向这些地区捐赠计算机。2003年2月,全国的企业、高校等单位和个人共向105个受援学校捐赠了近2000台计算机,接受培训的学生和群众超过20万人。

不管怎么说,新经济浪潮推动了我国的信息化和数字化进程,使各个行业之间新的关系出现。高校与企业的科研、信息和知识产权的买卖,对科技成果的市场运作,所有这一切融合成一个"知识产业",这个产业正在逐渐改变整个国家的命运,推动经济的持续发展。

(林 珏)

【案例讨论】

1. 如何定义新经济?新经济有什么特点?它给中国经济带来什么样的变化?

2. 新经济又会给一国的对外贸易结构带来什么样的变化?

3. 你认为政府应该如何去制定政策和机制:既鼓励企业技术创新,又确保边际成本的价格定位,以及科学的广泛传播?教育机构在解决新经济的革新和矛盾中能起到什么样的作用?

4. 2003年5月,曾任《哈佛商业评论》编辑和企业评论家的尼古拉斯·卡尔在该杂志上撰文提出:"信息技术不算什么!"他认为,科技投资的泡沫化证明了IT产业建构已经接近尾声,已经步入夕阳。你是否同意这一看法?你认为信息技术与新经济的关系是什么?

【参考资料】

1. 〔墨〕德梅特里奥·索迪:《新自由主义的神话》,载《宇宙报》2004年2月28日。

2. Paul R. Krugman, Rethinking International Trade, The MIT Press, Massachusetts, 1994, pp. 164.

3. 张国云:《新经济好戏在后头》,载《中国民航报》2001年12月31日。

【案例 2-7】 中国与贸易相关的知识产权的保护及面临的问题

一、中国知识产权的保护

自进入 20 世纪初以来,随着中国加入世界贸易组织,中国对外开放度逐步扩大,政府在知识产权保护方面的力度进一步加强。表现为:

1. 健全法律体系

政府通过颁布和修订一系列法律法规,建立起符合国际通行规则、门类比较齐全的法律法规体系。2001 年进入世界贸易组织前后,中国上千条法律进行了修改或被废止。从知识产权法律法规看,由于《专利法》《商标法》《著作权法》等法律进行了修改,因此司法解释也相应修改或重新制定。从 2000 年底至 2002 年 5 月,最高人民法院民事审判第三庭(知识产权庭)完成了《关于对诉前停止侵犯专利权行为适用法律问题的若干规定》《关于审理专利纠纷案件适用法律问题的若干规定》《关于审理计算机网络著作权纠纷适用法律若干问题的解释》《关于审理涉及网络域名民事纠纷案件适法律若干问题的解释》《关于审理涉及植物新品种纠纷案件适用法律若干问题的解释》《关于开展审理涉及布图设计案件的工作的通知》《关于审理商标案件有关管理辖和法律适用范围问题的解释》《关于对前停止侵犯注册商标专用权行为和保全适用法律问题的解释》等一系列司法解释的制定。2004 年底,最高人民法院、最高人民检察院出台了《关于办理侵权知识产权刑事案件具体应用法律若干问题的解释》,降低了刑事追诉门槛和移送标准,加大了对知识产权的刑事保护力度。从近些年看,2008 年修改了《专利法》;2010 年 1 月颁布《最高人民法院关于印发基层人民法院管辖第一审知识产权民事案件标准的通知》,确定了各基层人民法院管辖第一审知识产权民事案件的标准;同年 6 月印发《最高人民法院关于审理商标授权确权行政案件若干问题的意见》;2013 年修改了《商标法》《著作权法》《植物新品种保护条例》。此外,从 2010 年到 2017 年连续发布《中国法院知识产权司法保护状况》(白皮书)等。

2. 建立双重保护模式

通过多个部门,包括国家知识产权局、国家工商行政管理总局、新闻出版总署、国家版权局、文化部、农业部、国家林业局、公安部、海关总署、最高人民法院、最高人民检察院等部门,分别履行保护知识产权的职能,形成行政保护和司法保护"两条途径、并行运作"的知识产权保护模式、协调高效的工作体系与执法机制。比如,国家工商行政管理总局以查处食品、药品商标侵权案件为重点,组织开展保护注册商标专用权专项整治行动;新闻出版总署与全国"扫黄打非"办公室一起,查禁违规出版物,取缔非法印刷企业;国家版权局开展清理市场、打击盗版教材教辅、打击盗版软件治理活动;各级法院成立知识产权审判庭,受理侵权案件;海关严查进出口侵权货物等。

3. 加大执法力度

通过采取保护知识产权的专项行动,在商标权、著作权、专利权等重点领域,在货物进出口、各类展会和商品批发市场等重点环节,在制假、售假相对集中地方等重点地区,以查处重大侵权案件作为突破口,加大了知识产权保护的行政执法力度。

例如,在商标权方面,近十来年,国家工商总局商标局每年就各地反映强烈的侵权案件进行专项部署。比如,2014年国家工商总局商标局对各地反映侵权较为普遍和严重的"维多利亚的秘密""金城""松板""赣南脐橙"等商标侵权案件进行了专项部署,督促地方工商和市场监管部门进行查处。各地工商和市场部门针对公众反映强烈的商标侵权案件,进行查办。例如,江苏无锡对假冒"LOUIS VUITTON"(路易威登)、"GUCCI"(古奇)、"CHANEL"(香奈尔)、"DIOR"(迪奥)等16个世界知名品牌的服饰和假冒"欧普"商标的灯具进行查处;湖南长沙对超市、商店的"五粮液""茅台"等名酒进行地毯式检查,查扣了一批假冒侵权商品;江西赣州没收销毁了侵犯"LOUIS VUITTON"(路易威登)、"HERMÈS"(爱马仕)、"BURBERRY"(巴宝莉)、"COACH"(蔻驰)、"BOTTEGA VENETA"(葆蝶家)、"GUCCI"(古奇)等注册商标专用权的假冒商品,并处以罚金等。

在著作权方面,为了形成盗版软件如"过街老鼠人人喊打"的局面,国家版权局网站设立了反盗版栏目,将各地发现的盗版品随时公布于众。网站大大提高了行政执法和打击盗版的功能以及社会服务功能,例如设立问题解答栏目,对地方版权局执法过程中和社会公众常见的有关版权法律问题进行解答;对著作权法律法规、著作权保护政策、权利人如何维护自身权利等基础知识,进行普及性宣传等。针对网络侵权盗版严重的现象,国家版权局开展了"剑网"行动。2012年第八次"剑网"行动中,各地破获了一批利用网络平台销售盗版制品的案件。在2014年9月展开的"剑网2014"专项行动中,10起典型案件涉及网络影视、文学、游戏、动漫作品的著作权,以及网络制售盗版制品等类型。

在专利方面,2014年专利纠纷办案量与假冒专利办案量的比例上升到0.51∶1,2015年更是上升到1.14∶1,即专利行政执法办案总量达到1.019万件,其中办理专利纠纷案5437件,查处假冒专利案4753件。该比例的上升表明全国知识产权系统打击专利侵权假冒办案工作力度在不断加强,办案能力提高。2016年,办案效率进一步提高,各类专利案件结项率97.5%,同比上升4.3个百分点;其中专利侵权纠纷案件结案率94.4%,同比上升0.8个百分点。

4. 加快国内法与国际法的接轨

通过参加国际保护知识产权的主要公约和条约,以及建立双边保护协作机制,来积极履行知识产权国际保护义务和外商的合法权益。自1980年加入世界知识产权组织后,我国相继加入了《保护工业产权巴黎公约》《专利合作条约》《国际承认用于专利程序的微生物菌种保藏布达佩斯条约》《工业品外观设计国际分类洛迦诺协定》《商标国际注册马德里协定》《商标注册用商品和服务国际分类尼斯协定》《商标国际注册马德里协定有关议定书》《与贸易有关的知识产权协议》《国际植物新品种保护公约》《保护文学和艺术作品伯尔尼公约》《世界版权公约》和《保护录音制品制作者防止未经许可复制其录音制品公约》等国际公约、条约、协定或议定书,并据此修订国内法律法规,使其与国际法相一致。

此外,我国还通过与世界知识产权组织或联合国教科文组织联合举办版权和邻接权研讨会(1996年)、版权和相关权集体管理亚洲地区研讨会和版权集体管理国家研讨会(1999年)、数字化时代的著作权和邻接权培训研讨会(1999年)等,与各国共同探讨有关知识产权保护的法律法规问题,加强与各国之间的沟通和协作。为了有效保护电影版权,严厉打击盗版家庭录像产品,加强和促进中美文化交流和合作,2005年7月,文化部、广电总局与美国电影协会就建立中美电影版权保护协作机制达成共识,共同签署了《关于建立中美电影版权保护协作机制的备忘录》,双方确定定期举行联合会议,交换影片及家庭录像产品上映发行信息,研究和协商打击盗版家庭录像产品、保护电影版权的行动方案,由此来协调行动,形成合力,有效地打击侵权行为。国家知识产权局与欧洲专利局、日本特许厅、韩国特许厅、美国专利商标局加强了合作,组成世界五大知识产权局,专注于努力解决各局共同关心的问题,每年出版一本五大局统计报告,就五国专利申请和授权情况进行统计和分析。图 2-7-1 为《2015 世界五大局统计报告》2010—2014 年专利申请量,从中可见,自 2011 年以来来源于中国的专利申请一直位于五局之首位,2010 年来源于中国的专利申请量为 31.3 万件,位于日本和美国之后,2011 年达到 43.9 万件,超过这两个国家,位于世界第一,2014 年达到 83.9 万件,比日本和美国两国合计还多。

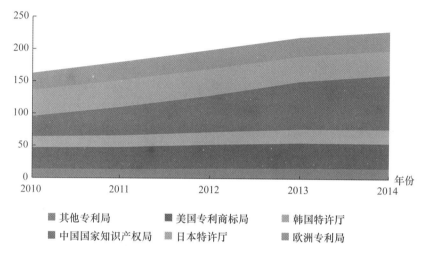

图 2-7-1 2010—2014 年世界五大局专利申请量(单位:万件)
注释:按来源地(第一申请人或发明人的居住地)对全球专利申请进行的细分。
资料来源:根据《2015 年世界五大知识产权局统计报告》图 3.2 数据制图。中华人民共和国国家知识产权局,世界五大知识产权局年度统计报告(国家知识产权局规划发展司译),http://www.sipo.gov.cn/tjxx/。

5. 开展教育普及活动

通过确定每年 4 月 20 日至 26 日为"保护知识产权宣传周",利用报刊、电视、广播、互联网等各种媒体,举办研讨会、知识竞赛以及播放公益广告等多种形式,开展知识产权保护的教育普及活动,提高全社会的知识产权意识。

显然,我国知识产权保护体系已经建立起来且不断完善。我国在一个不太长的时间里走过发达国家通常需要几十年甚至逾百年的历程,国内知识产权保护取得重大进展。

二、中国知识产权保护存在的问题

提高公民保护知识产权意识是一个长期的过程,事实上即使在发达国家,比如经济合作与发展组织成员国,也存在盗版侵权现象,且盗版率也较高。根据美国商业软件联盟2010年的报告,2009年全球盗版率平均为43%,其中美国、日本、卢森堡、新西兰、澳大利亚、奥地利、比利时、芬兰、瑞典、瑞士、丹麦、英国、德国、荷兰、加拿大、挪威、以色列、新加坡、法国、波兰、西班牙等国,盗版率达到20%—42%。2014年,在线盗版率全球最高的是澳大利亚。我国是一个拥有13多亿人口的发展中大国,各地区经济发展不平衡,公民重视知识产权意识存在差异,因此任务更加艰巨。目前国内存在的主要问题是:

1. 不少公民依然缺乏保护知识产权意识

这种问题主要表现为:一是不知道保护自己的知识产权,掌握和运用专利等知识产权保护制度的能力和水平也不高;二是不尊重他人的知识产权,缺乏知识产权法律意识;三是利欲熏心,知法犯法。比如,国内每年都会发生大量侵权假冒商标、非法生产光盘、盗版图书、剽窃他人研究成果等案件。从所破获的各类大小案件可以看出,犯法者中不少是唯利是图、知法犯法、铤而走险。

2. 利用知识产权成果的能力和水平有待进一步提高

从版权贸易看,2002年,我国图书版权贸易输入与输出比近8∶1,输出版权地主要为我国台湾和香港地区、韩国、日本。2014年比例缩小到1.92∶1,输出地也从亚洲扩大到北美、欧洲等地,但该年软件出口仍比较小,输入与输出比例为9.2∶1。2015年,版权贸易输入与输出比例进一步缩小到1.57∶1,但软件输入与输出比例扩大为17∶2。

3. 知识产权保护的法律制度有待完善

早先专利审查周期较长、保护力度不够、司法与行政执法不严格、知识产权管理缺乏强有力统筹协调机制等情况已经在逐步扭转。目前面临的一个严峻问题是:随着微信的出现与发展,侵犯著作权的行为进入微信领域,为此呼唤相应法律法规的出台。根据2016年1月11日腾讯公司发布的《2015微信知识产权保护白皮书》数据,2014年第四季度至2015年第四季度,微信部门收到针对微信公众账号的投诉超过2.2万件,其中涉及知识产权的有1.3万件,占比60%;针对个人账号的投诉超过1.2万件,其中涉及知识产权的有200多件,占比2%。从微信收到的著作权侵权投诉看,公众号涉嫌侵权行为中,对文字类作品抄袭的占比61%,图片占比25%,视频类占比14%;在个人账号侵权投诉中,涉嫌侵害摄影作品的投诉占67%,侵害他人电影作品的占15%,文字作品占10%,美术作品占8%。不少人不知道应该如何正确使用网络资源。

4. 企事业掌握和运用知识产权进行科技创新的能力与水平也需提高

我国是一个知识产权的大国,但还不是一个知识产权的强国。从微观层面看,在国家各类科技计划项目申请中,没有进行专利检索、预测、分析论证、提出知识产权目标的占相当比重,技术创新活动中低水平重复研究依然比较严重。在技术引进过程中,注重专利信息检索和在消化吸收基础上进行创新并依法获得专利权的企业还不是很多。从专利申请看,发明专利被称为"硬专利",但发明专利申请在全部专利申请中占比不到40%。2014年,全国共受理专利申请236.1万件,其中发明专利占39.3%,实用新型专利占36.8%,外观设计专利占23.9%。其中后两类专利被称为"软专利",在申请程序上简单,审核时间上也要大大短于发明专利。从发明专利看,虽然中国国内发明专利逐年增多,与美国旗鼓相当,但根据《区域产业专利密集度统计报告》课题组研究,国内企业发明专利授权占国内发明专利授权比重只有51.7%(而美国这一比重接近90%)。换言之,另外48.3%是外资企业、科研机构、高校等部门或个人获得。从宏观层面上看,专利战略研究与运用在国家经济、科技发展战略中缺乏相应地位,在国家经济结构调整、高技术发展和产业政策的制定中发挥应有作用还不够。

5. 整体科技投入和经济发展规模不匹套

随着经济规模的日益扩大,研发经费的投入也逐年增多,2010年我国研发经费投资总量超过德国,2013年又超过日本,成为世界上仅次于美国的第二大研发经费投入国。不过,从总量和人均量看还是大大低于美国。根据国家统计局数据,2014年我国研发经费投入为1.3万亿元(按全年人民币平均汇率1美元兑6.1428元人民币折合,为2118.8亿美元),在GDP中占比2.05%。该年美国研发经费投入4650亿美元,中国的研发经费投入是美国的45.6%。2015年,我国研发经费投入总量进一步提高,达到1.4万亿元(按人民币平均汇率1美元兑6.2284元人民币折合,为2248亿美元),在GDP中占比2.1%,但依然没有实现"十二五"期间达到2.2%的目标。为此,要实现"十三五"确定的2.5%的目标任重道远,未来不仅需要政府加大投入,也需要社会各方面的投入。

6. 知识产权管理机构三权分立

目前,国内专利权、商标权、版权的行政管理与执法分属于国家知识产权局的专利局、国家工商行政管理总局、国家版权局分别负责,而在国际上许多国家实行"三权统一"的模式。目前,一些地区已经在进行改革,比如,2015年,上海浦东设立知识产权局,实现专利、商标、版权三合一。

三、保护与创新需做的工作

我国在保护知识产权和技术创新方面需要进一步做好以下工作:

(1) 加强知识产权战略研究,并将这一研究纳入国家科技发展战略和经贸发展战略之中,正确选择科技创新的重点和目标,培育和形成科技优势,并努力将这种优势提升为知识产权优势。

(2) 重视知识产权工作队伍和执法队伍的建设,培养一批懂业务、会管理、熟悉法律和国际规则的知识产权人才。

(3) 完善知识产权管理制度,加强知识产权管理与经济管理、科技管理和外贸管理之间的有机结合,提高监督与执法力度。

(4) 加强知识产权保护的普及教育工作,提高全民知识产权意识,特别是各级领导干部的知识产权意识。

(5) 推动知识产权权益的合理分享,形成新的激励机制,促进原创性专利的增多。

(6) 实现专利、商标、版权管理机构的"三权统一"。同时设立案件统一受理的知识产权法院,这有助于克服不同诉讼类型之间的冲突,适应知识产权案件的专业性,提高解决知识产权纠纷的针对性和有效性。

(林 珏)

【案例讨论】

1. 我国知识产权保护取得哪些成果?
2. 我国知识产权保护存在哪些问题?
3. 如何加强知识产权保护?从政府到公民应该如何做?

【参考文献】

1. 中华人民共和国国家工商行政管理总局商标局、商标评审委员会:《中国商标战略年度发展报告(2014)》,中国工商出版社2015年版。

2. 中华人民共和国国家知识产权局:《我国专利打击专利侵权假冒办案工作力度不断加大》,http://www.sipo.gov.cn/mtjj/2015/201508/t20150807_1156693.html,2015年8月7日访问。

3.《图文直播:2016年国家知识产权主要工作统计数据及有关情况新闻发布会》,http://www.sipo.gov.cn/twzb/2016ngjzscqjzygztjsj jygqkxwfbh/,2017年1月19日访问。

4. 周玮:《中美建立电影版权保护协作机制》,载《人民日报(海外版)》2005年7月14日。

5.《世界五大知识产权局年度统计报告》,http://www.sipo.gov.cn/tjxx/,2017年5月3日访问。

6.《全球国家软件盗版率排名:中国排第27》,http://games.sina.com.cn/j/n/2010-05-12/1349398584.shtml,2010年5月12日访问。

7.《澳在线盗版率全球最高 政府公布打击盗版计划书》,http://world.huanqiu.com/exclusive/2014-07/5092051.html,2014年7月31日访问。

8. 2014年版权引入地汇总表、2014年版权输出地汇总表,http://www.ncac.gov.cn/chinacopyright/channels/6468.html,2015年10月30日访问。

9.《2015年全国版权统计》,http://www.ncac.gov.cn/chinacopyright/contents/9977/313447.html,2017年1月20日访问。

10. 赖名芳:《〈2015微信知识产权保护白皮书〉显示公号著作权侵权投诉文字作品超六成》,载《中国新闻出版广电报》2016年1月13日。

11. 中华人民共和国国家知识产权局:《2014年国家知识产权局年报》,http://www.sipo.gov.cn/gk/ndbg/2014/,2015年6月10日访问。

12. 潘兴彪:《2014年中国研发经费投入同比增长9.9%》,http://economy.gmw.cn/2015-11/23/content_17829531.htm,2015年11月23日访问。

13.《2015年全国研发经费投入总量为1.4万亿元》,http://news.163.com/16/0309/13/BHNIL0DL00014JB6.html,2016年3月9日访问。

14.《2014年全球研发经费预测 中国2022年超美国》,http://www.chinairn.com/print/3446111.html,2017年3月20日访问。

【案例 2-8】 国际关系中知识产权霸权主义及发展中国家的对策

知识产权已经成为当代国际关系的新领域。国际关系是国际政治行为主体之间相互作用及其相互关系的总和,而一个国家在国际关系中所处地位是由多种基本要素构成的综合国力决定的,其中就包含以知识产权为核心的经济和科技实力。当前,国际知识产权保护制度存在知识产权霸权主义抬头、南北利益失衡严重、保护范围无限扩大等诸多问题。具体表现为在本国或他国抢先注册发展中国家企业的商标,再高价勒索发展中国家企业逼迫其购买该商标;购买和控制各种专利并以此要求发展中国家企业缴纳数目不菲的专利使用费用;在对外贸易中设置超出发展中国家义务和承受能力的知识产权壁垒等。

一、引言及文献综述

传统意义上的霸权,是指国际关系行为体在主观上愿意改变国际体系、在客观上在国际体系内部力量对比中占绝对优势的一股力量。随着世界贸易组织的建立,传统的贸易壁垒基本失去效用,经济制裁或贸易报复在使用上受到很大的局限,发达国家大都通过制定科学技术转移的规则获取更多利益。可以认为,知识产权霸权作为新型霸权代表之一,霸权国家可以通过国际组织制定知识经济规则,影响其他国家。

一般来说,知识产权霸权主义是指以美国为首的西方发达国家以发端于西欧的知识产权概念为基础,并且依托知识产权国际公约,与其在全球范围内推行的霸权主义政策相呼应,对其他国家,特别是对发展中国家和落后国家强制推行高水平、高强度、高标准,超出广大发展中国家具体国情和知识产权保护水平的知识产权保护政策,并据此展开法律、经济、贸易及其他领域内的强制行动。主要反映发达国家意志的《与贸易有关的知识产权(包括假冒商品贸易)协议》(以下简称 TRIPs)实际上是这种霸权主义的间接体现。该协议主要反映了发达国家意志,且具有鲜明的两面性:一方面,TRIPs 比其他任何协议会更多地涉及各国立法实质性的变革,这些变革目的是加强知识产权的保护,促进该国国内创新,吸引外国直接投资与技术转移。另一方面,该协议忽视了广大发展中国家需要付出更多的代价在本国实施统一的知识产权保护制度,一定程度上损害了虽然具备各种传统资源,但缺乏足够的科技研发实力和将专利发明转化为实际生产手段的发展中国家在各种传统资源领域的主权。总之,TRIPs纯属国际政治经济力量不平衡的产物。

面对由知识产权与国家霸权相结合而产生的知识产权霸权主义,如何适时调整与制定适合各自国家具体国情的知识产权战略,已成为广大发展中国家需要优先考虑的问题。

相关文献已从理论和经验的角度讨论了鼓励创新,知识产权保护对北方(发达国家)创新以及南北双方总体福利的影响(Grossman & Helpman,1991;Fishman & Foley,2006;Fishman & Saggi,2011;Bronckers,M.,1994;Chu,A.,G. Cozzi,and S. Galli,2011;Deardorff,1992;Diwan & Rodrik,1991;Lai,E.,1998)。毋庸置疑,这些文献提供了许多有价值的理论洞见。但遗憾的是,这些文献假设南方(发展中国家)用来创新的效率比北方低很多,假设南方厂商只有模仿没有创新,因此这些模型只是讨论了知识产权保护对北方创新的影响,忽视了知识产权对南方厂商自主创新的影响。但经验表明,南方厂商除了模仿活动还存在大量的自主创新活动。

笔者发展了 Grossman & Helpman(1991)内生创新与模仿的两国模型,把北方跨国公司、南方自主创新和技能劳动力约束引入该模型,以探讨知识产权霸权主义对南方模仿效应、自主创新效应以及对南北双方的总体影响。

二、内生创新与模仿的两国模型

1. 模型设定的环境

假设时间是连续的。又假设有两类国家:北方(发达国家)和南方(发展中国家)。北方从事创新活动,南方从事模仿和自主创新(也称"模仿创新")两种活动。创新是通过改进一批既有产品的质量体现,把既有产品记为 $\omega \in [0,1]$,把产品的初始质量记为 $q_0(\omega)=1$,经过 j 次的质量改进,产品的质量为 $q_j(\omega)=\lambda^j$,$\lambda>1$。假设只有劳动的投入,且每个工人提供 1 单位无弹性的劳动服务。北方使用劳动进行创新和生产,南方使用劳动进行模仿、自主创新和生产。假设南方的劳动禀赋为 L_S,北方的劳动禀赋为 L_N,南方劳动用来创新的效率低于北方,即北方是技能劳动力充裕的地区,南方是技能劳动力稀缺的地区。假

设南方的工资 ω_S 低于北方的工资 ω_N,北方企业可以通过 FDI 把生产转移到南方,而北方企业一旦进行跨国生产,就会停止在北方的生产。假定跨国公司使用北方的技术,南方的模仿成本小于自主创新的成本,南方模仿的对象是跨国公司的产品(由于北方企业面临的模仿风险比在南方的跨国公司低),南方模仿创新的对象也是跨国公司的产品(北方企业被模仿创新的成本很高)。

2. 模型的构建

(1) 消费者行为

假设北方和南方消费者偏好相同,代表性消费者最大化其跨期效用函数:

$$U = \int_0^\infty e^{-\rho t} \log u(t) dt \tag{1}$$

其中,ρ 为折现率,$u(t)$ 为消费者在 t 时刻的瞬时效用,且 $u(t)$ 是替代弹性为 σ 的 Dixit-stiglitz 效用函数:

$$u(t) = \left\{ \int_0^1 \left[\sum_{s=0}^{J(\omega)} q_s(\omega) x_{st}(\omega)^{1-\frac{1}{\sigma}} \right] d\omega \right\}^{\frac{\sigma}{\sigma-1}} \tag{2}$$

其中,$J(\omega)$ 表示产品 ω 的最新一代。

消费者的预算约束为:

$$\int_0^1 \left[\sum_{s=0}^{J(\omega)} p_s(\omega) x_{st}(\omega) \right] d\omega = E_t \tag{3}$$

从消费者的效用函数和预算约束,可得产品 ω 的需求函数:

$$x_t(\omega) = \left(\frac{p_{t(\omega)}}{P_t} \right)^{-\sigma} \frac{E_t}{P_t} \tag{4}$$

其中,P_t 为价格指数,且 $P_t = \left\{ \int_0^1 p_t(\omega)^{1-\sigma} d\omega \right\}^{\frac{1}{1-\sigma}}$,用两阶段最优化方法,可得消费者最优的支出规则:

$$\frac{\dot{E}}{E} = r - \rho \tag{5}$$

(2) 厂商行为

模型中有四种类型的企业:北方创新企业、北方跨国公司、南方自主创新企业以及南方模仿企业。在 t 时刻,n_S 种产品在南方生产,n_N 种产品在北方生产,$n_S + n_N = 1$,假设每个企业只生产一种产品,n_M 为北方跨国公司生产的产品数,n_{SI} 为南方自主创新企业生产的产品数,n_{SM} 为南方模仿的产品数,则 $n_M + n_{SI} + n_{SM} = n_S$,$n_M + n_{SI} + n_{SM} + n_N = 1$。

北方企业可以选择在南方生产还是北方生产产品 ω,在北方生产 1 单位 ω,

需要 1 单位劳动,在南方生产 1 单位 ω,需要 θ 单位劳动($\theta \geqslant 1$)(由于存在远距离调配的运作成本);南方的企业生产 1 单位 ω,需要 1 单位劳动。

假设南北企业之间的竞争为 Bertrand 价格竞争,则这四类企业的定价如下:

北方创新企业的定价为 $p_N = \lambda \omega_N$;北方跨国公司的定价为 $p_M = \lambda \theta \omega_S$,$(\omega_N \geqslant \theta \omega_S)$。如果南方企业成功创新了跨国公司的产品,就与跨国公司进行 Bertrand 价格竞争,其定价为 $p_{SI} = \lambda \omega_S$;如果南方企业成功模仿了跨国公司的产品,就与跨国公司进行 Bertrand 价格竞争,其定价为 $p_{SM} = \theta \omega_S$。

相应地,这四类企业的利润如下:

北方创新企业的利润为:

$$\pi_N = (\lambda \omega_N - \omega_N) x_N, \quad x_N = \left(\frac{p_N}{P}\right)^{-\sigma} \frac{E}{P} \tag{6}$$

北方跨国公司的利润为:

$$\pi_M = (\lambda \theta \omega_S - \theta \omega_S) x_M, \quad x_M = \left(\frac{p_M}{P}\right)^{-\sigma} \frac{E}{P} \tag{7}$$

南方自主创新企业的利润为:

$$\pi_{SI} = (\lambda \omega_S - \omega_S) x_{SI}, \quad x_{SI} = \left(\frac{p_{SI}}{P}\right)^{-\sigma} \frac{E}{P} \tag{8}$$

南方模仿企业利润为:

$$\pi_{SM} = (\theta \omega_S - \omega_S) x_{SM}, \quad x_{SM} = \left(\frac{p_{SM}}{P}\right)^{-\sigma} \frac{E}{P} \tag{9}$$

(3) 技能劳动与劳动力市场

① 北方创新需要技能劳动力,假设北方技能劳动力的供给是时间的单调递增函数:

$$h_N = L_N - (1 - s_N) L_N e^{-\beta_N t} \tag{10}$$

其中,s_N 为北方技能劳动力的初始份额,$\beta_N (\beta_N > 0)$ 衡量技能获取的速度。

定义北方每单位时间的创新率 $l_N = \frac{\dot{n}_N}{n_N} = g_N$,对于北方每单位时间创新需要 a_N 单位劳动力,h_n 为北方创新中使用的技能劳动力,故有 $a_N l_N = h_n$。假设北方的技能劳动力供给充裕,则有 $h_n \leqslant h_N$。由于北方使用劳动进行创新和生产,因此,北方的劳动力资源约束为:

$$a_N g_N + n_N x_N \leqslant L_N \tag{11}$$

② 南方技能劳动力的供给类似的有

$$h_S = L_S - (1-s_S)L_S\,e^{-\beta_S t} \tag{12}$$

其中，s_S 为南方技能劳动力的初始份额，$\beta_S(\beta_S>0)$ 衡量技能获取的速度。

南方每单位时间的自主创新率 $l_S = \dfrac{\dot{n}_{SI}}{n_S}$，对于南方每单位时间自主创新需要 a_I 单位劳动力（$a_I<a_N$），h_{SI} 为南方自主创新中使用的技能劳动力，故有 $a_I l_S = h_{SI}$。由于南方自主创新企业的创新对象是跨国公司的产品，针对这些产品，南方自主创新企业成功自主创新的概率 $g_{SI} = \dfrac{\dot{n}_{SI}}{n_M} = \dfrac{l_S n_S}{n_M} = \dfrac{n_S h_{SI}}{n_M a_I}$。

南方每单位时间的模仿率 $\mu = \dfrac{\dot{n}_{SM}}{n_S}$，对于南方每单位时间的模仿需要 a_M 单位劳动力（$a_M<a_I$），h_{SM} 为南方模仿中使用的技能劳动力（$h_{SM}<h_{SI}$），故有 $a_M \mu = h_{SM}$。由于南方模仿企业的模仿对象是跨国公司的产品，针对这些产品，南方模仿企业成功模仿的概率为 $g_{SM} = \dfrac{\dot{n}_{SM}}{n_M} = \dfrac{\mu n_S}{n_M} = \dfrac{n_S h_{SM}}{n_M a_M}$。

跨国公司不从事创新活动，只使用北方的技术进行生产，使用北方的技术生产需要匹配相应的技能劳动力 h_M。

南方使用劳动进行模仿、自主创新和生产。因此，南方的劳动力资源约束如下：

$$h_{SI} + h_{SM} + h_M \leqslant h_S \tag{13}$$

$$a_I l_S + a_M \mu + n_{SI} x_{SI} + n_{SM} x_{SM} + \theta n_M x_M \leqslant L_S \tag{14}$$

（4）企业自由进入市场的条件

一个成功创新的北方创新企业在北方生产的价值为 v_N。根据企业进入市场的期望收益（即企业价值）等于进入成本的自由进入的条件，则

$$v_N l_N = \omega_N a_N l_N \rightarrow v_N = \omega_N a_N \tag{15}$$

一个成功创新的北方创新企业在南方生产的价值为 v_M，即北方跨国公司的价值为 v_M。在均衡时，v_M 将等于北方创新企业在北方生产的价值 v_N，否则所有的北方创新企业将都选择在北方生产或都不选择在北方生产，则

$$v_M = v_N \tag{16}$$

一个成功自主创新的南方自主创新企业的价值为 v_{SI}。根据企业进入市场的期望收益（即企业价值）等于进入成本的自由进入的条件，则

$$v_{SI} l_S = \omega_S a_I l_S \rightarrow v_{SI} = \omega_S a_I \tag{17}$$

一个成功模仿跨国公司产品的南方模仿企业的价值为 v_{SM}。根据企业进入市场的期望收益(即企业价值)等于进入成本的自由进入的条件,则

$$v_{SM}\mu = \omega_S a_M \mu \rightarrow v_{SM} = \omega_S a_M \qquad (18)$$

(5) 无套利条件

根据无套利条件,股东获得的股息率加资本利得减去资本损失率等于债券的无风险利率。则

$$\frac{\pi}{v} + \frac{\dot{v}}{v} - f = r \qquad (19)$$

沿着 Grossman & Helpman(1991)的思路,这四类企业的无套利条件分别为:

$$f_N = l_N = g_N, \quad \frac{\pi_N}{v_N} + \frac{\dot{v}_N}{v_N} = r + g_N \qquad (20)$$

$$f_M = g_N + g_{SI} + g_{SM}, \quad \frac{\pi_M}{v_M} + \frac{\dot{v}_M}{v_M} = r + g_N + g_{SI} + g_{SM} \qquad (21)$$

$$f_{SI} = g_N + g_{SM}, \quad \frac{\pi_{SI}}{v_{SI}} + \frac{\dot{v}_{SI}}{v_{SI}} = r + g_N + g_{SM} \qquad (22)$$

$$f_{SM} = g_N + g_{SI}, \quad \frac{\pi_{SM}}{v_{SM}} + \frac{\dot{v}_{SM}}{v_{SM}} = r + g_N + g_{SI} \qquad (23)$$

3. 稳态均衡

在稳态情况下,对于有正的企业价值的公司,则

$$\frac{\dot{v}}{v} = \frac{\dot{E}}{E} = r - \rho$$

此外,在稳态时,创新率、企业数量等变量都沿着 BGP 增长,且增长率相等,则 $g_N = \frac{\dot{n}_N}{n_N} = \frac{\dot{n}_S}{n_S} = \frac{\dot{n}_M}{n_M} = \frac{\dot{n}_{SI}}{n_{SI}} = \frac{\dot{n}_{SM}}{n_{SM}}$。据此,可得出四个关于企业数量之间关系的等式:

$$\frac{n_S}{n_N} = \frac{\dot{n}_M}{n_N} \cdot \frac{g_N + g_{SI} + g_{SM}}{g_N^2} = \frac{\varphi(g_N + g_{SI} + g_{SM})}{g_N^2}$$

令

$$\frac{\dot{n}_M}{n_N} = \varphi \qquad (24)$$

$$\frac{n_M}{n_N} = \frac{\dot{n}_M}{\dot{n}_N} = \frac{\dot{n}_M}{g_N n_N} = \frac{\varphi}{g_N} \qquad (25)$$

$$\frac{n_{SI}}{n_M} = \frac{\dot{n}_{SI}}{\dot{n}_M} = \frac{g_{SI} n_M}{\dot{n}_M} = \frac{g_{SI}}{g_N} \qquad (26)$$

$$\frac{n_{SM}}{n_M} = \frac{\dot{n}_{SM}}{\dot{n}_M} = \frac{g_{SM} n_M}{\dot{n}_M} = \frac{g_{SM}}{g_N} \tag{27}$$

在稳态情况下,四类企业的无套利条件如下:

$$\frac{\pi_N}{v_N} = \rho + g_N \rightarrow v_N = \frac{\pi_N}{\rho + g_N}$$

$$\frac{\pi_M}{v_M} = \rho + g_N + g_{SI} + g_{SM} \rightarrow v_M = \frac{\pi_M}{\rho + g_N + g_{SI} + g_{SM}}$$

$$\frac{\pi_{SI}}{v_{SI}} = \rho + g_N + g_{SM} \rightarrow v_{SI} = \frac{\pi_{SI}}{\rho + g_N + g_{SM}}$$

$$\frac{\pi_{SM}}{v_{SM}} = \rho + g_N + g_{SI} \rightarrow v_{SM} = \frac{\pi_{SM}}{\rho + g_N + g_{SI}}$$

结合企业自由进入市场的条件: $v_N = \omega_N a_N$; $v_M = v_N$; $v_{SI} = \omega_S a_I$; $v_{SM} = \omega_S a_M$。四类企业稳态时的无套利条件如下:

$$\frac{\pi_N}{\rho + g_N} = \omega_N a_N \tag{28}$$

$$\frac{\pi_N}{\rho + g_N} = \frac{\pi_M}{\rho + g_N + g_{SI} + g_{SM}} \tag{29}$$

$$\frac{\pi_{SI}}{\rho + g_N + g_{SM}} = \omega_S a_I \tag{30}$$

$$\frac{\pi_{SM}}{\rho + g_N + g_{SI}} = \omega_S a_M \tag{31}$$

从式(29)可得

$$\frac{\pi_M}{\pi_N} = \frac{\rho + g_N + g_{SI} + g_{SM}}{\rho + g_N} = 1 + \frac{g_{SI} + g_{SM}}{\rho + g_N}$$

从式(6)、式(7)可得

$$\frac{\pi_M}{\pi_N} = \frac{(\lambda - 1)\theta \omega_S x_M}{(\lambda - 1)\omega_N x_N} = \left(\frac{\theta \omega_S}{\omega_N}\right)^{1-\sigma}$$

结合两式得出南北方的相对工资如下:

$$\frac{\omega_N}{\omega_S} = \theta \left[1 + \frac{g_{SI} + g_{SM}}{\rho + g_N}\right]^{\frac{1}{\sigma-1}} \tag{32}$$

四个关于企业数量之间关系的等式、四类企业稳态时的无套利条件以及三个劳动市场出清条件构成了整个稳态均衡体系。

结合均衡时四个关于企业数量之间关系的等式与北方劳动力资源约束,可得北方劳动力市场出清的均衡条件为:

$$a_N g_N + \frac{g_N^2 a_N (\sigma - 1)(\rho + g_N)}{g_N^2 + \varphi(g_N + g_{SI} + g_{SM})} = L_N \tag{33}$$

结合均衡时四个关于企业数量之间关系的等式与南方劳动力资源约束,可得南方劳动力市场出清的均衡条件为:

$$g_N(a_I g_{SI} + a_M g_{SM}) + \frac{\theta a_M g_N(\rho + g_N + g_{SI}) \cdot \sigma(\rho + g_N + g_{SM})}{(\theta-1)\left(1-\frac{1}{\sigma}\right)^{-\sigma} + \left(1-\frac{1}{\sigma}\right)a_I g_{SI}}$$

$$+ \frac{a_M \mu(\rho + g_N + g_{SI})}{(\theta-1)} = L_S(g_N + g_{SI} + g_{SM}) \tag{34}$$

$$h_{SI} + h_{SM} + h_M = h_S \tag{35}$$

结合四个关于企业数量之间关系的等式与四类企业稳态时的无套利条件可得:

$$\frac{\varphi(g_N + g_{SI} + g_{SM})}{g_N^2 + \varphi(g_N + g_{SI} + g_{SM})} \cdot \frac{a_N(\rho + g_N)}{a_I(\rho + g_N + g_{SM})} \cdot \theta \left[1 + \frac{g_{SI} + g_{SM}}{\rho + g_N}\right]^{\frac{\sigma}{\sigma-1}} = 1 \tag{36}$$

$$\frac{\frac{1}{\sigma}\theta^\sigma \left(1-\frac{1}{\sigma}\right)^{\sigma-1} a_M(\rho + g_N + g_{SI})}{(\theta-1)a_I(\rho + g_N + g_{SM})} = 1 \tag{37}$$

三、知识产权霸权主义对发展中国家的影响

从初始南方每单位时间的模仿率 $\mu = \frac{h_{SM}}{a_M}$,$h_{SM} \leqslant h_S - h_{SI} - h_M$ 可知,初始模仿率依赖南方的技能劳动力水平 h_S 和每单位时间模仿所需的劳动力 a_M。给定 a_M,南方的技能劳动力水平 h_S 越低,则初始模仿率 μ 越低,即初始模仿率 μ 是南方技能劳动力水平 h_S 的增函数。所以,定义存在唯一的技能劳动力水平 $\hat{h}_S$,使得 $\mu(\hat{h}_S) = \mu^c$,μ^c 为临界的模仿率,对于所有的 $0 < h_S \leqslant \hat{h}_S$,有 $\mu(h_S) \leqslant \mu(\hat{h}_S) = \mu^c$;对于所有的 $h_S > \hat{h}_S$,有 $\frac{h_S}{a_M} > \mu(h_S) > \mu(\hat{h}_S) = \mu^c$。本文用 $0 < h_S \leqslant \hat{h}_S$ 表示南方技能劳动力较少,$h_S > \hat{h}_S$ 表示南方技能劳动力较多。

1. 在 $0 < h_S \leqslant \hat{h}_S$ 时,即南方技能劳动力较少时,知识产权霸权主义的影响如下:

知识产权霸权主义是西方发达国家对发展中国家和落后国家强制推行超出广大发展中国家具体国情和知识产权保护水平的知识产权保护政策,在知识产权霸权主义下,南方国家的模仿成本和自主创新成本都有显著的上升。假定在知识产权霸权主义下,每单位时间模仿所需的劳动力变为 $a_M(1+\kappa)$,每单位

时间自主创新所需的劳动力变为 $a_I(1+\kappa),\kappa\in(0,\infty)$。由于本文在稳态均衡的条件下,研究知识产权霸权主义的影响,所以本文考察的是长期的影响。

(1) 在知识产权霸权主义下,首先受影响的就是南方模仿企业,此时南方模仿企业的模仿成本由 $\omega_S a_M$ 变为 $\omega_S a_M(1+h_{SM})(1+\kappa)>\omega_S a_M$,由于模仿成本上升,会降低模仿的激励,模仿率下降。

(2) 考虑知识产权霸权主义下模仿率下降能否倒逼南方模仿企业进入自主创新市场?

由于南方技能劳动力较少的约束,南方自主创新企业只能生产与跨国公司同质的产品,南方自主创新企业生产同质产品的成本更低。北方跨国公司与南方自主创新企业进行 Bertrand 价格竞争,基于北方跨国公司的定价 $p_M=\lambda\theta\omega_S$,南方自主创新企业的定价为 $p_{SI}=\lambda\omega_S$,北方跨国公司考虑到南方创新企业的定价,为获得市场只能重新定价。在该产品市场需求给定的情况下,市场竞争的结果最终导致该产品的价格从 $\lambda\theta\omega_S'$ 下降到 $\theta\omega_S'$(产品的边际成本),经济重新回到稳态。其中,$\omega_S'>\omega_S$,由于南方技能劳动力稀缺,南方自主创新企业与跨国公司竞争使用技能劳动力,故导致技能劳动力工资上升。

在新的稳态下,南方自主创新企业的利润从 π_{SI} 变为 π_{SM}(由于边际成本定价的结果)即 $\pi_{SI}=\pi_{SM}=(\theta-1)\omega_S' x_{SM}$,从而南方企业进入自主创新市场的期望收益(即企业价值)为 $\dfrac{(\theta-1)\omega_S' x_{SM}}{\rho+g_N+g_{SM}}=\omega_S' a_I$,南方企业进入自主创新市场的成本为 $\omega_S' a_I(1+h_{SI})(1+\kappa)$,且 $\dfrac{(\theta-1)\omega_S' x_{SM}}{\rho+g_N+g_{SM}}=\omega_S' a_I<\omega_S' a_I(1+h_{SI})(1+\kappa)$。由于南方企业进入自主创新市场的收益小于进入自主创新市场的成本,所以南方企业不会选择进入自主创新市场。因此,在知识产权霸权主义下,南方模仿率下降并不会使南方模仿企业选择自主创新。

(3) 在新的稳态下,北方跨国公司的利润变为 $\pi_M=(\lambda-1)\theta\omega_S' x_M>0$,跨国公司的企业价值变为 $v_M=\dfrac{(\lambda-1)\theta\omega_S' x_M}{\rho+g_N+g_{SI}+g_{SM}}$,北方创新企业价值不变,仍为 $v_N=\dfrac{(\lambda-1)\omega_N x_N}{\rho+g_N}=\dfrac{(\lambda-1)\theta\omega_S x_M}{\rho+g_N+g_{SI}+g_{SM}}$。由于技能劳动力工资上升到 ω_S',所以 $v_M>v_N$,因此北方创新企业将通过 FDI 的方式把生产转移到南方,从而南方的跨国公司数量会增加,在南方受到知识产权霸权主义的影响,模仿率下降;在自主创新的情况下,跨国公司面临的竞争下降,跨国公司既有产品的生命周期将延长,从而跨国公司引入新产品的速度 $\varphi=\dfrac{\dot{n}_M}{n_N}$ 下降。

(4) 在新的稳态下,考虑北方创新企业的创新率 g_N。根据北方劳动力市场出清的均衡条件 $a_N g_N + \dfrac{g_N^2 a_N(\sigma-1)(\rho+g_N)}{g_N^2+\varphi(g_N+g_{SI}+g_{SM})} = L_N$,同时以无自主创新 ($g_{SI}=0$),模仿率下降($\mu \to 0$)为条件,则 g_N 对 φ 的偏微分如下:

$$\dfrac{\partial g_N}{\partial \varphi} = \dfrac{L_N - a_N g_N}{\gamma}, \gamma = a_N[\varphi+2g_N+(\sigma-1)(\rho+2g_N)] - L_N$$

其中,$L_N - a_N g_N > 0$,$\gamma > 0$。所以,$\dfrac{\partial g_N}{\partial \varphi} > 0$,说明北方创新企业的创新率 g_N 是 φ 的增函数。由于跨国公司引入新产品的速度 $\varphi = \dfrac{\dot{n}_M}{n_N}$ 下降,所以北方创新企业的创新率 g_N 下降。

因此,当 $0 < h_S \leqslant \hat{h}_S$ 时,即南方技能劳动力较少时,知识产权霸权主义将导致南方模仿率下降,且无自主创新;北方跨国公司引入新产品的速度下降,北方创新率下降。所以,从长期看,知识产权霸权主义对南北双方都不利。

2. 在 $h_S > \hat{h}_S$ 时,即南方技能劳动力较多时,知识产权霸权主义的影响如下:

(1) 由前面的分析可知,在知识产权霸权主义下,南方模仿企业的模仿成本上升,会导致模仿的激励下降。

(2) 南方模仿的下降能否激励南方模仿企业进入自主创新市场?

由于南方技能劳动力较多,南方自主创新企业有能力生产与跨国公司存在差异化的同类产品,从而北方跨国公司与南方自主创新企业进行差异化产品的垄断竞争。在垄断竞争情况下,南方自主创新企业产品的定价 p 大于产品的边际成本 $\theta \omega_S'$ 且小于北方跨国公司的定价 $\lambda \theta \omega_S'$,其中 $\omega_S' > \omega_S$,从而南方企业进入自主创新市场的期望收益(即企业价值)为 $\dfrac{(p-\omega_S')x_{SI}}{\rho+g_N+g_{SM}} > \dfrac{(\theta-1)\omega_S' x_{SM}}{\rho+g_N+g_{SM}} = \omega_S' a_I$,南方企业进入自主创新市场的成本为 $\omega_S' a_I (1+h_{SI})(1+\kappa)$。只要满足:

$$\dfrac{(p-\omega_S')x_{SI}}{\rho+g_N+g_{SM}} \geqslant \omega_S' a_I (1+h_{SI})(1+\kappa)$$

即
$$(1+\kappa) \leqslant \dfrac{\left(\dfrac{p}{\omega_S'}-1\right)x_{SI}}{a_I(1+h_{SI})(\rho+g_N+g_{SM})} \tag{38}$$

南方企业就会进入自主创新市场。

由于南方自主创新的必要条件 κ 存在一个下限 $\underline{\kappa}$。如果 κ 太大,则等式(38)将不成立,从而南方企业不会选择进入自主创新市场。此时,知识产权霸权主义对南方模仿率、自主创新率以及对北方跨国公司和创新率的影响与南方技能劳动力较少时的影响效果一致。

若要让等式(38)成立,则 κ 必然存在一个上限 $\bar{\kappa}$,所以就存在最优的知识产权保护水平 $\kappa \in (\underline{\kappa}, \bar{\kappa})$,当 $p \in [\theta\omega'_s, \lambda\theta\omega'_s]$ 时,南方企业将选择进入自主创新市场,南方的自主创新率 g_{SI} 将上升。

(3) 给定南方企业进入自主创新市场,则在同类产品上,跨国公司面临更多的生产商,由于竞争加剧,跨国公司既有产品的生命周期将缩短,从而跨国公司引入新产品的速度 $\varphi = \dfrac{\dot{n}_M}{n_N}$ 将上升。

(4) 考虑北方创新企业的创新率 g_N。根据北方劳动力市场出清的均衡条件 $a_N g_N + \dfrac{g_N^2 a_N (\sigma-1)(\rho + g_N)}{g_N^2 + \varphi(g_N + g_{SI} + g_{SM})} = L_N$,以模仿率下降($\mu \to 0$)为条件,求 g_N 对 φ 的偏微分:

$$\frac{\partial g_N}{\partial \varphi} = \frac{(g_{SI} + g_N)(L_N - a_N g_N)}{\Gamma}$$

$$\Gamma = a_N \left\{ g_N^2 + \varphi(g_N + g_{SI}) + \frac{(\sigma-1)g_N[\rho\varphi(g_N + 2g_{SI}) + g_N(g_N^2 + 2g_N\varphi + 3\varphi g_{SI})]}{g_N^2 + \varphi(g_N + g_{SI})} \right\}$$

其中,$(g_{SI} + g_N)(L_N - a_N g_N) > 0$,$\Gamma > 0$。所以 $\dfrac{\partial g_N}{\partial \varphi} > 0$,说明北方创新企业的创新率 g_N 是 φ 的增函数。由于跨国公司引入新产品的速度 $\varphi = \dfrac{\dot{n}_M}{n_N}$ 上升,所以北方创新企业的创新率 g_N 上升。

因此,当 $h_S > \hat{h}_S$ 时,即南方技能劳动力较多时,知识产权霸权主义带来的影响要视知识产权保护强度的大小而定。

第一,若知识产权霸权主义造成的保护强度过大,则会导致南方模仿率下降,且无自主创新;北方跨国公司引入新产品的速度下降,创新率下降。这对南北双方都不利。

第二,若知识产权保护的强度为最优水平 $\kappa \in (\underline{\kappa}, \bar{\kappa})$,则南方模仿率下降,自主创新率上升;北方跨国公司引入新产品的速度上升,创新率上升。这对南北双方都有利。

从模型的结论可知,从长期看,当发展中国家的技能劳动力稀缺时,在知识产权霸权主义下,发展中国家国内的模仿和自主创新的激励都会下降,导致其国际竞争力下降。当发展中国家的技能劳动力充裕时,知识产权霸权主义带来的影响要视知识产权保护强度的大小而定。若知识产权霸权主义造成的保护强度过大,发展中国家国内的模仿和自主创新的激励都会下降,其国际竞争力也会下降。若知识产权保护的强度为最优的知识产权保护水平,发展中国家国内的自主创新的激励会上升,其国际竞争力会上升。

四、政策建议

发达国家对发展中国家实行知识产权霸权主义未必能给其带来预期的好处。基于模型的分析,当发达国家对技能劳动力稀缺的发展中国家实行霸权主义,或对技能劳动力充裕的发展中国家实施保护过度的知识产权保护时,知识产权霸权主义在导致发展中国家模仿率下降且无自主创新的同时,也会导致发达国家创新率下降,从而对发达国家自身也不利。所以,发达国家不应该对发展中国家和落后国家强制推行高水平、高强度、高标准的知识产权保护政策,而应该以因地制宜、因时制宜的动态观点来引导发展中国家设定适用于他们的知识产权保护水平,以实现发展中国家自主创新率上升,同时发达国家创新率也上升的双赢局面。

以中国为代表的发展中国家也应适时调整与制定适合各国具体国情的知识产权战略以应对知识产权霸权主义。笔者建议如下:

1. 团结合作,努力建立符合发展中国家利益的国际知识产权保护体系

在形势不利于自身的情况下,发展中国家必须进一步协调立场,用同一个声音说话,将发展议题真正纳入国际知识产权保护制度中。正是由于经济实力的不对等造成了发展中国家在与发达国家的谈判中居于弱势。因此,发展中国家应联合起来,同发达国家相抗衡。在谈判前对谈判议题进行充分的研究,明确议题对自身的利弊后再作出反应,避免在谈判中陷于被动。发展中国家如果想从国际知识产权制度中受益,那么该制度就必须能够促进发展中国家的技术革新乃至经济增长。在接下来的国际知识产权制度谈判中,发展中国家必须将发展作为根本诉求。

就我国而言,应该在国际知识产权斗争中,代表发展中国家积极主动参与国际知识产权规则的制定、修改以及完善,确保中国在国际知识产权保护领域的话语权,打破发达国家对全球知识产权领域的垄断,积极推进国际知识产权保护体系的重构。尽管目前我国知识产权保护水平已与发达国家看齐,但需要

注意的是,我国不能为了与所谓的世界先进标准接轨,达到所谓的国际先进水平,就给予外国知识产权权利人过度保护而置国家和民族利益于不顾。总之,一方面我们要看到高标准的知识产权保护能够给我国经济发展和科技进步带来一定利益,但另一方面也应看到由于高标准的知识产权保护以及知识产权垄断地位的滥用给我国带来的经济损失。

2. 应该建立发展中国家适宜的知识产权保护制度

发展中国家在制定和完善知识产权保护制度、加强知识产权保护的过程中,不仅要注意知识产权保护的有效性和充分性,还应注意知识产权保护的合理性和适度性。知识产权保护标准并非越先进越好,切不可脱离本国实际,应该通过学习发达国家的经验教训来改进自己的知识产权制度,使之适应本国具体的法律制度和经济形势。

发展中国家应以因地制宜、因时制宜的动态观点来设定本国适宜的知识产权保护水平。对于技能劳动力较稀缺的发展中国家,由于还没有形成自主技术创新能力,很大程度上需要利用和模仿外国技术,此时较为宽松的知识产权保护体系有利于技术的扩散和吸收,有利于其国内经济的发展和国际竞争力的提升。对于技能劳动力较充裕的发展中国家,应相应提高知识产权保护水平,利用本国最优的知识产权保护水平,激励本国自主创新,提升本国竞争力。且随着各发展中国家经济技术水平的提高,国内技术市场进一步发展完善,知识产权保护水平应逐步提高以促进高新技术的流入和本国技术创新的发展。

3. 提高技术创新能力,发展自主知识产权

在当前的国际竞争中,自主知识产权的竞争成为企业乃至国家竞争的焦点,世界著名的企业大多都拥有自主知识产权的核心技术,而发展中国家的企业往往对培育和发展具有自主知识产权的核心技术不够重视,许多企业在技术上一直依赖引进,结果陷入"引进——落后——再引进——再落后"的恶性循环。在知识产权时代,后发企业要真正崛起,必须掌握知识产权,否则难以摆脱知识产权所有者的控制。发展中国家要形成自主知识产权,应当注意下列几个方面的问题:

(1) 发挥服务型政府的作用,加大对创新的补贴和支持力度。对于我国而言,在经济增速放缓、新旧增长动能转换艰难背景下,创新创业被视为抵御下行压力,实现经济长期健康发展的关键。十八届五中全会已将"创新"置于未来五年需要树立并贯彻的五大发展理念之首,并明确要求"必须把创新摆在国家发展全局的核心位置",并相应推出减税、设立创投基金、取消和下放行政审批事

项等一系列措施。

基于上述模型的分析,我国属于技能劳动力充裕的发展中国家,若知识产权保护的强度为最优的知识产权保护水平,则我国的自主创新率将上升。所以,对于我国而言,要切实推动创新,最根本的是要设定最优的知识产权保护水平,加大财政、金融等政策支持力度,推动专利、商标、版权等基础信息免费或低成本开放;强化电商、大数据等新领域、新业态知识产权保护等。

(2) 提升核心关键技术创新能力。目前,我国在网络技术、移动芯片、智能终端、大数据、卫星导航等领域实现重大突破,涌现了一批具有国际竞争力的网信企业,初步形成了先进自主的信息技术产业体系。围绕落实创新驱动战略,打破信息领域重大关键核心技术受制于人的局面,必须把自主创新摆在更加突出的地位,在机器人、下一代互联网等战略必争领域超前布局,在集成电路、基础软件、核心元器件等关键领域实现根本突破,与世界各国加强技术合作、分享科技成果,共同造福世界各国人民。

(3) 推动网络经济创新发展,加强互联网领域知识产权保护力度。目前,我国有网民6.7亿人,数量全球第一;有413万多家网站,域名总数超过2230万个,在全球国家顶级域名中排名第二;有互联网上市公司300余家,全球互联网公司10强中,中国占有4席。2014年,中国网络零售交易额约2.8万亿元,居全球首位,互联网经济在国内生产总值(GDP)中占比达7%,互联网经济正成为带动中国经济增长的新动力。所以,我们应着眼于引领经济发展新常态,全面推进"互联网+"行动计划,推动电子商务的创新发展,支持跨境电子商务的快速规范发展,发展分享经济,扩大线上线下互动的信息消费,鼓励支持产业组织、商业模式、供应链、物流链等基于互联网的各类创新,同时加快推进国家信息经济示范区建设,不断拓展网络经济发展空间。

在互联网经济繁荣的同时,"互联网+"也为知识产权保护带来了新的挑战。2015年5月,在国务院印发的《关于大力发展电子商务加快培育经济新动力的意见》中,特别强调要加强电子商务领域知识产权保护,研究进一步加大网络商业方法领域发明专利保护力度。同年7月,在国务院《关于积极推进"互联网+"行动的指导意见》中指出,要加强网络知识产权和专利执法维权工作,严厉打击各种网络侵权假冒行为,加强全社会对网络知识产权的保护意识,推动建立"互联网+"知识产权保护联盟。只有按照党中央、国务院部署,不断加强互联网领域知识产权保护力度,才能促进互联网经济的健康、创新发展。

4. 完善反垄断法规，约束知识产权滥用行为

发展中国家在使知识产权本身得到充分有效保护的同时，还必须采取包括反垄断法在内的法律措施对知识产权滥用的行为进行必要的规制。近年来，发展中国家在知识产权保护方面取得巨大成就的同时，也面临着知识产权滥用的问题，但多数发展中国家目前尚无完整的基本的反垄断法，更没有专门的有关知识产权保护滥用的反垄断法。经济全球化趋势将使发展中国家面临更多的市场竞争，发展中国家的企业可能会对其国内市场上跨国公司和外国企业的垄断行为束手无策，而它们在国外市场的行为却处处受到严格的反垄断法的规制。因此，发展中国家应该充分利用《TRIPs协议》中禁止滥用知识产权的条款，如果知识产权导致的市场垄断不合理地限制了相关市场的竞争，就要用竞争政策进行干预。

2015年4月7日，我国颁布了第一部专门针对知识产权滥用方面的反垄断规则，即《关于禁止滥用知识产权排除、限制竞争行为的规定》，并于当年8月1日起实施。该规定在我国处理知识产权滥用的反垄断案件中起到了直接的指导作用，相信在我国执法实践的基础上，能在更高的立法层面对滥用知识产权引起的垄断行为进行规制，且能为广大发展中国家制定和完善反垄断法规，约束知识产权滥用行为提供经验借鉴。

（罗子嫄）

【案例讨论】

1. 总结笔者实证分析得出的结论，并谈谈你对该结论的看法。

2. 你是否同意笔者的观点：对于发展中国家而言，过于严格的知识产权保护制度不利于发展，换言之，发展中国家应重视知识产权保护，但条款不能太严格。

3. 发展中国家应如何加强知识产权保护并提高在国际知识产权保护领域的话语权？

【参考文献】

1. Grossman and Helpman, 1991, Innovation and Growth in the Global Economy, Cambridge MA. MIT Press.

2. Branstetter, L. R. Fisman & F. Foley, 2006, Does Stronger Intellectual Property Rights Increase International Technology Transfer? Empirical

Evidence from U. S. Firm-Level Data, Quarterly Journal of Economics, 321—349.

3. Branstetter, L. & K. Saggi, 2011, Intellectual Property Rights, Foreign Direct Investment and Industrial Development, Economic Journal, June 2. online.

4. Bronckers, M., 1994, The Impact of TRIPS: Intellectual Property Protection in Developing Countries, Common Market Law Review, Vol. 31, 1245—1281.

5. Chu, A., G. Cozzi & S. Galli, 2011, Innovating like China: A Theory of State-dependent Intellectual Property Rights, MPRA Paper No. 34625.

6. Deardorff, A., 1992, Welfare Effects of Global Patent Protection, Economica, New Series, Vol. 59, No. 233. (Feb.), 35—51.

7. Diwan, I. & D. Rodrik, 1991, Patents, Appropriate Technology, and North-South Trade, Journal of International Economics, February, 30: 27—46.

8. Lai, E., 1998, International Intellectual Property Rights Protection and the Rate of Product Innovation, Journal of Development Economics, 55: 133—153.

9. 孔庆江、俞毅、胡峰:《知识产权霸权主义与发展中国家知识产权保护的本土化策略》,载《甘肃政法学院学报》2009年第1期。

10. 熊杰:《知识产权保护的国际政治经济学:一项调研评估》,载《世界经济与政治》2013年第2期。

11. 〔美〕罗伯特·吉尔平:《全球政治经济学:解读国际经济秩序》,杨宇光、杨炯译,上海人民出版社2003年版。

12. 《全面推进互联网与经济社会融合创新发展》,http://www.wic-wuzhen.cn/xwzx/pl/,2017年9月15日访问。

13. 《2015互联网大会开幕 探讨创新创业大潮中该如何保护知识产权》,http://gb.cri.cn/42071/2015/07/22/5311s5040292.htm,2017年9月15访问。

二、品牌建设与专利实施

【案例2-9】 红星二锅头

1996年4月底,北京市场上突然出现了一批改头换面的二锅头酒,这批酒的商标上赫然印着"红星"两字,这让二锅头的老主顾们不禁一愣:这酒是不是仿冒的?它与红星二锅头有什么联系?由此派生一连串的悬念。

一周以后,人们从报纸广告中获悉,北京红星酿酒集团生产的二锅头酒改换商标。在二锅头前加注"红星"两字。

为什么几代人创下的著名商标一夜之间改变了模样?据红星集团酒业公司经理张金刚称,此举出于无奈,由于二锅头不能注册商标,不受商标法保护,因此谁都能够使用。而近年来,全国蓬蓬勃勃涌现20多家二锅头酒厂,致使正宗鼻祖的红星牌二锅头受到严重威胁。尽管红星二锅头如今大受欢迎,然而,在许多消费者心目中,只知二锅头好喝不上头,而不管是否为红星牌。

红星二锅头何以混迹俗流,此中有一个源远流长的过程。红星酿酒集团的前身是北京酿酒总厂,它诞生于中华人民共和国成立的前夜。因为红星是红色政权的象征,所以其品牌标志选择了"红星"。二锅头酒是我国酿酒史上第一个以酿酒工艺命名的白酒,因其生产的酒在蒸酒时掐头去尾留中段,俗称二锅头,所以此酒因酿酒工艺得名。

1983年以前,红星牌二锅头是全部商标注册,不仅红星牌,包括二锅头均为独家使用,甚至商标上的红、白、蓝三种颜色也受法律保护。但此后国家商标局规定,除国家一类名酒中的"五粮液"可以用工艺命名而注册商标,红星二锅头则不能全标注册,只有红星牌受到保护。可惜,在"二锅头"可以通用后,"红星人"并没有抓住时机突出红星的品牌,而是采取了另外一种战略,集中力量抓产品质量和市场覆盖率,他们认定"酒香不怕巷子深"的古老哲理。

红星二锅头一直是价廉利薄的产品,而且是中国统计物价指数的指定商品之一,价格受到严格管制。从 20 世纪 60 年代到 80 年代,20 多年里价格只上涨了 0.2 元。因此到 80 年代中期,酒厂几近亏损。即使在濒临亏损的艰难岁月,红星人也没有想用偷工减料渡过难关,而是一贯以品质扎根于百姓心中。在赢得"便宜有好货"声誉的同时,红星集团以每年 18% 的年递增速度,迅速扩大生产规模,到 1995 年,销量达 6 万吨。在国家统计局白酒市场占有率的调查中,红星二锅头名列前茅。同时,在北京市场的覆盖率已达七成。

追求价廉物美和市场覆盖率,为红星二锅头的品牌打下了坚实的基础。但有谁能知,红星酿酒集团所做的第一个广告竟是在 1993 年。由此上溯,从 1949 年正式创牌算起,44 年间红星二锅头没有花过一笔广告费。不仅如此,在产品出口时所用的品牌也不是红星牌,而是外贸公司的丰收牌、鹿头牌。忽视红星品牌的宣传留下了一系列后患,正如现任集团总经理张庆水所说:"纵观几十年,红星二锅头不是靠广告打出的知名度,而是老百姓用舌头品出来的,又经老百姓的嘴传出去的。但在开创了一个市场后,未注意突出本厂品牌,客观上造成了二锅头比红星牌的名气还要大。尤其是冒出众多的二锅头酒厂以后,鱼龙混杂,红星二锅头险被淹没。"

据了解,在"文革"后期,当时的红星酿酒总厂派生出若干个子系统。后来,这些二锅头厂各自独立,成为今天的竞争对手。从 80 年代中期开始,全国各地又涌出一批旁门左道的二锅头酒厂,使二锅头家族空前兴旺,仅北京地区就有 17 个生产厂家。

时至 80 年代末,在外地人或外国人的眼里,登长城、吃烤鸭、喝二锅头酒是北京文化的三大特征。正因如此,不仅有血缘关系的几个酒厂之间的竞争加剧,那些非亲非故的二锅头也直逼红星集团。更要命的是,由于红星二锅头不能全部注册,所以大家的商标基本相似,甚至有的厂家品牌上动脑筋,取名"江星"以乱"红星"。

在逼人的形势下,为了正本清源,红星集团从 90 年代初开始调整品牌战略,核心是将产品、企业、商标三位一体化。到 1995 年,这一战略已完成四个步骤:1991 年将北京酿酒总厂更名为红星酿酒集团;在每个地区确立一二个定点经销商,以集中统销解决多头对外,确保红星二锅头的销售渠道;1994 年推出 38 度新品种时取名"红星御酒",使之成为第一种的主打品牌酒;1995 年为宣传红星品牌投入广告费人民币 800 万元。

在1997年的春季糖酒交易会上,红星集团耗资50万元租用的55平方米展台上面布满闪闪的红星。更绝的是,在整个交易会上不订货。张金刚说,我们就是制造一个悬念,以突出红星这个品牌。紧接着,在1996年4月,红星集团又冒着巨大的市场风险,将商标更新,使"红星"两字尤为醒目。据悉,因改换商标所花的广告费已逾百万。

红星集团不惜财力主打红星品牌,既是为昨天付出的必要代价,也是为了明天一个更长远的目标:让"红星"照耀"二锅头"。

(申 蕾)

【案例讨论】

1. 北京红星酿酒集团为什么要采取改换商标的措施?
2. 该公司在战略方式上先后发生了什么变化?原因何在?
3. 你认为企业在实施名牌战略时应当注意哪些问题?

【案例 2-10】 万羊奔腾 活力源源

——恒源祥的品牌经营策略

恒源祥创建于 1927 年的上海,是我国民族工业最早的先驱者之一,曾代表着时尚、质量和品位。20 世纪 50 年代后,由于受计划经济以及行业不景气等诸多因素的影响,恒源祥开始无声无息,在上海南京东路一个 100 多平方米的店铺里沉默了 30 多年。

1987 年初,时年 29 岁的刘瑞旗走马上任恒源祥绒线公司总经理,他决心要使恒源祥重整旗鼓,再现它往日的辉煌,由此拉开了恒源祥品牌战略和品牌规模化经营的序幕。

一、品牌识别

老字号要在新时代里焕发出新活力,首先要有新面貌。恒源祥所做的,是为"恒源祥"这三个新魏碑体字添加一个小囡的形象和文字图标。据恒源祥公司有关人士介绍,选用小囡形象有以下几点用意:首先,因为它是一个可爱的感性形象,不仅惹人注意,还惹人喜爱,切合产品消费对象的心理,既是形象宣传,又起到了促销的作用;其次,选用卡通漫画形象作为品牌的组成部分是独特的,且易于识别与记忆;最后,"小囡"形象和"恒源祥"的组合传达了重要的几层信息,该企业既是中国民族工业最早的开拓者之一,又是当代年轻的弄潮儿,老企业永葆青春,永远是中华悠久而年轻的企业。

应该承认,恒源祥的品牌命名和使用策略相当成功。"小囡"本身具有很强的广告性,其胖乎乎的形象引发了对毛线是柔软的、温暖的联想;同时,它与毛线的首要目标市场具有相关性。

之后,恒源祥又策划了一个广为流传的故事:说这个家喻户晓的商标形象,是根据恒源祥新时期年轻的创业者小时候的照片画下来的,制造了口碑传播的效应。

二、知名度广告

1994年,恒源祥在中央电视台一套新闻联播后黄金时段做5秒标版广告。其三遍连播的新形式开创了我国电视广告的先河,曾一度引来许多企业竞相仿效。恒源祥的这种做法,被广告界称为"恒源祥现象"。恒源祥的5秒广告,由极其简单的三部分构成:先是慢慢而清晰地叙述品牌"恒源祥",之后介绍它所属的产品类别"绒绒羊毛衫",最后一小囡用稚嫩的童声叫了一声"羊,羊,羊"。短短5秒钟,不可能有动人的情节、感人的画面。然而其成功在于,它抓住知名度广告的基本要素:品牌名、产品类别、关键的联想。广告目标十分明确,以高频次迅速提高知名度。清脆的童声,能提高关注度,而且一直深得观众和消费者们的喜爱。一位电视观众因为恒源祥的广告停播了一段时间而写信给公司总经理,询问为何停播,因为他的孩子看不到可爱的恒源祥广告,听不到"羊,羊,羊",就无法入睡。

三、企业形象宣传

当恒源祥的品牌经营首战告捷,企业收益颇丰时,沟通目标变成"巩固顾客关系,提升企业形象"。1996年春节期间推出新版电视广告,让澳洲的群羊讲述中国的故事,展示恒源祥的骄傲、中国民族工业的骄傲。为了拍摄这个电视广告,恒源祥挥斥巨资在澳洲美丽的大草原上用14000头美利奴羊奔跑聚成"恒源祥"三个大字。那真是烙在世界大地上的三个大字,气势磅礴,创意单纯而震撼。观众看到那万羊奔腾的广告,不禁心潮澎湃。之所以选定14000只而不是更多或者更少,是考虑到14000只羊身上剪下来的羊毛正好是恒源祥公司每天生产所需耗用的羊毛量。恒源祥的年用毛量已经占世界年总用毛量的1%。该广告显示了恒源祥公司在毛线行业中作为"龙头老大"所具有的气魄和实力。

同时,"恒源祥"注重对少年儿童事业的投入,主要基于两点因素考虑:一是传播企业形象和文化,因为"小囡"是恒源祥的核心要素;二是加强对目标市场的针对性沟通。当然,也希望借此继续提升恒源祥的社会影响度,因为手编毛线市场自身正处于无情的萎缩之中。

应当说,恒源祥对儿童市场的沟通投入,不是逢场作戏,而是当作企业的一项战略来实施。从20世纪80年代起,恒源祥就陆续组建了以"好小囡"命名的一流少儿团队。1997年,中国少儿京剧团在荷兰阿姆斯特丹参加由联合国教科文组织所属国际音乐协会主办的第22届国际音乐教育年会演出,在荷兰国际教育交流中心艺术剧场的舞台上,身穿京剧民族服饰的"好小囡",以优美的身段、神奇的唱腔、精湛的表演、可爱的脸谱和过硬的工夫,让来自世界各国的代表们无比陶醉。演出结束后,他们纷纷围住中国的"好小囡",要求与"好小囡"一起留影。

在幼儿园,恒源祥以一曲"好小囡"之歌扬名上海滩。恒源祥还建立以培训少年儿童工艺美术创造力为宗旨的"恒源祥万能双手俱乐部",他们代表中国亿万少年儿童,向国际奥委会主席萨马兰奇赠送他们自己创作的精美的大型的篆刻作品"百人·百顷·百印·庆百年"。同时,俱乐部还培育少儿插花能手,她们的插花艺术获得了海内外参观者的一致好评。

1996年,恒源祥举办了"'小囡'杯母与子手编毛衣大赛",这吸引了众多的大小参赛者。一针一线编织而成的手编毛衣,在抵御寒风的同时,传递着亲情和友情。继手编毛衣大赛后,恒源祥又踏上了"1996上海国际服装文化节"的国际舞台,举办了恒源祥绒线时装发布会,引起了同行业和其他行业人士的极大兴趣。以手编毛衣为主题的时装发布会在我国现代服装发展史上还是第一次。颜色各异、款式现代的各式毛衣向消费者展示了一阵阵势不可挡的恒源祥品牌风采。

1997年5月31日,在北京举行了上海恒源祥绒线公司独家赞助的"恒源祥杯"天安门广场千名儿童会操。来自全国各地的约2000名5—6岁的小朋友参加了此次活动。此次活动是由中国关心下一代工作委员会等单位联合主办的,时任国务委员兼国家计划生育委员会主任的彭珮云等中央领导也出席了此次活动。

编织是一门古老的民间工艺,恒源祥的不懈努力使这门源远流长的民间工艺在现代都市中保持着属于它的那份底蕴。在恒源祥的资助下,上海杏山路幼儿园和止园路第二小学里开设了绒线编结班。黄浦区老年干部大学绒线编结班的学员,每星期从城市的四面八方赶来相聚于此,学习这门古老的、能使他们健脑的民间艺术。

通过开展诸如上述公关活动,恒源祥品牌逐渐在广大小朋友以及家长们心中产生了潜移默化的影响,赢得了他们的喜爱。

四、品牌规模化经营

品牌规模化经营是企业战略联盟的思想,其基本思路是以品牌这种无形资产为纽带,有效调动社会上的有效资产,通过联合经营的方式,使资源配置和产业结构得到最大程度的优化,从而加快资本积聚,形成规模经济,提高企业的国际竞争力,为企业跨国经营创造综合优势条件。品牌规模化经营也是全球经济一体化的要求。

恒源祥致力于商标的注册、保护和品牌的塑造,因此企业知名度和品牌知名度不断提高。为了适应市场需要,"恒源祥"开始打破绒线一业为主的界限,生产的产品延伸到床上用品、羊毛衫、羊毛袜业、羊毛制品专用洗涤剂以及其他制造业。从1991年以来,恒源祥没有通过投资、控股、兼并的方式,而是以品牌这一无形资产为纽带,调动社会有形资产,在各企业自愿的基础上,组建跨地区的强大联合体。在"恒源祥"这面品牌旗帜下,来自上海、江苏、浙江的20多家企业,加盟恒源祥公司。32家企业参加的恒源祥"战略联盟",资产规模达到10亿元以上,员工人数近8000名。

经过十几年的苦心经营,恒源祥战果累累:1995年,其手编羊毛绒线在全国市场的占有率已高达23%;1996年,恒源祥"战略联盟体"的销售收入为9亿元,其年用毛量占世界总用毛量的1%,纯羊毛线产销量都居世界第一。

现在的恒源祥活力源源,正以"万羊奔腾"之势,向国际市场迈进。"把全部精力和企业的一切力量投入到品牌的培育和发展中去,以品牌带动企业的发展",恒源祥在这一总的战略思想指导下,走出了一条清晰的品牌经营之路。

(项燕霞)

【案例讨论】

1. 恒源祥再创辉煌的机会来自何处?
2. 品牌塑造在企业发展中具有什么意义?
3. 根据该案例,谈谈在跨国公司的冲击下发展中国家的民族企业应该如何发展?

【参考文献】

1. 何佳讯:《现代广告案例——理论与评析》,复旦大学出版社1998年版。

【案例 2-11】 中国高校专利实施率较低的原因分析及几点建议

毫无疑问,改革开放三十多年来,我国的科技力量正在快速提升,这既来自国家知识产权保护体制的建立和不断完善,企业与公民知识产权保护意识的不断提高,也来自从中央到地方科研投入的日益增大。

根据国家知识产权局的统计年报,2015 年,我国国内外专利受理量达 279.85 万件,授权量 171.8192 万件,授权量同比增加 32%;其中发明专利受理量 110.1864 万件,授权量 35.9316 万件,授权量同比增加 54%。值得注意的是,国内高校和科研单位发明创造专利申请授权量的迅速增加。从图 2-11-1 可以看出,2014 年该申请授权量占比已经从 2001 年的 10.3% 增加到 13.2%,尤其是高校申请授权量增加速度惊人:2006 年突破 1 万件,2010 年突破 4 万

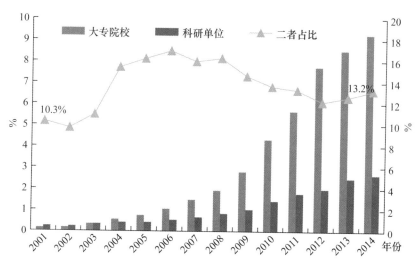

图 2-11-1 2001—2014 年国内大专院校和科研单位职务发明创造专利申请授权量
资料来源:中华人民共和国国家知识产权局:《国家知识产权局统计年报》(2001—2014 年),http://www.sipo.gov.cn/tjxx/。

件,2014年则突破9万件。

从授权的情况看,2015年,国内发明专利授权26.3436万件,同比增长61.9%。2015年12月,中国国内外有效发明专利147.2374万件,其中有关职务发明,高校拥有的有效量为17.7279万件,科研机构为7.34万件,两者合计约25.1件,占比17.03%。(见图2-11-2)

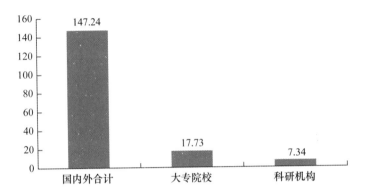

图2-11-2　2015年12月高等院校和科研机构国内外有效发明专利数量(单位:万件)
数据来源:国家知识产权局,国家知识产权局专利业务工作及综合管理统计月报,2015年12月,第16页。

根据我国《专利法》,发明专利有效期为从申请日开始的20年,实用新型专利和外观设计专利10年。这意味着专利是有年限的,对于高校、科研院所而言,研发者一旦获得专利授权,就应尽早地实施,使其产生价值。

根据国家知识产权局《2015年中国专利调查数据报告》显示,高校开展专利研发需要2年以上周期的占52.9%,3年及以上的占5.4%;科研单位则更多,2年以上的占59.1%,3年以上的要占27.8%。此外,在研发经费投入上,75.5%的高校项目经费在100万元及以下,6.3%的高校项目超过100万元;但科研单位100万元及以下的占60.6%,100万元以上的占28.4%。投入如此巨大,更是应该要求有好的回报,即产生经济效益。

然而,目前的现实却是,高校、科研单位研发的"投入—产出"率不高,表现为有效专利实施率较低。根据《2015年中国专利调查数据报告》,在对8831个高校、科研单位、企业、个人抽样调查显示:2014年,我国有效专利实施率为57.9%,其中高校的专利实施率只有9.9%;科研单位实施率41.6%,其中有效发明专利实施率只有28.2%;企业专利实施率达到68.6%,明显高于高校和科研单位。(见表2-11-1)

表 2-11-1　2014 年高等院校、科研单位、企业、个人专利实施率

有效专利类型	高校	科研单位	企业	个人	总体
有效发明专利	13.5%	28.2%	67.5%	40.0%	50.9%
有效实用新型	9.3%	43.3%	68.2%	36.5%	59.0%
有效外观设计	9.0%	46.7%	70.3%	47.4%	60.1%
总计	9.9%	41.6%	68.6%	40.0%	57.9%

数据来源：国家知识产业局规划发展司、国家知识产权局知识产权发展研究中心：《2015 年中国专利调查数据报告》，2016 年 6 月，第 9 页。

笔者认为，高校专利实施率低的原因如下：

（1）科研考评制度存在弊端。许多高校都建立鼓励教师申请国家级、省部级项目的激励机制，不少学校还出台了配套经费的奖励办法，然而在项目完成程序上只考察是否通过最终评审，不考察项目是否产生实际效果，虽然结项书中有这一栏，但可以通过论文发表、论文获奖、获得专利等来替代。由于科研考评不追踪最后成果的实施情况，所以教师完成项目或获得科研分后，就将研究报告或专利束之高阁了。笔者曾指导过一名国际商务专业的硕士生，他在研究生二年级时去公司实习，与他人合作获得两个实用新型专利，她兴高采烈地拿着证书复印件来笔者这里签字，申请奖学金。笔者很高兴，询问她将如何去实施这项专利，她似乎想都没想过这个问题，只是为了要科研分。显然，考评制度的缺陷是一些专利闲置的原因之一。

（2）缺乏技术交易信息或缺乏提供技术交易信息的中介机构。现在，不少教师或研究者埋头做学问，缺乏科研转化的相关信息。目前，80％的高校设立了知识产权管理机构，但调研显示，70.5％的管理机构是兼职管理机构，显然知识产权的管理与实施并不被视为高校管理工作的重点，这是因为在现有各类评估高校或学科排名指标中，省部级及以上项目的获得、国外刊物发表量、博士学位点的拥有量是主要的评价指标，中介机构的评价指标直接影响着高校校长和院长们的发展目标和规划。

（3）研发者想利用自己的专利创业但缺乏后续资金支持。笔者认识一位"海归"，他在国外获得一项药物方面的专利，回国希望应用到老年病医治上，但苦于资金缺乏。他的父亲找到笔者，笔者建议其去找所在区侨联谈谈，看看能否找到合作商。笔者也帮助他联系到一家企业，结果对方一听说启动资金需要几千万就退缩了，因为没有一个企业会把巨额资金投入到不知实际效果如何的项目上。后来，他去了一所高校，学校给了他一个头衔，但资金仍得自己想办法

解决,结果什么事也做不成,不得不再次出国,寻找国外企业投资。

笔者建议可以采取以下措施解决上述问题:

(1) 建立鼓励专利转化的科研考评体制。将事先获得项目的资金配套奖励放到成果转化时;将成果转化率纳入科研评估中,作为衡量成果等级的参考因子。由此,通过科研导向来提高高校专利实施率。

(2) 将专利实施率作为评价高校或学科的一项指标。如果无法摆脱各类中介机构对高校排名的评价影响,那么教育部或下属的评估院就应建立一套权威的评价指标,该指标应考虑到不同类别学校的专业特点,将科研成果(包括专利等)实施率(文科可以是采纳率)加入评价指标体系中,由此影响民间各类中介机构对高校发展方向的误导。

(3) 利用网络技术建立专利交易信息平台。专利较多的理工科院校,应该建立专门的知识产权机构管理这些专利,并提供有关知识产权交易市场的相关信息。科研者和成果实施者之间需要建立一个专职的中介机构,搭建交易平台,该中介机构可以从学校内产生,也可以从社会团体、机构中产生。

(4) 建立大学生创业基地、创智园区或孵化公司。鼓励大学生在基地内进行创业,选择校内具有前景的专利进行产业化推广,这样既培养和锻炼了学生,也促进了学校专利产业化的推广。

(林 珏)

(本文发表在《中国国情国力》2017 年第 7 期)

【案例讨论】

1. 我国高校专利实施率较低的原因是什么?
2. 如何改变专利实施率较低的问题?
3. 目前这一情况出现了哪些改变?还需要从哪些方面做工作?

【案例 2-12】 上海贝尔阿尔卡特的发展历程

20 世纪 80 年代初,我国邮电部内有一个小团队叫 S1240 工程局。谁也不曾想到,这个小小的工程局今天会发展成一个有 5000 名员工,年产值 100 多亿元人民币的大型企业——上海贝尔阿尔卡特股份有限公司(Alcatel Shanghai Bell Co,Ltd,以下简称为"ASB 公司")。

ASB 公司于 2002 年 5 月 8 日正式成立,是一家外商投资股份制企业,其中法国阿尔卡特持有 51% 股份,中方股东持有 49% 股份。ASB 公司的前身是上海贝尔有限公司,它成立于 1984 年 3 月,是国内第一家合资的通信企业,由当时的中国邮电工业总公司和法国阿尔卡特以及比利时国王发展基金会共同投资组成。公司注册资本 2280 万美元,其中中方占 60%,贝尔占 32%,比利时国王发展基金会占 8%。当时引进的是代表世界先进水平的技术——全数字交换系统和年产 30 万门电话的生产线,S1240 技术转让由比方负责获得美国商业部的许可;同时引进大规模集成技术,技术转让由比方获得"巴黎统筹委员会"的许可;产品返销(年产量的 30%)补偿外汇平衡,由比方负责。上海贝尔曾经是中国通信业的一颗明珠,连续六年获得全国十佳企业称号。改革开放初期,上海贝尔带动了中国的通信产业,并由此诞生了"巨"(巨龙)、"大"(大唐)、"中"(中兴)、"华"(华为)四家通信企业。

1989 年是上海贝尔发展历史上不可忘记的一年,国外企业纷纷撤离中国大陆市场,尤其是高新技术产业。随着国外竞争对手的退出,上海贝尔的 S1240 交换机需求暴涨。可以说,1989 年是上海贝尔事业腾飞的一年,同时也是中国通信业腾飞的一年。

经过十几年的发展,上海贝尔依靠国际化的管理理念、先进的程控技术以及遍及全国的营销网络,依托国内通信十多年的高速发展,锐意进取、顽强拼搏、厚积薄发,成长为年销售额超过 10 亿美元的大型通信企业。同时与阿尔卡特合资成立了上海贝尔阿尔卡特移动通信公司和业务通信公司,主营 GSM 移动通信和企业通信产品,与韩国三星公司合资成立上海贝尔三星移动通信公司主营 CDMA 移动通信产品。截止到合并前,公司注册资本由成立之初的 2280 万美元增长到 6 亿美元,员工 5000 人。公司累计实现销售超过 700 亿元,向国家上缴税收超过 50 亿元,实现利润近百亿元。累计生产 S12 程控交换机约 9000 万线,网上运行局数达 5500 多局;累计签订出口合同数十亿美元,产品遍及 30 多个国家和地区;建成年产 2100 万线的浦东生产基地以及覆盖全国的营销服务网络,并设立 8 个海外办事机构;拥有 1600 名研发工程师的研发队伍,这占公司总员工的 1/3。

随着 2001 年我国加入世界贸易组织,通信业巨子阿尔卡特意识到我国通信市场的高速发展和巨大的需求以及世界其他地区的低迷,从而将我国市场作为公司发展的重中之重。经过反复研究,阿尔卡特选择了上海贝尔以及它的两个销售平台和生产平台。它先是收购上海贝尔公司中比利时政府所占的股份,然后再购入中方的部分股份,使股份达到 50%+1 股,然后在此基础上合并原上海贝尔阿尔卡特移动通信有限公司和阿尔卡特(中国)有限公司,将在华主要业务全部并入 ASB 公司,使其成为法国阿尔卡特在中国的窗口企业。在我国,这是第一家中外合资且由外商控股的通信企业,在我国 WTO 进程上写下了意义深远的一笔。

作为中国最重要的通信设备和全面通信解决方案供应商之一,ASB 公司业务覆盖固定语音网络、移动通信网络、数据通信网络、智能光交换网络、多媒体终端和网络应用等。同时,公司营销网络遍及海内外,在全国各省都建有分公司或办事处,还在东南亚、南亚、欧洲、南美、北非、南非等海外地区建有六个办事处。客户遍及电信、广电、电力、石化、轨道交通、银行等各个行业,尤其在电信领域,客户更是涵盖了当时所有运营商:中国电信、中国移动、中国网通、中国联通、中国铁通、中国卫通等。

在研发方面,ASB 公司已成为阿尔卡特全球三大研发支柱之一,在我国相继建立了注重前瞻技术的研究与创新中心、光通信研发中心、光传输网络集成中心(NIC)以及 3G 网络应用中心等多个研发机构。共享阿尔卡特全球研发资源大大缩短了产品到市场的时间,与此同时,ASB 公司已成为阿尔卡特全球技术研创的参与者。在某些领域,ASB 公司已成为阿尔卡特全球研发项目的领导者,如它参与研发的管理项目 PDM Alcatel 在阿尔卡特全球得到推广;4G 项目获得多项专利;由它研发的 16 系列传输产品已经走向海外,并在新加坡等地部署;由它自主研发的基于 IP 平台的宽带接入产品也将问世。

在业务方面,ASB 公司良好的市场基础与阿尔卡特全系列产品的完美结合，进一步加强了公司在交换、宽带和移动等一些关键产品领域的市场领先地位：以1/3的市场份额占据全国骨干交换网络第一位；我国主要的DSL设备供应商，已向国内外累计提供DSL设备700多万线；CDMA、GSM覆盖全国二十多个省份并占据CDMA交换市场30%的份额。在3G、NGN等新业务领域，阿尔卡特的全球经验将帮助运营商实现快速部署，ASB公司为中国电信部署首个NGN商用网络等。在海外，ASB公司与阿尔卡特在全球130多个国家的业务和销售机构充分合作，足迹已经遍布亚洲、欧洲、非洲、北美等。公司的主要海外客户包括：法国电信、德国电信、新加坡电信、安哥拉电信、加纳电信、孟加拉电报电信公司、老挝电信等。

在生产物流方面，ASB公司不仅满足于我国市场的需要，更是阿尔卡特全球主要的生产基地。ASB生产的DSL设备、移动类产品已经远销欧洲、北美市场；2003年，ASB公司的海外出口业务是前一年的10倍。9.6万平方米的生产基地是阿尔卡特集团最大的生产基地，也是全球最大的电信设备制造基地之一。该基地拥有先进的生产工艺和技术，公司在多种产品上已实现完全本地化生产，包括程控交换系统、ADSL宽带接入、BTS、LMDS、Litespan、宽带交换系统P3S等。

通信领域始终以日新月异的速度不断发展，竞争日趋激烈，但是ASB公司凭着坚定的信念、领先的技术及一流的人力资源，始终在市场上保持领先地位。以客户为中心是公司发展战略的核心和成功的关键。通过遍布海内外的市场营销网络，与客户紧密合作、及时沟通并作出快速有效的反应，以满足客户多样化的需求。

（李庆利　杜宽澄）

【案例讨论】

1. 上海贝尔阿尔卡特从一个小团队发展成一个大型企业，它的"秘诀"是什么？

2. 上海贝尔阿尔卡特的成立对于中国企业"走出去"有什么重要意义？

3. 随着通信领域竞争加剧，上海贝尔阿尔卡特该如何保持自己的领先地位？

【案例 2-13】 伊利集团对销售监督人员的科学管理

内蒙古伊利实业集团股份有限公司（简称"伊利集团"）是内蒙古自治区资源优势转化为经济优势的龙头企业，下设液态奶、冷饮、奶粉、酸奶、原奶五大事业部，所属企业130多个，生产的品种上千种且得到国家绿色食品认证。

20世纪90年代，公司生产具有清真特色的"伊利"牌系列产品畅销全国各地，深受广大消费者的青睐。1995年至2000年连续六年，其雪糕、冰淇淋产销量居全国第一；2000年，液态奶生产能力上升到全国第一位，奶粉、奶茶粉被评为全国优质清真食品，产销量居全国前三位。公司所属的冷饮事业部、液态奶事业部、奶粉事业部、速冻食品厂和矿饮公司是全国食品行业首家通过ISO9002国际质量体系认证；伊利雪糕、冰淇淋、奶粉、奶茶粉、无菌奶等39类产品100多个品种通过国家绿色食品发展中心的绿色食品认证。伊利雪糕、冰淇淋在国家乳品检测中心市场抽检中，连续多年产品的合格率为100%。公司荣获中国质量管理协会授予的"全国用户满意企业"称号，被中国食品工业协会评为"质量效益型企业"。1999年12月，伊利商标被国家工商行政管理局认定为中国驰名商标。2000年9月，伊利集团又被国家质量技术监督局评为"全国质量管理先进企业"。

长期以来，伊利坚持质量和责任两个根本，追求产品创新，为了推进创新，伊利投资建成创新中心，吸纳国内外大量乳业研究人才，研制高品质和多元化产品，使其产品赢得消费者信赖。

自21世纪以来，随着国内经济的稳定发展和消费者消费欲望的不断增强，伊利集团进入快速发展的阶段。企业的快速发展需要对日常销售工作进行有效监督，因此销售监督人员的工作在日常销售管理中扮演着重要角色。同时，如何对销售监督人员的工作进行科学的管理也成为摆在企业经营者面前的一道难题。

由于在各个城市中，超市是伊利集团销售产品的主要网点，因此企业的传统管理方法是将城市中的超市划分为各个区域,销售主管部门再委派若干销售监督人员在工作时间内对各区域的超市进行巡视,向派驻到各个超市的销售人员就销售状况进行了解。巡视完毕后,由销售监督人员将其负责区域的销售状况向上级主管进行汇报。传统的管理方式在运行了一段时期后,企业销售主管发现该方式存在着较为明显的弊端:

第一,销售监督人员对各网点销售状况的巡视和汇报主要采用口头的形式,这在销售网点较少、产品种类较单一的情况下比较适用。随着销售网点、销售种类的不断增加,这种非标准化的工作方式造成销售监督人员工作的低效率,同时也不能全面、系统地反映企业真实的销售状况。

第二,销售网点的分散影响了销售监督人员的巡视效率。城市化的迅速发展,特别是在大中城市,交通日益发达,而销售监督人员的巡视方式仍处于一种较为原始的、无序的状态。这使得销售监督人员相当一部分工作时间耗费在销售网点之间的路程上,造成了监督费用上升,而且也不利于销售监督人员与本部之间的及时沟通。

第三,销售监督人员素质良莠不齐,再加上企业对其缺乏有效的直接监督,导致销售监督人员常常借巡视之机处理个人事务,事后对上级敷衍了事。而再配置人员对其监督又会导致工作的重复和费用的增加。

为了解决对销售监督人员工作的管理问题,伊利集团销售部门通过咨询管理专家,提出了以下处理方案:

第一,将销售监督人员在销售网点需要了解的内容予以标准化,以表格的形式发放给销售监督人员,由其在巡视期间填制完成,巡视结束后上交主管部门进行整理。表格中的问题、答案等内容尽可能客观化,不需要销售监督人员作出主观判断。

第二,由销售主管部门派专人对各个区域中网点之间的距离进行测试,并结合不同交通方式所耗时间提出各种巡视路线,结合实际工作找出最佳巡视路线,销售监督人员必须按规定路线巡视各个网点,同时根据路线的复杂程度决定销售监督人员的数量。

第三,为了有效监督销售监督人员的日常工作,主管部门根据巡视路线事先规定销售监督人员到达各个网点的合理的时间范围。在销售监督人员工作期间,主管部门采取随机抽查的方式在某个时间范围通过电话的方式向相应的网点机构了解销售监督人员是否按规定时间到达该网点。如果销售监督人员在规定的时间范围内不在相应网点,则视为无故脱离岗位,并对其进行相应处罚。

通过采取以上措施，伊利集团对销售监督人员工作的管理更具科学性，销售监督人员的工作效率与工作质量均得到较大程度的提高，相应的管理费用也得到有效的控制，以往存在的各种低效率现象大大减少。销售人员将伊利销售情况（包括销售量、不同消费群体对不同品牌偏好等信息）及时反馈到公司，为公司开发新产品、调整生产提供了信息依据，促使公司为消费者生产更多喜爱的品种。

追求产品质量与科学化管理为伊利带来了销售额的增加以及品牌知名度的提高。凯度消费者指数发布的《2016年全球品牌足迹报告》显示，2015年，88.5%的城市家庭平均购买伊利品牌7.8次，超过11亿人次购买该集团产品。2016年7月，荷兰合作银行发布的2016年度"全球乳业20强"中，伊利排名第8强。

2008年，伊利集团成为北京奥运会唯一一家乳制品赞助商，2010年又成为上海世博会唯一一家符合世博标准且提供乳制品的企业。2015年，伊利集团营业收入突破600亿元，在亚洲乳制品企业排名第一。截至2015年底，伊利集团持有中国境内注册商标3628个，专利1835项，境外注册商标642个，同时参与国家标准修订29项，地方标准6项，行业标准3项。

（戚海峰　林　珏）

【案例讨论】

1. 伊利集团为什么重视产品质量和销售管理工作？这对公司的发展产生什么影响？
2. 根据该案例，谈谈品牌在企业发展中起到的作用。
3. 根据该案例，谈谈管理创新对企业发展的重要意义。

【参考文献】

1. http://www.yili.com/cms/rest/reception/articles/list? category Id=1，2017年5月5日访问。
2. 《内蒙古伊利实业集团股份有限公司》，http://baike.so.com/doc/5379891-5616141.html，2017年5月5日访问。

【案例 2-14】 娃哈哈集团的发展与困惑

娃哈哈创建于 1987 年,最初只是一个仅有 3 名员工的校办企业,但到 2016 年已经发展成一个集产品研发、生产、销售为一体的大型食品饮料企业集团。娃哈哈集团在全国 29 个省、市、自治区建有 80 多个生产基地、180 多家子公司,员工人数达到 3 万名,总资产 400 亿元。世界一流的自动化生产线使其拥有年产饮料几百万吨,以及与之相配套的制罐、制瓶、制盖等生产能力,产品涉及含乳饮料、瓶装水、碳酸饮料、热灌装饮料、罐头食品、医药保健品六大类几十个品种。

一、娃哈哈的"小产品大市场"的战略定位

娃哈哈的快速发展,其开路先锋当属娃哈哈儿童营养液。1987 年,宗庆后出任娃哈哈总经理,他盯住营养液市场。这时,市场上已有 38 种营养液,各霸一方,纷争激烈,销售大战烽烟四起,后来者望而生畏。市场调查人员送给宗庆后的分析报告中,纷纷亮起"红灯":市场饱和,不宜再上,退出竞争。

宗庆后遇强不弱,在仔细分析营养液市场产品结构后,他另有见解:"这 38 种营养液都属老少皆宜的全能型产品,我们与其生产第 39 种这样的营养液,不如去生产一种儿童专用的营养液。这看上去是冒险,实际上险中有机遇,险中有效益。全国儿童和中小学生 3.5 亿人,1/10 就是 3000 万,我们是小产品打大市场。"

宗庆后组织专家、科技人员开发"娃哈哈儿童营养液",同时辅以新颖、扎实的营销术,产品一上市即呈异军突起之势。宗庆后开发产品险中出奇,以奇制胜,离不开他对市场科学、缜密的分析。这时正是我国计划生育政策实施早期,独生子女个个成了"小皇帝""小公主"。父母、长辈的溺爱使得小孩挑食,造成普遍的营养不良。娃哈哈儿童营养液以传统的天然食品为原料,通过调节人体机能,增强食欲,使儿童从丰富的食物中摄取各种营养,同时不含任何激素,无

任何副作用。因此产品投放市场,一炮走红。

娃哈哈儿童营养液迅速热销,供不应求,催货信函、电话接踵而至,不少商家索性直接开车来厂,携款提货。宗庆后清醒地意识到,危机就在后头,因为靠一种产品包打天下是计划经济时的商品短缺现象,如今市场经济竞争激烈,谁忽视创新,谁就将被无情地逐出市场。

阶梯式发展产品,形成产品链、产品梯队、产品群,始终保持娃哈哈在市场的领先优势,是宗庆后的产品开发思路。具体地说,就是以一、二、三、四、五系列,形成产品开发阵形。即当第一种产品开始旺销时,就要准备后面两种新产品,以此类推,滚动开发,组成阵容齐全的产品群。宗庆后将该思路付诸实践,在娃哈哈儿童营养液热销之时,娃哈哈果奶、娃哈哈营养八宝粥就相继跟上。短短几年,产品就横跨罐头、饮料、保健品、药品四大类,发展后劲实足。

二、娃哈哈与达能的合与分

1996年,娃哈哈与法国达能合资,希望"在外来资本的肥沃土壤上,长中国品牌的大树",宗庆后对此似乎信心十足。虽然合资经营很成功,但由于经营权始终掌握在中方管理层手中,这让法方很不高兴。于是法方一方面屡屡否决中方提出的新建合资公司弥补产能缺口的建议,另一方面又投巨资控股乐百氏等娃哈哈的主要竞争对手。为此,娃哈哈只能自己投资一批非合资企业为合资企业进行加工生产,以弥补合资公司产能的不足。2006年,随着达能投资控股的乐百氏连年亏损,而娃哈哈非合资公司不断壮大,达能将娃哈哈告到瑞典、美国、英属维尔京群岛以及中国等地法院,最终国内外裁决的结果都是娃哈哈胜诉。面对屡战屡败,达能被迫提出和解要求,2009年双方签署和解协议,达能以其原出资14亿元人民币的价格全面退出娃哈哈合资公司。截至2007年,达能从与娃哈哈合资企业累计分得利润35.54亿元人民币,实际上早就已经收回其全部投资。这场"达娃之争"拓展了娃哈哈视野,增强了维护民族品牌的意识。

三、娃哈哈的多元化战略选择

2002年5月21日,一向以生产儿童饮料著称的娃哈哈集团在北京宣布,它要进军儿童服装业,面对竞争激烈的童装市场,娃哈哈为什么首选童装作为跨行业发展的第一步呢？集团董事长宗庆后告诉记者："应该说娃哈哈在刚成立的时候，整个企业的发展战略就有两个方向，第一个方向是食品、保健业、药品；第二个方向就是专门做儿童的整个系列产品，当时的考虑就是做整个儿童系列产品，牵扯很多行业，比较复杂，所以当时没有这个实力去做这个行业。"言下之意，现在已具备这一实力。宗庆后告诉记者，娃哈哈集团经过 15 年的发展，现在每年都有十几个亿的利润，不但没有银行贷款，而且还有七八十亿的存款，投资童装完全有足够的实力。"这是我们第一次投资，有一个多亿，今后会不断地投，那我想，我们也跟做饮料一样，设备可能是世界一流的，厂房是世界一流的，设计也是一流的，管理也是一流的。"他说。

2002 年，公司尝试多元化经营，成立了娃哈哈童装公司，仅仅 9 个月的时间，就在全国建立 800 家童装专卖店，并获得中国环境标志产品认证证书。娃哈哈的多元化经营战略实施为什么会首选童装领域？饮料业的行家对服装业的多元化经营多是向其他产业渗透又持何态度呢？宗庆后认为，多元化经营要看自身的条件如何。一是要做自己感兴趣、了解的行业，二是要向市场前景好的行业渗透，他不认为有些服装企业向其他行业转向有何不妥。基于娃哈哈对儿童消费市场的了解和把握，以及凭借娃哈哈在儿童产业多年来建立的信誉，利用企业雄厚的资金实力，选择与孩子们生活、成长紧密相关的童装产业作为跨行业发展的起点，秉承了娃哈哈一贯的企业宗旨。同时，童装市场还有庞大的市场空间。全国 0—14 岁儿童有 2.8 亿，但童装年产量只有 6 亿多件，其市场远未饱和。因此，娃哈哈在一段时期内把童装产品的开发和营销当做企业跨行业发展战略的起点，给予高度重视。娃哈哈童装公司创业之初就引进欧美设计人才，设备、面料和产品标准都是该产业的最高标准，同时公司按照国际"环保标准"组织生产，并采取零加盟费的方式吸引全国客商加盟，目的就是使该品牌童装走上快速发展的轨道。

童装业似乎还是一个未曾开辟的处女地，宗庆后解释进军童装的原因是：第一，娃哈哈这个品牌很适合儿童，10 年品牌经营使得"娃哈哈"已经为儿童所认可；第二，国内童装业群龙无首，在销售额前 10 位的童装品牌中，排在第一位的市场综合占有率仅 6% 多，娃哈哈三五年内成为行业龙头并不困难。

事实上，多元化与专业化本质上是能力之分，在这一点上，可口可乐的多元化经验对娃哈哈很有借鉴意义。可口可乐曾收购哥伦比亚电影公司自己拍电影,结果以亏本收场,最后将这个电影公司卖给索尼。在此之前,可口可乐还收购过葡萄酒厂,拥有一个面积庞大的种植园也同样是亏损。除此之外,它还经营过养殖场,但仍是亏得一塌糊涂。据说,可口可乐干脆严格规定:除了饮料业外,别的什么都不做,也不许做。为什么可口可乐会得出这种结论?原因在于美国市场是一个成熟的充分竞争市场。

我国的情况与美国不一样,也许娃哈哈能创造奇迹,但我国不也是正在往产业精细化方向发展吗?至少在中低档童装市场,已经很成熟了,一直在饮料食品业做中低端产品的娃哈哈,转身就有能力做高端的童装?其实一个基本的事实是,跨国公司在我国实际上还没有进入"真正实力"的阶段。

根据公开资料,娃哈哈童装有限公司成立半年,就生产了 330 万件童装,销售收入达到 1.5 亿元。娃哈哈集团董事长宗庆后制定了"三个月内建立 2000 家加盟连锁店,年销售额突破 10 亿元"的宏伟目标。但是,发展到 2011 年,娃哈哈童装业务年销售收入不过 2 亿元,店铺也只有 500 多家,远未达到该目标。分析销售人士认为,这主要在于童装品牌定位不上不下。从价格上看,娃哈哈童装春秋款价位在 100—300 元;夏季款 60—200 元;冬季款 200—700 元,属于国内中端定位。娃哈哈原想借助主品牌的影响力去做服装,既放不下身段走低端路线,又突破不了原有品牌定位去走高端路线,所以顾客群难以界定。事实上,将品牌授权给童装行业的合作伙伴去做,效果会比自己亲力亲为要好,因为隔行如隔山。

娃哈哈还投资过商业地产项目。2012 年为进军商业零售市场,娃哈哈与几家经销商合资成立娃哈哈商业股份有限公司,第一期投资 17 亿元,主要投向娃欧商场。同年 11 月 29 日,位于杭州钱江新城的娃欧商场开业,该商场主要经营欧洲品牌的商品。2013 年,娃哈哈计划在全国开设 5—10 家商场,未来 3—5 年内在全国开设百家商场或城市综合体。但从第一家商场——娃欧商场的经营状况看,开业才一年多商场就因持续亏损,难以继续经营。2014 年 4 月,商场开始进行大调整,主体部分被改成"娃哈哈未来城教育中心",主营儿童教育咨询、教育服务等。这意味着娃哈哈进军教育产业。

四、娃哈哈陷入品牌战略定位模糊时期

娃哈哈虽然以儿童产品起家,但从 21 世纪初开始,逐渐往成人化方面发展,比如,其推出纯净水、非常可乐、卡曼橘绿茶、激活运动饮料、金银花凉茶、宗式啤酒等并不是专门面向儿童的,其儿童定位的痕迹越来越淡。可见,娃哈哈已经逐渐跨越年龄段向大众化品牌路线发展。虽然娃哈哈投资服装、商场、教育等产业,但饮料食品仍是其主业。

如果说过去的娃哈哈,童趣是其核心理念与品牌联想,但现在的娃哈哈,已经不是原来的娃哈哈了。其纯净水的广告语是"爱你就等于爱自己",非常可乐的广告语则是"中国人自己的可乐"等,这些都已经与童趣无关,再加上其产品代言人都是明星,可以说,娃哈哈给我们的形象已经非常模糊。

由于长时间未能推出具有竞争力的新品,2012年,娃哈哈的业绩首次出现负增长。此后,娃哈哈试图寻求多元化发展途径,但效果都不佳。当年,宗庆后曾提出2014年集团营业收入1000亿元的目标,也一直未能实现。虽然娃哈哈至今依然是国内饮料行业老大,但营业收入持续下跌:2015年集团营业收入720亿元,在我国民营企业500强中排名第31位;2016年营业收入494亿元,排名下降到第70位。

现在对娃哈哈而言,最重要的是要对品牌战略思路进行梳理,明确走什么路,然后确定怎么走,而不是急匆匆地去开发新产品。虽然凭借多年积累的品牌影响,仅2000家经销商的保证金,娃哈哈就入账6个亿,但这是在对品牌进行透支,无异于饮鸩止渴。如此下去,娃哈哈到底是什么?恐怕没有人说得上来。

(王 丽 林 珏)

【案例讨论】

1. 品牌对企业来说意味什么?为什么法国达能集团要与娃哈哈集团合资,后来又要撤资?

2. 为什么早期娃哈哈将战略定位在儿童营养液,现在又实行多元化战略?这两种定位是否合理?为什么?

3. 你是否同意笔者有关娃哈哈品牌战略的批评?你认为娃哈哈营业收入下降的原因是什么?你对该集团的发展有何建议?

【参考文献】

1. http://www.wahaha.com.cn/,2017 年 5 月 10 日访问。

2. 李蕾:《娃哈哈童装问世 13 年收入无增长 店铺仅 500 多家》,载《第一财经日报》2014 年 6 月 24 日。

3. 王敏杰、徐杰:《娃哈哈娃欧商场拖欠千万租金或离场 改建未来城进军教育》,http://finance.ifeng.com/a/20140610/12506603_0.shtml,2014 年 6 月 10 日访问。

4.《2016 中国民营企业 500 强:娃哈哈业绩持续下滑》,http://www.chinabgao.com/info/92490.html,2017 年 7 月 14 日访问。

【案例 2-15】 小天鹅与荷花竞合：OEM 是馅饼还是陷阱

无锡小天鹅股份有限公司(以下简称"小天鹅")的前身建于 1958 年。1978 年,小天鹅生产了国内第一台全自动洗衣机;1990 年,小天鹅洗衣机获得行业内国优金奖;1997 年,小天鹅商标被认定为我国洗衣机行业第一枚驰名商标。2001 年,小天鹅获得"中国名牌产品"称号;2005 年作为商务部重点培育和发展的中国出口名牌,被商务部认定为最具市场竞争力品牌;2007—2009 年连续三年获美国《读者文摘》信誉品牌金奖;2015 年获国家知识产权局外观专利优秀奖、德国红点、德国 IF 设计奖、红星奖金奖等。小天鹅产品已出口到 130 多个国家和地区。

总结小天鹅公司成功的秘诀,首先是重视科研创新。2015 年,公司研发团队达 500 人,拥有国内外专业实验室 35 个,拥有洗衣机专利 1000 项,软件著作权 200 多项。其次是注重质量。小天鹅公司建立了严格的质量监管制度。最后是合作。将对手变为合作伙伴,实现共赢。本案例介绍的就是小天鹅公司与武汉荷花洗衣机厂的合作故事。

OEM(original equipment manufacturing)是指贴牌生产,即某企业接受其他企业的订单,为其进行定牌生产。计划经济时代,我国一些社办或集体企业采用此方式与城市国有企业合作,生产后者的产品。这些年来,OEM 又流行起来。著名的银行家和金融家勃纳德·巴鲁奇曾经说过:"你并不需要熄灭别人的灯光以使自己的明亮",形象地指出了这种生产合作形式的作用。

"一将功成万骨枯"是一句脍炙人口的唐诗,它是残酷战争的描述。战场是这样,商场也是这样,市场经济中大部分成功的经营是建立在其他人失败的基础上,然而也有一种新的成功经营模式,这就是合作竞争。它除了与顾客、供应商、员工进行沟通与合作,还与同行一起启动并扩大原有市场,共享利益,达到双赢。

武汉荷花洗衣机厂(以下简称"荷花")是 20 世纪 90 年代国内十大洗衣机

厂之一,既有丰富的双桶洗衣机生产经验,又有刚从日本东芝引进的双桶洗衣机模具和存量资金。但由于经营不善,成为武汉最大的亏损企业。为了摆脱困境,荷花寻找小天鹅公司进行合作。小天鹅是洗衣机行业的龙头,核心产品全自动洗衣机品牌十几年来在消费者中享有良好声誉,企业已在国内建立了完善的营销网络。但是"小天鹅"人清楚地认识到仅凭感觉和热情是不够的,他们吸取 20 世纪 70 年代中期全国自行车行业盲目定牌生产名牌自行车,导致"双输"的教训,经过分析和研究后,决定与武汉荷花洗衣机厂进行合作。

1994 年,小天鹅与荷花双方谨慎地迈开竞合实践的第一步,经过认真谈判签署了协议。小天鹅采取了灵活的市场控制机制,既不换厂名也不收购控股,而是按照国际 OEM(贴牌)和 ODM(外来技术加工)相结合的办法。利用小天鹅的无形资产(管理+商标+市场网络),委托荷花为小天鹅生产双桶洗衣机。小天鹅与荷花商定了严格的定牌生产协议:除了常规的内容(品种、规格、数量、价格、交货期),还加上了独具小天鹅特色的输出管理、达标加工,采取灵活的"一厂两牌,一个标准,市场划分"的做法,即:

(1) 一厂两牌,双方平衡。合作刚开始,荷花有不少人认为双缸模具是从日本东芝引进的,造型不错,过去产量不能扩大就是因为缺钱。有人甚至认为是商店挑剔,要不然市场会扩大。进驻荷花的工作组在调研中发现:荷花缺的是质量文化。要让大家都知道:只有正确的思想才能指导正确的行动,进而保证企业健康发展。如何控制质量? 全员、全过程、全范围都必须围绕质量。按照小天鹅 5000 次无故障运行的标准,工作组对荷花产品进行了测试,让员工看到自己生产产品的质量究竟如何,以便找到努力的方向。荷花的领导与工作组一起考察市场,一起听取客户和用户的意见,终于明白好的产品是制造出来的,而不是吹出来的,荷花的出路就是在企业内部做好质量工作,依法治厂。

提高质量需要冲出复杂的关系网,严格把关每一个零件,同时对外协单位和外协零件进行严格筛选,淘汰一批质次价高的外协厂。此外,内部完善工艺,从每一名员工的心灵深处、从每一道工序认认真真着手。荷花抽调了 70 名大学生和中层干部上市场,分析竞争、听取用户意见,并且在厂内设立了劣质零件曝光台,产品严格按小天鹅的 5000 次无故障运行的高质量标准考核,使产品质量越来越贴近消费者,可靠的产品质量为占领市场打下了扎实的基础。

(2) 一个标准,有利双方。如果实行两个标准,势必会导致好零件装在小天鹅上,小天鹅满足了;不好的零件装在荷花上,荷花员工"忍辱负重",使双方员工心理失衡。这样的荷花产品出厂,不仅对荷花不负责,对消费者也是不负责任的,负面效应在所难免。因此,必须实行一个质量标准。荷花的员工在合作中逐步接受小天鹅的质量文化及"末日"理念,即倘若有一天荷花没有了小天鹅双缸机的订单,荷花厂将面临停产。

(3) 划分市场,避免冲突。由于条件限制,小天鹅与荷花的产品外观相同,只有区分市场、避免冲突,才能形成"协同作战、平等竞争"的局面。如果市场冲突,同室操戈,势必影响双方合作。所以,小天鹅的双缸机不在湖北露面,让出部分国内市场,此举赢得荷花员工的信任和当地政府的好感,为以后更大的发展打下了坚实的基础。

(4) 利益均等,双方得益。因为双方都是独立法人,有各自的经济利益,小天鹅的产品价格既要适应市场,也要让荷花有利可图。否则,一荣一损,合作也不可能持久。因此,小天鹅在定牌的初期,微利收购荷花产品,给荷花带来良好的内部调整时机。

小天鹅与武汉荷花经过四年的磨合,取得了丰硕的成果,1994年武汉厂生产的"荷花"牌与"小天鹅"牌洗衣机的比例是3∶1,1995年是1∶4,1996年更是达到1∶12,由于市场的制约,1997年武汉厂决定不再生产"荷花"了,但是双方员工心连心,从对手变成了同盟军,荷花厂引进了小天鹅的质量文化和质量保证体系,乘上小天鹅这个"系数",双方优势互补,产生了"1+1>2"的效应,双方企业消除了破坏性竞争,确实做到谁也离不开谁,重组也就顺理成章。小天鹅与荷花合作的成功经验不但得到湖北省委、省政府的肯定,而且得到中央领导的赞许。时任国务院副总理邹家华同志高度评价:"很有启发,成功的经验,符合社会主义市场经济原则。"

竞合通过市场找到了双方的结合点,让对手变成朋友。合作的双方不仅可以分享品牌和市场,还可以分享产品和设备,同时联合开发新市场,提高产品的市场占有率,从而达到利益互补。竞合对消费者也有好处,消费者可以买到更实惠、更可靠的产品,但是竞合的双方毕竟不是一个统一的经济实体,双方都要考虑各自的经济利益,何况竞合本身还有许多疑难工作要做,如市场和营销业务的衔接品种、数量、价格和技术问题的协调。因此,还需要不断沟通信息以及调整文化差异。

小天鹅也有过痛苦的教训,"友谊"克隆,适得其反。在营口,小天鹅与北方友谊家电公司(以下简称"友谊")也应用过荷花模式,但经过1996年到1998年初的磨合,友谊反而主动提出与小天鹅分手,其中原因就是文化差异一直没有解决好。小天鹅想把营口作为自己的双缸基地,而友谊则举棋不定,既想重振友谊雄风,又想重组,条件是双缸、全自动洗衣机一起上。再加上很多非企业行为的干预,尽管小天鹅给友谊的政策比之荷花更优惠,却最终劳燕分飞。

如今友谊和小天鹅双方对此都感到很遗憾,当时《经济日报》也抓住这一典型案例,从1998年5月26日到6月10日连续发表了10篇评论,引导人们解放思想,改革创新求发展。这场冲击波从友谊波及营口市,从营口波及辽宁全省,省长、省委书记迅速作出反应,推动全省的改革,带来了21世纪营口改革的春天。

小天鹅竞合的案例表明,合作既是一件有益的事,也是一件有风险的事;千万别忘记合作要按照国际惯例和经济规律,决不能操之过急,否则在合作中牺牲的将是几代人缔造的品牌。

(郑建明　林　珏)

【案例讨论】

1. 小天鹅通过竞合来提高品牌和市场占有率,这与一般的品牌战略有什么区别?
2. 如何用经济学的市场结构理论来分析小天鹅竞合实践?有什么需要改进的地方吗?
3. 你认为小天鹅这次合作成功的主要原因是什么?

【参考文献】

1. 徐源:《小天鹅再一次尝试通过竞和提高品牌和市场占有率》,载《经济日报》1998年第3期。
2. http://www.littleswan.com/new/introduction? curPath= introduction,2017年5月10日访问。

第三部分

进出口贸易与合同

【案例 3-1】 企业"长亏不倒" "反避税"在行动

为了鼓励国外先进技术和境外资金的进入,我国对外商投资企业和外国企业实施的包括税收在内的各种优惠政策,至今已经 30 多年。在国家和各地区招商引资下,一大批外资企业在境内应运而生。尤其是自我国加入世界贸易组织以来,国外资金的流入呈迅猛增长态势。据统计,1995 年,我国实际利用外商直接投资金额 375.21 亿美元,2004 年上升到 606.3 亿美元,2014 年已经达到 1195.61 亿美元。我国已经成为全球最大的外国直接投资流入国之一。外资的进入对弥补国内资金的短缺,创造就业,促进地方经济的发展起到积极作用。外企也从我国经济的高速增长中得到好处,生产规模不断扩大。

一、外企明亏实赢"谜团"重重

不过,令人费解的是伴随着外企的不断涌入,数量众多的外企经营状况并不乐观。相关资料显示,截止到 2004 年 5 月,中国批准的外商投资企业已经达到 48 万家,而根据 2003 年度所得税汇算清缴情况,外商投资企业的平均亏损面达到 51%—55%。更让人费解的是,这些外企置多年亏损于不顾,在亏损之后竟又接连追加投资。据国税部门人员透露,我国境内 40 多万家外企有 60% 账面亏损,年亏损总额达到 1200 亿元人民币。而事实上,它们中间不少企业是处于盈利状态的。外企名亏实盈的"谜团"背后究竟隐含着什么问题? 一位不愿透露姓名的外企会计师对《中国经济周刊》直言不讳地说:"那就是避税,避税对外资企业来说,是再正常不过的事情了。"一位注册会计师告诉记者:外企避税主要手段是利用关联交易,高进低出。这种手段占到避税金额的 60% 以上。另外,目前外商投资的资金中,60% 以上是借贷资金,即便是一些实力雄厚的跨国公司也向境内外的银行借大量的资金,利用税前列支利息,达到少交或免交企业所得税的目的。此外,在"避税港"注册也是一种办法。在国际避税地建立公司,然后通过避税地的公司与其他地方的公司进行商业、财务运作,把利润转移到避税地,靠避税地的免税收或低税收减少税负。例如,长三角地区,一些外资企业的投资方来自英属维尔京群岛,而实际上,这些公司在岛上可能只有一间办公室。据国税部门人员透露,一些跨国公司利用非法手段,每年避税达300亿元人民币以上。在被称为我国第一例境内企业兼融资的反避税案中,一家著名的跨国公司因避税补交税款就达8000多万元人民币。有报道估计,截至2004年底,外资企业利用各种手法偷漏的税,至少达到1000亿元人民币。

规避税收不仅使得国家税款流失,财政收入减少,而且也破坏了公平竞争的经济环境,削弱了遵法纳税企业的竞争力。为此,2005年4月12日,国家税务总局下发了《国家税务总局关于加强企业所得税管理若干问题的意见》,要求各地税务部门对不同企业实行分类管理,其中新设立企业和"长亏不倒"的企业成为纳税评估和检查的重点。据业内人士透露,"长亏不倒"的企业多为外商投资企业,此次它们将成为检查的重点。这些"长亏不倒"的外资企业的秘诀是什么?国家又应该如何从根本上扼制偷税漏税现象?同年5月,人民网和《中国经济周刊》联合主办"中国经济论坛",特邀经济界专家学者、政府部门工作人员和企业界人士,就"反避税"问题与广大网友展开主题为"'反避税'能否击倒亏损'不倒翁'?"的讨论。这次讨论涉及以下几个问题:(1)我国的税法在哪些环节上出了问题?现行税制有什么漏洞?(2)在目前的税制框架下,外资企业惯用的避税、逃税手段和方式有哪些?(3)我国的反避税与国外的反避税之间存在哪些差距?(4)开展反避税工作的重点应在哪些方面?专家们就这些问题各抒己见。

二、中国税制的漏洞与反避税面临的困难

无疑,我国税制存在一些漏洞,这为外企的避税提供了条件。首先,我国现行税法对外企优惠政策比较多,特别是生产性外商投资企业的"两免三减"优惠政策,非常容易被利用作为避税的途径。所谓"两免三减",就是最初两年免征企业所得税,其后三年所得税减半。根据《外商投资企业和外国企业所得税法》第8条,除了属于石油、天然气、稀有金属、贵重金属等资源开采项目的所得税征收由国务院另行规定外,"对生产性外商投资企业,经营期在十年以上的,从开始获利的年度起,第一年和第二年免征企业所得税,第三年至第五年减半征收企业所得税……"该法第11条还规定:"外商投资企业和外国企业在中国境内设立的从事生产、经营的机构、场所发生年度亏损,可以用下一纳税年度的所得弥补;下一纳税年度的所得不足弥补的,可以逐年延续弥补,但最长不得超过五年。"由此,外商可以通过亏损来推迟获利年度。

其次,利息支出可在税前扣除的规定。根据《外商投资企业和外国企业所得税法实施细则》第 21 条的规定,企业发生与生产、经营有关的合理的借款利息,只要提供借款付息的证明文件,经审核同意后,便可列支。根据第 18 条的规定,"外商投资企业在中国境内投资于其他企业,从接受投资的企业取得的利润(股息),可以不计入本企业应纳税所得额……"根据第 28 条的规定,"外国企业在中国境内设立的机构、场所取得发生在中国境外的与该机构、场所有实际联系的利润(股息)、利息、租金、特许权使用费和其他所得已在境外缴纳的所得税税款,除国家另有规定外,可以作为费用扣除"。这些条款都可能被利用作为避税的途径。由于贷款利率大大高于国际市场利率,可利用国际避税地注册公司或关联企业,将利润转移。

我国反避税面临的问题不仅仅是现行法律需要完善,还在于:

(1) 税收管理能力不强。这主要表现为地区间、部门间的不协调使得税源难以有效监控;税务人员业务素质参差不齐,不具有反避税经验和能力;缺乏对国际市场行情的了解,无法掌握国际市场价格资料,而在外商投资企业的避税方法中,最常见的方式是通过转让定价来转移利润,不掌握国际市场上各种原料和产品的价格,难以对避税行为实行有效的防范。

(2) 对反避税工作认识不足。一些人员认为我国对外开放的目的就是鼓励外商来华投资,如果采取严格的防范避税措施,会挫伤外商的投资积极性。一些地区为了吸引外资,争相为外商提供优惠的税收政策。这些都给反避税工作的开展带来困难。

三、外资企业惯用的避税、逃税手段和方式

在我国现行的税制下,外资企业常用的避税方法主要有以下两种:

(1) 转让定价。转让定价是现代企业,特别是跨国公司进行国际避税借用的重要工具。其做法是通过从高税国向低税国或避税地以较低的内部转让价销售商品和分配费用,或者从低税国或避税地向高税国以较高的内部转让价销售商品和分配费用,使跨国关联企业的整体税收负担减轻。"利往低处流""费往高处走"是转让定价的一般规律。企业将利润转移到税负低的国家或地区,这很容易形成账面上的亏损,增大负债。外资企业利用转让定价方式实施避税主要采用五种形式:

第一,进口设备价格大大高于国际市场价格。例如,某一外商与中方合资经营彩扩业务,外方按协议规定提供的设备是从日本厂家购买的,但外方不提

供日本厂家的发票,由香港一家联行在原价基础上另加 25% 开出发票,作为该项进口设备的价格。由于价格抬高,使企业固定资产价值虚增,折旧多提,利润和税收减少,而外方投资者却用较少的投资取得较多的股息和红利,或将企业利润从中国向其关联企业所在国转移。

第二,进口材料作价高于国际市场价格。出口产品外销价格低于国际市场价格,即所谓"高进低出"的避税方式。通过这种方式,将企业的利润向境外转移。

第三,贷款利率大大高于国际市场利率。由于税法规定,利息支出可在税前扣除,由此实现了少交税款的目的。

第四,专有技术等无形资产价格高于国际市场价格,或隐藏在设备价款中。卖方利用买方人员不了解设备和技术的真实价格,抬高设备价格和技术转让价格,将企业利润向境外转移。或在抬高设备价格的同时,把技术转让价款隐藏在设备价格中,以躲避特许权使用费收入应纳的预提税。

第五,劳务收费标准"高进低出"。关联企业之间相互提供服务或劳务,通常是境外公司收费高,我国境内公司收费低甚至不收费。有的还虚列境外公司费用。

(2) 利用避税地。运用"避税港"进行避税是跨国纳税人减轻税负,增加收入的又一手段。即便是一些实力雄厚的大公司也向境内外的银行借大量的资金,利用国际避税地注册公司,通过避税地的公司与其他地方的公司进行商业、财务运作,把利润转移到避税地,靠避税地的免税收或低税收减少税负。

外资企业除了存在避税现象外,还存有逃税现象。常见的逃税方法有:隐瞒收入、虚报成本费用等。

四、中国反避税与国际的差距

随着经济全球化的发展,国际避税活动在数量上有增无减,在手法上不断翻新。防范避税工作成为各国当局税务征收管理工作中的一项重要内容。许多国家纷纷采取对策,完善税制,加强税收征管,进行双边及多边反避税的国际合作,来阻止跨国投资者的避税行为。主要措施有:避税港对策税制;反转让定价税制;反滥用税收协定的措施;资本弱化税制。在这方面,美国走在最前面:

(1) 反运用避税港避税。美国明确规定:凡是受控外国公司(包括在避税地设立的由本国居民直接或间接控制的外国公司)的利润,不论是否以股息分配形式汇回母公司,都应计入其在美国母公司的应纳税所得征税。

(2) 反转让定价。美国总结了三类调整转让定价的方法：第一，比较价格法。即审查具体交易项目价格，将不合理价格调整到合理的市场价格，从而调整应税所得。第二，比较利润法。即比较利润，推断转让价格是否合理，把不正常的应税所得调整到正常的应税所得上。第三，预约定价制法。即要求纳税人事先将其和境外关联企业之间的内部交易与财务往来所涉及的转让定价向税务机关申报，经税务机关审定认可后，作为计征所得税的会计依据，免除事后税务机关对定价调整的制度。

(3) 反滥用税收协定。具体采取下列措施：第一，在国内立法中制定目的在于反滥用税收协定的特殊条款；第二，在税收协定中列入反滥用协定的特殊条款。美国在对外缔结的50多个税收协定中，约一半包含了反滥用税收协定的条款。

(4) 实行资本弱化税制。所谓资本弱化，是指由跨国公司资助的公司在筹资时采用贷款而不是募股的方式，以此来加大费用，减少应纳税所得。而资本弱化税制就是把企业从股东特别是国外股东处借入的资本金中超过权益资本一定限额的部分，从税收角度视同权益资本，并规定这部分资本的借款利息不得列入成本。

从我国目前的情况看，只对转让定价订有专项法规，针对避税港避税、滥用税收协定、资本弱化避税等方面的法律规范尚待建立和完善。我国的反避税工作，是随着改革开放度不断扩大、深入，经过反复论证、摸索、立法而逐步开展起来的。从1988年在深圳试点到1991年立法并全国施行，已有20多年的时间。但是由于我国这项工作起步较晚，与其他国家存在一定的差距，反映在：对转让定价虽有立法，但不够具体，可操作性不强；对避税地的利用，在税务处理上还没有税收立法；对转让定价预审制度的实施局限性较大；税收征管手段和力量方面也存在差距，既懂税法又懂财会并会外语的复合型人才比较少等。

五、开展防范避税工作重点

为此，专家们建议开展防范避税工作的重点应该放在：

(1) 完善税法，统一税制。首先，税法体系需要完善，比如增值税体系的不完善，使得某些服务项目、经营项目究竟应该交营业税还是增值税并不明确，在具体的业务征管过程中出现问题。而两种不同的税收对于公司而言，纳税额是不一样的，这直接影响了公司的获利，使外商感到困惑。其次，统一税制。现行的涉外税法规定外商投资企业享受和内资企业不同的税收政策，这种税收设置为避税行为提供了很大的空间。只有内外资企业所得税合并,才能够进一步完善税法并进行严格征管,为反避税上从根本上打下一个非常好的基础,否则,两套税制随意性很大。

(2) 队伍建设。包括提高涉外征管队伍的业务水平和培养反避税专职人员。涉外征管人员不仅应具有一定的财务会计专业知识,还应懂得外语。然而,目前一些税务人员不懂外语,缺乏国际会计基本知识,看不懂跨国公司财务会计报表,这难以达到反避税的要求。此外,应从战略高度重视反避税工作,配备足够的反避税专职人员。

(3) 加强征管。国外对避税趋向越来越严。比如,美国、加拿大对避税都有罚款。我国针对内资企业采取了比如餐饮刮奖等活动以防止偷税漏税,对外资企业该如何开展反避税工作?如何从制度上限制避税,完善法律?在征管手段上,一要利用计算机信息控制手段;二要海关、外贸部门和税务机关联手行动,相互配合,因为这还涉及出口退税和骗税问题。

(4) 完善转让定价税制。转让定价的动机可以分为税收动机和非税收动机。人们普遍认为,由于跨国公司转让定价可以随意地分配各国的税收利益,那么当事国就应理所当然地不论其出于何种动机,一律按独立企业成交的原则,确定企业的真实应税所得,以维护本国的正当税收权益。但是,有专家认为,由于世界性的税收秩序还没有真正建立起来,如果各国都采用这种做法,就会对跨国经营造成严重的伤害,并且也会对当事国的经济产生广泛影响;我国是发展中国家,目前又要大力发展社会主义市场经济,我国应该根据自己的国情,制定相应的策略,以避免转让定价给经济发展带来不利影响。

(5) 建立避税地税制。各国对运用避税地的税务处理,主要是进行反运用避税地立法,建立"避税地税制",其目的在于针对本国居民通过在避税地建立受控外国公司拥有一定数量的股权来躲避本国税收的行为。它是通过将受控外国公司的所得按持股比例划归本国股东,并按本国税率课税(一般可以扣除在国外所纳税款)来实现的。我国可以借鉴这一做法。

(6) 加强税务信息网络建设,建立反避税信息资料库。通过电脑联网,实现税务部门、对外经贸部门、海关和驻外机构对国际市场价格信息的共享,及时了解和掌握国际市场行情,增强我国的防范避税能力。此外,反避税管理要与纳税申报、审核评税、税务检查(审计)等日常征管工作相结合,提高反避税工作的质量。要及时获取海关、银行、工商、外经贸、财政、统计、外管、行业主管局(行业协会)等部门发布的各类信息,同时规范操作,不断完善反避税工作机制,包括提高避税嫌疑户选案质量,强化跟踪管理,及时研究避税与反避税领域出现的新问题,分析避税成因,发现法律法规漏洞,研究应对措施。

2007年3月,《企业所得税法》颁布;同年11月,《企业所得税法实施条例》颁布,2008年1月1日起,两部法律施行,同时,《外商投资企业和外国企业所得税法》《外商投资企业和外国企业所得税法实施细则》《企业所得税暂行条例》以及《企业所得税暂行条例实施细则》废止。

2011年6月《个人所得税法》颁布,同年7月《个人所得税实施条例》颁布,9月1日起两部法律施行,同时,《国务院关于对来华工作的外籍人员工资、薪金所得减征个人所得税的暂行规定》废止。

新法律针对纳税实践中出现的问题,在外资企业优惠政策和国民待遇中寻找新的平衡,细化纳税相关条款,加强企业和个人税收征收管理,术语和概念更为国际化,从而使我国的税法进一步完善。

(林 珏)

【案例讨论】

1. 为什么一些外资企业置多年亏损于不顾仍然不断追加投资?
2. 外企主要采用什么手段避税?
3. 如何有效地采取反避税防范措施?谈谈你的看法。

【参考资料】

1. 王红茹:《现场报道:魔高一尺道高一丈"反避税"在行》,载《中国经济周刊》2005年5月9日。
2. 《中国经济论坛:外企长亏不倒 反避税任重道远》,http://finance.people.com.cn/GB/1045/3382009.html,2005年5月12日访问。
3. 《中华人民共和国外商投资企业和外国企业所得税法》。
4. 《中华人民共和国外商投资企业和外国企业所得税法实施细则》。

【案例 3-2】 海外欠款困扰中国出口商

2006年,我国是仅次于美国、德国的世界第三大出口国,出口额达到9690.7亿美元。但是,对我国的出口商来说,实际情况并没有数字反映的那么乐观。根据商务部研究院专家估计:我国海外应收账款约为1000亿美元(其中拖欠3年的达10%,1—3年的30%,6个月—1年的25%,不到6个月的35%),并以每年150亿美元的速度递增。

据报道,我国公司坏账比率在5%—30%,而发达国家的平均水平则在0.25—0.5%。从地理分布上看,应收款逾期不还的问题一直集中在沿海城市和经济特区,而今越来越向内陆省份、中小型城市和缺乏外贸经验的地区蔓延。

上海美中投资管理咨询有限公司是一所帮助中国公司向美国公司追讨债务的公司。该公司创始人刘海善说:"美国一些公司采用的骗术多得让人眼花缭乱,足以汇编成一本骗术大全。"

2010年,中国国际商会成立专家组,专门帮助我国出口商收回海外客户拖欠的债务。根据该年8月中国国际商账管理高峰论坛信息披露,中国企业被拖欠的海外欠款总额已超过1000亿美元。各种口径的统计表明,中国每年新增坏账总额大致在50亿—300亿美元之间。

2009年,我国对外出口贸易总额达12016.6亿美元,首次超越德国,跃居世界第一。但是根据估算,我国企业被拖欠的海外欠款约1500亿美元。以5%的平均坏账率估算,仅2009年我国出口企业就新增坏账逾600亿美元。

很多企业遭遇欠款后,选择了追债公司,但追债公司并不能保证成功将款追回。美国商法联盟的调查数据显示:当逾期一个月时,追账成功率为93.8%,逾期半年成功率骤降至57.8%,逾期两年成功率只有13.5%。商务部数据显示,我国企业的海外欠款10%已拖欠3年,30%拖欠1—3年,25%拖欠0.5—1年。一些追债公司要求:若一旦追债成功,佣金是追回欠款的45%。虽然价格不菲,但总比全赔进去强。一些出口企业为预防海外欠款问题,选择了投保。2012年,重庆一出口企业遭遇海外欠款,中国出口信用保险公司重庆营业管理部赔付了 756.6 万美元。

分析海外欠款原因,存在多种因素:一是遇到诈骗公司。这类公司或以质量为由拒付货款,或在收货后消失。二是政治风险。2011 年,中东、北非地区政局动荡,仅在利比亚的 29 家中国企业损失就达 5 亿元人民币。三是缺乏系统完善的公司信用管理制度。这是造成我国出口企业坏账率居高不下的最主要原因。第四,商业保理业发展缺乏行业监管,行业组织自律差。五是产品质量不合格、延期交付,造成对方不满。对方公司不仅欠款,而且还申诉我方企业。

如何防止诈骗? 首先要增强法律意识和风险意识。美国一位专业商账管理公司总监曾指出:"当你接到外国订单的时候不能欣喜若狂,因为这很可能让你辛苦积累的财富化为乌有"。其次要学会风险转移。选择信用证结算方式,将风险转移给银行。比如,我国信保数据库中有 700 多万家全球企业的资信情况,还有专业的律师团队追款。最后要关注相关信息。企业应多关注国际风险评估机构发布的数据,目前风险理赔渠道多元化,企业应善于利用这些渠道转移、分摊出口风险。

(林　珏)

【案例讨论】

1. 为什么我国企业屡遭国外欠债?
2. 该案例给我国对外贸易或"走出去"的企业以什么启示?
3. 防范欠债风险的措施有哪些? 你有什么好的建议?

【参考文献】

1.《中国出口企业遭遇千亿海外欠债之困》,载《广州日报》2007 年 3 月 7 日。

2. 高亮、李文豪:《八成欠款难追回　渝企出海如何避风险?》,载《重庆商报》2013 年 3 月 26 日。

3. 郭丽琴:《中国国际商会成立专家组　助企业追讨海外欠款》,http://finance.qq.com/a/20100826/006822.htm,2010 年 8 月 26 日访问。

【案例 3-3】 建立国际经济新秩序运动

1964年3月,第一次联合国贸易与发展会议在瑞士日内瓦召开,77个发展中国家联合发表了一个宣言,即《77国联合宣言》,呼吁召开一次探讨发展中国家在国际贸易中所面临的处境的大会。由此77国集团形成。后来该集团成员不断增加,但其原始名称依然保持不变。

1974年4月,联大第六次特别会议召开,会上通过77国集团提出的《建立国际经济新秩序宣言》和《建立国际经济新秩序行动纲领》两个文件。同年5月—6月,国际经济合作部长级会议作出了工业化国家提供10亿美元作为特别行动计划,援助低收入国家的决定。9月,第29届联大通过《各国经济权利和义务宪章》,强调平等、互利、合作、发展等原则。

根据文件,国际经济新秩序运动的主要目标是:

(1) 援助和帮助问题。要求每个发达国家至少应将国民生产总值(GNP)的0.7%用于发展援助,并且这种援助不能带有任何政治和军事目的;制订政策阻止发展中国家人才外流现象;取消债务、延期偿付、重新安排协议,减轻外债负担对发展的不利影响;采取特别措施帮助发展中的内陆国、最穷国和岛国;将裁军后的基金用于发展。

(2) 国际贸易问题。即消除关税和非关税壁垒,改善贸易环境和贸易条件,增加偿付进口和还本付息能力;实行整体商品出口计划,包括建立缓冲储备,建立生产国协会,保证出、进口产品价格合理指数关系;制订国际性粮食计划,增加谷物储备,以缓解发展中国家进口粮食造成的外汇压力;建立普惠制,增强发展中国家的出口能力,促进出口的多样化;改善不同社会制度国家之间的联系;加强发展中国家之间的经济和技术合作;改革国际货币基金组织,使发展中国家能更有效地参与该组织的决策程序;通过世界银行和国际货币基金组织,增加对最穷国家的资源转移。

(3) 工业化与技术问题。发达国家应向发展中国家转移部分工业生产能力;建立技术转移机制;建立国际行为准则,调节和监督跨国公司的活动,消除不利的商业做法;增加合成替代物和自然材料的竞争性,结束对自然资源的浪费;提供得到海洋资源的公平机会。

(4) 社会问题。取得更公平的收入分配,从提高就业和促进经济增长的观点来制定财政、货币及贸易政策;为发展中国家劳动者提供卫生、教育和较高的文化水平训练;保证儿童福利和妇女的平等地位,增进社会发展和社会福利;保证发展中国家的经济主权,包括开发权利和国有化权利;对因外国占领、殖民统治或种族隔离对发展中国家资源造成的不利影响实行补偿;建立促进工业发展的协商体系;改组联合国的经济和社会事务部门。

1979年,77集团建议在联合国范围内发动新一轮全球性南北谈判,以谋求全面和综合解决的途径。

1981年10月,在坎昆召开南北首脑会议,有14个发展中国家和8个发达国家参加了会议,但是未在实质性问题上取得任何突破。

80年代,发展中国家所面临的旧的矛盾尚未解决,新的矛盾却在产生:首先,初级产品价格持续下跌使发展中国家陷入更严重的发展困境;其次,贸易保护主义日趋严重,1990年参加乌拉圭会议的105个发展中国家和地区代表通过一项集体声明,不能接受对其根本利益有损害的谈判结果;最后,发展中国家陷入国际债务危机,其累计债务高达1.32万亿美元。

虽然,从20世纪80年代到90年代开始,一批实行计划经济的社会主义国家通过引入市场经济,进行对外开放、经济体制改革,经济获得迅速增长和发展,并且发展中国家内部在经济发展水平上的差异逐渐拉大:一些经济状况越来越糟糕,一些经济缓慢增长,一些则快速发展且在不少领域缩小了与发达国家之间的差距,但是发达国家主宰国际贸易、国际金融体制的旧秩序依然没有发生显著改变。

1996年4月,发展中国家24国集团联合发表声明,对发达国家利用环保、管理、人权、劳工标准或其他问题进一步推进保护主义一事表示"严重关切"。24国集团负责人、巴基斯坦计划委员会副主席阿利穆拉指出:"目前出现的情况是工业国有一种普遍的趋势……通过提出童工、劳工和人权问题建立对国际贸易的新壁垒。"

我国是发展中国家,自始至终对建立国际新秩序运动持支持态度。1999年9月22日,时任外交部部长的唐家璇在联大就建立公正合理的国际新秩序发表讲话,表明我国的立场:(1) 主权平等和不干涉内政;(2) 和平解决国际争端;(3) 加强联合国的作用,维护安理会的权威;(4) 树立新安全观,维护国际安全;(5) 改革国际经济体制,促使各国共同发展。

2003年6月10日,劳动和社会保障部副部长李其炎在国际劳工大会上提出我国政府三点主张:(1) 世界各国应超越传统观念,顺应时代潮流,加强交流合作,促进各国经济和社会发展,下大力气降低全球的贫困率;(2) 应从战略高度重视减贫消贫问题,推动建立公正合理的适应各国发展水平的国际经济新秩序,保障所有国家特别是发展中国家平等发展的权利;(3) 发达国家应承担起责任,兑现承诺,增加发展援助,帮助发展中国家加快发展。

在新一轮多边谈判(多哈回合)中,我国提出三项目标:(1) 有利于建立公平、公正和合理的国际经济新秩序;(2) 有利于世界经济的发展和贸易投资便利化;(3) 有利于发达国家和发展中国家利益的平衡。

同时,我国也积极地加入国际新秩序的建设中,从减免非洲债务,到提出"一带一路"战略、建立亚投行;从建立自贸试验区、扩大开放力度,到与更多的国家建立双边的、多边的自贸区。我国政府希望通过自己的行动,推动国际新秩序体制的建立。我国的互利共赢、平等发展的理念,以及帮助落后国家发展的具体行动,不仅受到越来越多的发展中国家的赞赏,也吸引了不少发达国家主动对接。

(林　珏)

【案例讨论】

1. 建立国际经济新秩序运动的背景、过程、现状以及面临的问题与趋势如何?

2. 我国对这场运动持什么态度(或立场)?作用如何?

3. 在同样的国际经济秩序背景下,为什么一些国家发展了,一些国家依然贫穷?

【案例 3-4】 商标平行进口案

——法国大酒库诉慕醍国际贸易(天津)商标侵权案

一、平行进口与商标权

"平行进口"现象由于涉及知识产权保护与货物贸易这两大领域间的利益冲突,近年来越来越多地受到各国政府、商界和法律界的广泛关注。有关"平行进口"概念,目前国际上尚未有统一定义,各国对"平行进口"的态度也大相径庭,存在广泛争议。

就商标领域的"平行进口"概念,可以这样描述:在国际货物贸易中,某一特定商标若已在一国注册并受到商标权利保护,且该商标权人自己或授权他人在该国制造或销售其商标权产品的情况下,该国第三方主体未经国内商标权人允许,擅自从国外进口同样商标产品到国内销售,这种进口行为就是"商标平行进口"。[①]

在商标平行进口下,由于涉及的产品与国内商标权利人主体有一定的关联性,是国外低价的"真品",并非一般意义上的假冒伪劣产品,所以是否允许进口存在争论。一般来说,知识产权的权利人主张禁止平行进口,认为平行进口扰乱了已经划分好的国际市场,同时低价进口的产品也侵害了国内独家经销商的利益,而倡导贸易自由的国家则主张允许平行进口。

归纳商标平行进口争议的焦点,主要有以下几方面:(1) 平行进口是否侵害商标权;(2) 平行进口权是否合法;(3) 是否允许平行进口。

从我国有关平行进口的案例看,十多年来有"力士香皂案""AN'GE牌服装案"以及"米其林轮胎案"。2012年又发生法国大酒库股份公司诉慕醍国际贸易(天津)有限公司商标侵权案,该案例现已被列为经典案例。

---

① 参见韩学志:《贸易自由化下商标平行进口中的法律问题》,载《法律适用》2008年第9期,第95页。

二、案情经过

原告法国大酒库公司（LESGRANDCHAISDEFRANCES.A.S.）是一家法国葡萄酒和烈酒生产商和贸易出口商，其旗下拥有的"J.P.CHENET"商标1989年在法国注册。为了进军我国市场，该商标于2011年经我国商标局核准注册，有效期限自2011年2月7日至2021年2月6日。为了配合销售，法国大酒库公司授权天津王朝葡萄酒酿酒有限公司为我国境内独家经销商，独家销售"J.P.CHENET"品牌的葡萄酒。

被告天津慕醒国际贸易（天津）有限公司（以下简称"慕醒公司"）成立于2012年，是一家进出口贸易公司。2012年，慕醒公司从英国进口了"J.P.CHENET"牌的白葡萄酒1920瓶、桃红葡萄酒1920瓶和红葡萄酒5760瓶，并依法向海关申报纳税。进口过程中，该批葡萄酒被法国大酒库公司提请涉嫌侵害其商标权，经海关查验后遭到扣留。

慕醒公司辩称，其所进口的葡萄酒系法国大酒库公司生产，是从英国CASTILLON公司处购得，而CASTILLON公司则是从法国大酒库公司在英国的经销商AMPLEAWARD公司处购得，并为此提供了销售合同和贸易单证等证明文件。也就是说，大酒库公司在英国市场投放的"J.P.CHENET"牌葡萄酒，经英国国内经销商的分销后，出口到我国市场，被慕醒公司进口，且依法履行了进口报关手续，不存在对其商标权的侵权行为。

三、案件分析

1. 是否侵害商标权

由于法国大酒库公司提起的是侵害商标专用权之诉，因此法院审判的中心便围绕着平行进口是否侵害商标专用权，审判的依据也是我国的《商标法》。《商标法》第52条规定：未经商标注册人的许可，在同一种商品或者类似商品上使用与其注册商标相同或者近似的商标的，属于侵犯注册商标专用权的行为。

法国大酒库公司的"J.P.CHENET"牌葡萄酒，同时在中国和英国两个国家的市场销售，在中国已授权王朝公司独家销售其生产的"J.P.CHENET"商标葡萄酒，并且获得对该商标权利的保护。在此情形下，慕醒公司未经大酒库公司授权进口其在英国市场销售的同类葡萄酒，是否侵害了大酒库公司在中国的商标权，基于以下两方面的考量：

（1）是否损害商标标示来源的功能。商标最基本的功能是识别商品及服务的来源,其"识别性"能使消费者将其与其他商品或者服务区别开来。

慕醍公司从英国进口的"香奈葡萄酒"系列造型特别,人称"歪脖子—香奈",该酒瓶的设计源于远古玻璃雕刻艺术大师的杰作,它起源于这样一个传说,人们在醉酒的时候通常是把东西看成是歪的,所以香奈大师为此设计出"歪脖子"香奈。

一审法院认定,慕醍公司从英国进口的香奈干红葡萄酒、香奈桃红葡萄酒、香奈干白葡萄酒三种葡萄酒,均为法国大酒库公司生产并销售给其英国经销商的产品,在视觉效果上与大酒库公司所称的"歪脖子—香奈"造型相同,产品上所附着的商标也是来源于大酒库公司的商标,同时慕醍公司在进口中对涉案三种葡萄酒未进行任何形式的重新包装或改动。中国消费者在购买"J. P. CHENET"商标葡萄酒时,不会对葡萄酒的来源产生混淆与误认,并未损害商标标示来源的功能。对此,二审法院也予以肯定。

(2) 是否损害商标承载的信誉。大酒库公司认为慕醍公司的进口行为会对其商标及承载的信誉造成损害。理由如下:第一,为满足不同国家消费者的不同需求,大酒库公司对国际市场有着严格的划分,其出口到中国和英国的葡萄酒在品质、价格、服务等方面存在差异。在出口到中国的葡萄酒中添加了适于长途运输的成分,销往英国的葡萄酒如运至中国可能产生结晶现象。第二,销往中国的葡萄酒品质上乘,而慕醍公司从英国进口的葡萄酒档次较低,在质量等级和品质上存在重大差异。

针对第一点,如果结晶现象确实存在,并与国内原销售的葡萄酒产生"实质性差异"(至于"实质性差异"的判定标准有待商榷),从而影响该品牌在消费者心目中的形象,那么应当认定该进口行为对中国商标权利人造成伤害。在此引入一个牙膏平行进口的案例:牙膏中的研磨剂一般包括二氧化硅、碳酸钙、小苏打等,这些配料的使用地域性非常明显。跨国公司在生产牙膏时,往往会根据各国消费者的喜好调整配方,如果进口商将在 B 国生产的牙膏平行进口到 A 国,而平行进口的牙膏如果不适合 A 国消费者的口味,便会破坏该品牌在 A 国的形象,对 A 国商标权利人造成损害。[①]但由于本案中法国大酒库公司无法提出足够的证据,因此该项主张不成立。

针对第二点,大酒库公司虽主张其进入中国市场的产品走高端路线,但产

---

① 参见严桂珍:《论我国对商标平行进口的法律对策——兼评长沙 MICHELIN 牌轮胎平行进口案》,载《同济大学学报(社会科学版)》2012 年第 3 期,第 119—122 页。

品介绍表明其在中国销售的葡萄酒涵盖了各种等级,大酒库公司也无法提供足够的证据,表明其在中国销售的均为品质上乘的中高端线产品,因此在二审判决中该主张也不成立。鉴于涉案的三种葡萄酒均属于大酒库公司所售产品的日常餐酒等级,消费者对带有"J.P.CHENET"商标葡萄酒产品的期待或依赖不会因上述产品的进口而被影响,故两者之间在质量等级和品质上,不存在大酒库公司所主张的"重大差别"。同时,等级、品质不同的产品改变不了其均为大酒库公司产品的事实,大酒库公司商标所承载的信誉既来源于其不同等级、品质的产品,也体现在不同等级、品质的产品之中,不能认为低档产品就会损害其商标的信誉。

2. 关于进口权问题

大酒库公司还提出,由于其与英国的经销商 AMPLEAWARD 公司在合同中已明确约定,"J.P.CHENET"牌葡萄酒只能在英国销售,禁止销售到其他国家。这样的主张并不成立,原因有三:

第一,大酒库公司主张涉案的酒瓶上有一个英国网站的网址,证明只能在英国销售,理由不充分,而且也未提交相关协议,举证不足,主张不成立。

第二,即使相关协议存在,签订的协议也只能约束合同的双方,是大酒库与 AMPLEAWARD 公司双方意思表示一致的产物,因此对第三方没有任何约束力。而本案中出口方是英国另外一家企业 CASTILLON 公司,AMPLEAWARD 公司销售给 CASTILLON 公司的行为在英国符合合同约定,但大酒库公司无法约束 CASTILLON 公司购买后对葡萄酒的处置,包括出口到中国。

第三,上升到知识产权保护"权利用尽原则"的层面,是指经知识产权人或其授权人许可的知识产权产品,在第一次投放市场后,权利人即丧失了对其控制权,权利被视为用尽,任何人再次销售或合法使用该产品,权利人都无权阻止。本案中,印有"J.P.CHENET"商标的葡萄酒在经销商 AMPLEAWARD 公司第一次投放英国市场时,大酒库公司作为商标权人的权利即被视为用尽,因此无权阻止 CASTILLON 公司的出口行为。

3. 侵害国内独家经销商权益问题

本案中大酒库公司提出,慕醒公司的进口行为对其在中国的独家经销商天津王朝葡萄酒公司的利益构成损害。这一点的确是平行进口案件中利益冲突的焦点,但无奈本案中天津王朝公司不是起诉人,该主张被法院以独家经销商不是本案当事人为由拒绝。那么如果独家经销商参与起诉,情况就会非常不同,我们从与"权利穷尽原则"对立的"地域性原则"说起。

地域性原则是指依据不同国家法律产生的知识产权是相互独立的,不依赖于其他国家法律。[①]未经一国国内知识产权权利人或其许可人的允许,而进口与其具有关联性的知识产权产品,很有可能产生两方面的问题:

第一,专利权人很可能希望对其产品进行很小的改变以适应不同国家消费者的偏好,但仍然使用相同的商标,如果不能阻止平行进口,那么商标的信誉将因进口不适合该国的产品而受到损害。

第二,对国内独家经销商而言,前期为了推广产品已投入大量的市场促销和广告费用,使其经销的产品取得了一定的市场知名度,此时平行进口商利用宣传好的商誉进行销售,显然属于搭便车行为,具有不公平竞争的性质。当然,本案中慕醒公司表明其进口的目的并非用于商业销售,而是酬谢同行和好友的礼品,且进口在报关时即被扣押,没有发生实际的销售行为。尽管有不公平竞争的争议,但由于本案是以《商标法》为审理依据,不公平竞争不在审理范围内,这也是法国大酒库公司上诉中的一大失策。

对我国而言,允许平行进口有利于对外贸易,在国内知识产权水平尚未达到国际高水平的情况下,一味按原则保护知识产权权利人的利益,很有可能付出很大国际贸易损失的代价,这对贸易大国的我国来说成本大于收益。[②]同时,在国际上提倡允许平行进口,间接上也有利于中国的平行出口。当然,这是在我国目前经济法律水平下,出于短期利益提出的主张,类似于李斯特的"幼稚产业保护"理念。

综合以上分析,二审中法院最后判定:因慕醒公司进口的葡萄酒与大酒库公司在中国销售的葡萄酒之间不存在实质性差异,该进口行为不足以导致消费者混淆,大酒库公司的商誉未因此受到损害,故商标侵权主张不能成立。

四、案例评析

实际上,关于商标平行进口牵涉的各利益方关系的调整,在本案中并未得到充分的解决,这是由于双方打的是一场商标侵权官司,至于平行进口对商标权利人和其国内经销商带来的市场经营方面的损失,则不是《商标法》能够调整

---

① 参见孙颖:《平行进口与知识产权保护之冲突及其法律调控》,载《政法论坛(中国政法大学学报)》1999年第3期,第62页。

② 参见林珏、王缙凌:《世界知识产权保护动向与中国自贸试验区知识产权管理体制创新》,载《海关与经贸研究》2015年第3期,第7页。

的范围。

商标平行进口现象在我国出现较少,是因为其一般发生在物价高的国家,同一产品由物价低的国家出口到物价高的国家下的利益驱动,是第三方经销商从国外进口到国内转售的动机,而我国目前属于低价位国家,因此这一现象不普遍,更缺少相关的法律规范。在我国知识产权法中,只有新修订后的《专利法》明确规定赋予专利权人对其专利产品的进口权,从而限制了专利产品的平行进口行为,而《商标法》和《著作权法》都没有禁止平行进口的规定,存在法律的空白。[①]

是否允许平行进口关系到双方利益的诉求,不仅关系知识产权权利人主体的利益保护,同时也关系一国的贸易利益。未来世界知识产权领域保护中也提高了对平行进口限制的要求,我国作为一个贸易大国,做到完全意义上的限制平行进口是不现实的,在允许平行进口的同时,法律应该完善对商标权利人和消费者的保护,有例外的允许是比较合理和可行的。

(程宇清)

【案例讨论】

1. 为什么法国大酒库股份公司诉中国天津慕醒有限公司商标侵权败诉?
2. 如何看待平行进口现象?谈谈你的看法。
3. 为什么发达国家倾向制止平行进口的行为,认定其会损害知识产权所有人的利益?你是否同意这样的看法?

【参考文献】

1. 严桂珍:《论我国对商标平行进口的法律对策——兼评长沙 MICHELIN 牌轮胎平行进口案》,载《同济大学学报(社会科学版)》2012 年第 3 期。
2. 《法国大酒库股份公司(LESGRANDCHAISDEFRANCES)与慕醒国际贸易(天津)有限公司侵害商标权纠纷上诉案》,天津市高级人民法院民事判决书(2013)津高民三终字第 0024 号。

---

① 参见聂世海:《商标平行进口在我国的实践与争议》,http://www.chinaipmagazine.com/journal-show.asp? id=779,2017 年 6 月 3 日访问。

【案例3-5】 中海油兼并海外油田

中海油成立于1982年,是我国最大的海上油气生产商。2002年1月20日,中国海洋石油有限公司出资5.85亿美元一举拿下了西班牙瑞普索公司在印尼五大油田的部分权益,并获得每年4000万桶份额的原油。这是目前国内公司并购国外资产数额最大的项目之一。瑞普索是西班牙国家石油公司,并购完成后,中国海洋石油有限公司承担了它在印尼五大油田中三个油田的作业任务,一举成为印尼最大的海上石油生产商,这是我国石油公司第一次走出国门担当海上油田的作业者。这项收购计划在国际资本市场引起空前反响,国际著名银行的分析师认为:"此次并购价格在每桶1.7—2.0美元(推测数据,实际为每桶1.63美元)之间,比泰国国家石油公司购买Medco公司每桶2.1美元油价低。假设以6亿美元成交,则是一次价格公平的交易"。

一、并购各方概况

瑞普索公司是西班牙国家石油公司,而中国海洋石油总公司(CNOOC,简称"中海油")是经国务院批准于1982年2月15日成立的国家石油公司。国务院颁布的《对外合作开采海洋石油资源条例》,授权中海油全面负责对外合作开采海洋石油、天然气资源业务,因此中海油是国家授权投资机构。

中海油注册资本500亿元人民币,职工近2.1万人,控股或全资拥有一家独立油气勘探生产公司,一家研究中心,一家化学公司,一家油气开发利用公司,两家专业技术服务公司、五家基地公司、一家财务公司、一家信托投资公司,与壳牌公司合营一家石油化工公司,同时在海外有休斯敦、新加坡二个代表处。

中海油的主要业务是组织海上石油、天然气的勘探、开发、生产及提炼、石油化工和天然气的加工利用;石油、天然气、油气加工产品、石油化工产品及本系统所属企业生产、加工产品的销售;为用户提供石油、天然气的勘探、开发、生产销售的服务和通用行业服务等。

中海油在实现高速发展的同时亦保持了较高的发展质量。从1982年到

2001年,油气产量从9万吨上升到2329万吨油当量,销售额从4亿元上升到276亿元,利润从4000万元上升到96亿元,资产总值从28亿元上升到733亿元,净资产由22亿元上升到501亿元,累计上缴税收118亿元。2001年在财政部对中直系统资产总额超百亿的62家企业的绩效评价中,中海油净资产收益率和资本保值增值率均为第一。

2001年2月,由总公司通过BVI控股70.6%的中海油公司在香港和纽约挂牌上市。上市不到3个月就以较大比重进入摩根士丹利国际资本指数,上市后5个月即被破格纳入恒生指数成分股,并被AsiaMoney评为2001年度中国最佳管理公司。总公司和有限公司双双获得标准普尔BBB和穆迪公司Baa1的信用评级,这是我国企业获得的最高信用等级。

二、并购动因

成立于1982年的中海油,虽然长期在我国海域进行勘探采油,但在管理模式上,却一直像是一家国际化的外资公司,并以用人少、效益高的业绩为同行所称道。但是,进入1998年后,由于油气勘探开发的特点和国际油价下跌,当年公司的销售收入和利润与上年相比,均出现下滑。经过分析,中海油认识到造成公司销售收入和利润下降的原因很多,如公司在快速发展中忽视企业发展战略的调整就是一个重要的原因,没有及时将企业从国内竞争转变到国际竞争上来。为此,中海油提出从单纯的生产经营转变到生产经营与资本经营相结合上来,形成依托资本运营、用海外上市整合企业,做大企业规模,提高企业核心竞争力的设想。

从行业地位来讲,中海油在国内只能排在中石化、中石油之后,位列第三,在国际上更是远远落后于埃克森美孚、壳牌等国际大佬。从行业发展趋势看,埃克森兼并美孚、英国石油与阿莫克重组,巨头之间的并购渐成风潮。从国家石油战略来讲,我国早已由石油输出国变为世界主要石油输入国之一,作为民族企业的中海油必须"走出去"寻找石油,为国家能源战略安全分忧。从政策走向看,我国"入世"后,专营权、政府补贴等优惠政策逐步取消。环境变动彰显竞争危机,中海油岂甘坐视?

1999年10月,中海油首次出击海外资本市场,计划筹资25.6亿美元,由于国际油价狂跌、美股下跌以及发行定价过高等因素,上市计划不得不搁浅。失败让中海油人领略到了国际资本市场竞争的残酷和游戏规则的严格,以及企业对国际资本市场认识的不足。于是,从那一年起,围绕企业转制的目标,中海油在对企业进行大重组、聘请海内外优秀人才进入公司高级管理层的同时,也依据国际惯例,开始每季公布业绩一次,新闻发布严格遵循海外证券机构要求,与投资者及基金经理广泛交流,甚至安排直升机将他们接到海上平台参观等公开、透明的做法。

通过与同行——挪威国家石油公司针对与竞争力有关的六个指标包括公司规模、持续盈利能力、发展能力、经营管理水平、国际化程度和抗风险能力进行比较。中海油发现除了在销售净利润率一项指标占优之外,其他各项指标均处在下风,资产规模和年产量均为4∶1,营业收入是7∶1,国际化程度是11∶1,而研究费占总收入比,挪威国家石油公司是中海油的3.5倍。

"照镜子"让中海油看到了自己在持续发展能力上的差距,也得到了在短期内实现跨越式发展的启示:通常,一个油田的勘探开发期要5—6年,而挪威石油近几年之所以能实现快速发展,做大规模,某种程度上与该公司近五年来进行的大量国际并购有关。

于是,中海油以并购和资本运营为手段,参与国际竞争,加快国际竞争力的步伐。2002年1月,中海油与西班牙瑞普索公司达成协议,出资5.85亿美元收购其在印尼五大油田的部分权益,并获得了每年4000万桶份额的原油。同年2月,在总公司成立20年之际又推出实现公司跨越式发展战略:用5年左右的时间,使公司发展成为具有较强国际竞争力的综合型能源公司,以较快的发展速度、较强的盈利能力和优良的质量进入世界500强。同年8月23日,中海油宣布,要收购澳大利亚西北礁层天然气项目的上游生产及储量权益。专家认为,这一收购实际上为中海油打开了进入世界级天然气项目、与世界级伙伴合作的大门。

瑞普索公司是西班牙国家石油公司,该公司40%的资产在阿根廷,而在2001年,阿根廷政府发生财政危机,出现银行挤兑,该公司的现金流立刻出了问题。起因是瑞普索公司购买在阿根廷的这部分资产时,曾经大规模举债,造成公司债务过重,这使得这个大公司一时陷入财务困境,不得不出售在印尼五大油田的部分权益以摆脱困境。

三、并购过程

中海油收购西班牙瑞普索石油公司在印尼资产的交易,是中海油总经理与瑞普索公司总裁通过三分钟电话敲定的。中方在电话里向对方表明收购诚意,对方欣然接受。而为了这三分钟,著名的美林投资银行(以下简称"美林")在背后做了许多铺垫工作。并购是一个十分复杂的过程,面对并购成功率不到50%的国际行情,中海油相关负责人没有把并购当作轻而易举的事情,他说:"选择什么样的目标,制订什么样的谈判策略,如何向资本市场说明,选择时机、判断价格等等都是要慎重考虑的。"

(1) 选择目标。中海油首先获得西班牙瑞普索公司出售资产的消息,然后和美林进行沟通,美林在伦敦的公司刚好熟悉瑞普索,旋即与其进行沟通,交易就此开始。瑞普索公司出售的资产在印尼,刚好符合中海油在亚洲地区控制能源的战略要求。中介机构对这块资产进行评估后,认为它与中海油现有的资产比较匹配,有利于国有资产的保值增值,符合股东利益最大化的要求,且收购后中海油有驾驭它的能力。中海油为自己的收购计划划出了底线——不能超过6亿美元。

(2) 独家谈判。按照国际惯例,资产出售一般采用国际招标的方式。财务总监邱子磊与刘二飞(美林中国主席,资深投资银行家)商量,能不能迫使瑞普索放弃国际招标,直接获得独家谈判权。一般来讲,被收购方会首先充分考虑买家的价钱,如果出价高,可以考虑不拍卖。但6亿美元绝对不是一个高价。在与中海油谈判前,瑞普索公司已经进行了一次国际招标,韩国一家石油企业出价9亿美元中标。可惜好景不长,之后双方发生了摩擦,韩国企业撤退了,交易流产。

现在,中海油找到国际一流的中介机构——美林,瑞普索公司也是美林的客户之一,美林长期担任它的财务顾问,而美林在这个项目上担任了中海油的财务顾问。具体操作则交给刘二飞和他的团队了。协作在这个时候显示出它的能量,一流的投资银行一定具备一流地调动全球网络的能力。美林的中国团队和欧洲团队,以及兼并团队、油气团队立即参与到项目中来,在刘二飞和他的搭档李小加的统一协调下,行动了起来。

刘二飞和他的团队看准了对方面临的债务危机——短期资金匮乏,抓住对方急于摆脱困境的心理,给对方讲形势。一般来讲,在没有好的买家或出现好的价钱的时候,通过招标拍卖也许可以把价钱卖得好一些,但招标的不利之处也很明显,那就是需要的时间比较长,如果再遇到财务危机,公司的处境就会雪上加霜。瑞普索还有一个不利的因素是已经进行了一次招标,韩国公司出资9亿美元最后都没有成交,有了这个先例,如果再进行招标,风险就相当大了,因为中海油完全可以不参与竞标,而瑞普索不能保证能找到比中海油更合适的买家。刘二飞说:"对方在心理上已经不强硬了。"

在卖与不卖的问题上,瑞普索公司内部也出现了两派意见,其石油生产部门坚决不卖,而财务部门执意要卖。瑞普索的财务总监站在了财务部门的立场上,他们聘请了所罗门美邦担任这个项目的财务顾问。

(3) 讨价还价。获得独家谈判权之后,双方围绕价格进行的争论异常激烈。因为曾经出现过9亿美元的价格,6亿美元看上去无论如何都让瑞普索感到不太舒服。但中海油认为自己的出价是合理的。因为从大背景上来说,2001年底到2002年初的原油价格处在低位,整个油价市场低迷,这对中海油无疑是个有利的筹码。另外,因为是独家谈判,瑞普索在整个谈判中没有讨价还价的余地。中海油则坚守自己的底线。事实上,无论做IPO还是做财务顾问,每一个大项目的成交背后,都可谓是针尖对麦芒。经济观察家指出,这次并购是在国际金融市场连续调低利率的情况下运行的,而当前原油价格又处低位,这使中海油收购资金成本降到了最低,使中海油在油田定价的谈判过程中获得了有利筹码。

(4) 平衡市场。一般来讲,大的收购会让投资者感到不安,担心公司因为急于得手而对被收购对象估值过高,不知道公司短期付钱的举动是否会影响未来的成长,往往会使股价下跌。由于这是我国企业第一次海外收购,以往没有成功的先例,刘二飞认为必须对市场进行"说服教育",不能让股价波动太大。在整个交易的过程中,美林对投资者反复解释中海油海外收购是顺理成章的,且借助大势的帮助出价合理。为了配合收购,美林帮助中海油进行了一系列的融资行为——发行5亿美元的企业债,安排衍生工具,并进行信用评级。因此2002年1月18日中午,中海油公布收购消息的当天,市场反应平和,股价不降反升。

(5) 完美交易。当所有细节问题全部解决后,卫留成给瑞普索总裁打了电话,拍板解决了最棘手的问题,至此交易结束。在整个交易中,中海油抓住对方资金出问题的空档以达到不拍卖的目的,而在宣布收购后,投资者情绪稳定,股价波动不大,的确是一次"完美交易"。

四、并购结果

中海油收购的印尼的五大油田的部分权益是:东南苏门答腊65.34%权益,西北爪哇海上36.72%权益,西马杜拉25%权益,坡棱50%权益,布劳拉16.7%权益。而这五大油田原油的总储量是原油探明的7.33亿桶、已探明的与已控制的9.31亿桶,总产量是8370万桶/年。由此,按照中海油已拥有的净权益,获得油气储量将是已探明的 3.6 亿桶、已探明的与已控制的 4.61 亿桶,获得的油气产量将是 4000 万桶/年。在并购完成后,中海油将在其中三个油田担当作业者,成为印尼最大的海上石油生产商。

此次中海油并购海外油田,是其母公司中国海洋石油总公司跨越式发展战略的一个重要举措。这家在我国拥有海上石油开采权的企业,提出要用五年时间以较强的盈利能力进入世界 500 强。在跨越式发展战略中,资本运营和并购无疑是重要手段。中国原油进口已经不是小数目,仅 2001 年的进口原油就超过 7000 万吨。有业界人士透露,今后原油进口的态势不会减弱,将远远超过以往的水平。作为战略性资源,石油不可能完全依赖进口,因此"走出去战略"已经成为我国石油界的必然选择。因此,此次中海油并购海外油田也已超出了它原有的经济价值意义,将对 21 世纪国家能源安全产生积极的影响和作用。

按照卫留成的说法,中海油的并购绝对不是为博得资本市场的一声喝彩,也不是急进式的单纯以资产规模扩大为目标的投资扩张,而是以利润指标和能否增加核心竞争力为标准,紧紧围绕中海油的主营业务进行。

海外并购带给中海油的最直接的收获,就是丰厚的石油天然气资源,而这正是中海油提升核心竞争力、发展主营业务的重中之重,由此中海油成为印尼海上油田最大的生产商。从利润指标来看,并购带给中海油的预期回报也甚是可观。

跨国并购的意义还远远不止于此。早在 1998 年履任之初,卫留成就和他的领导团队为中海油定出了"两个转变":从国内竞争转变到国际竞争,从单纯的生产经营转变到生产经营与资本经营相结合。"过去 20 年我们成长速度虽然很快,但完全靠原始积累发展,速度还是太慢",卫留成说,"并购、资本运营将是中海油全方位参与国际竞争的利器"。而"走出去"之后,中海油"跨越式发展"的目标渐行渐近:登陆资本市场后,中海油的资产总额已经由 1998 年的 320 亿元人民币增长至 2002 年的将近 900 亿元人民币;通过国际并购,中海油海外可采储量而今已占公司总储量的 1/3,海外原油份额预计将在 2003 年占公司总产量的 1/5。

跨国并购的另一附加价值是中海油在并购中得到了与国际接轨的经营管理、产业整合、技术提升、人才储备、文化建设等方面的锻炼,公司治理水平大幅度提高,国际知名度迅速上升。2002 年,中海油分别被国际著名的财经杂志《欧洲资本》和《亚洲财富》评为 2001 年度 60 个"世界最佳治理结构公司"之一、"中国最佳管理公司"。

经过 30 多年的改革与发展，中海油已形成油气勘探开发、工程技术与服务、炼化与销售、天然气及发电、金融服务等五大业务板块。2015 年，油气总产量突破 1 亿吨油当量，该年末公司资产总额达 1.16 万亿元。截至 2015 年底，公司员工规模达到 11.02 万人。

自 21 世纪初以来，公司获得一系列称号及荣誉。比如，2014 年公司获得第十五届普氏全球能源"年度最佳并购交易"大奖等。

2016 年，中海油在美国《财富》杂志"世界 500 强企业"排名中位居第 109 位；在《石油情报周刊》杂志"世界最大 50 家石油公司"排名中位列第 32 位。

（景　辉　林　珏）

【案例讨论】

1. 中海油为什么要并购西班牙瑞普索公司在印尼五大油田的部分权益？
2. 中海油是如何成功并购的？
3. 海外并购给中海油的发展带来什么好处？对其今后的发展产生什么影响？

【参考文献】

1. 干春晖、刘祥生：《企业并购》，立信会计出版社 2002 年版。
2. http://www.cnooc.com.cn/col/col661/index.html，2017 年 5 月 20 日访问。

【案例 3-6】 华大医学基因申请国外专利及技术输出

一、华大医学基因获得国外专利及技术输出

2014年9月29日,华大基因旗下子公司深圳华大基因医学有限公司(以下简称"华大医学")自主研发的无创产前基因检测技术(NIFTY),获得欧洲专利局授予发明专利,并在英国、比利时、西班牙、斯洛文尼亚、匈牙利、瑞典、土耳其、瑞士、意大利、法国、丹麦、德国、捷克、波兰、罗马尼亚15个国家生效。这是我国首个在欧洲获批的无创产前基因检测专利。同时,国家知识产权局向华大基因发出授予专利权通知书,意味着此专利在海内外共16个国家同步获批。这是华大基因继成为全球首家CFDA批准第二代基因测序诊断产品注册机构后,获得的来自世界对华大基因无创产前基因检测技术的认可。

在2014年10月16日的第五届中意创新论坛上,华大基因将无创产前基因检测技术(NIFTY)转让给意大利Bioscience Genomics(生物基因组学),成为少数的中国基因技术输出案例,华大预期中欧合作基因技术,将影响全球。这项技术转移的金额是456万欧元,预期收益是1440万欧元。华大的基因检测服务的价格,只是美国的1/10,欧洲的1/4。为了更好地推动中意技术转移发展,华大医学将授权Bioscience Genomics使用其在无创产前基因检测领域已取得专利的最先进的高通量基因测序技术平台。这项技术转让将使Bioscience Genomics实现其在意大利本土内完成无创产前基因检测技术的样品的收集、运输及基于最先进的高通量测序服务平台的检测。与此同时,以"NIFTY"品牌在欧洲各国广泛推广的无创产前基因检测技术将以"G-Test"品牌在意大利推广。

二、NIFTY介绍

NIFTY是通过采集孕妇外周血,提取游离DNA,采用新一代高通量测序

技术,并结合生物信息分析,得到胎儿发生染色体非整倍体的风险率,该检测技术与传统产前筛查羊水穿刺 0.5% 的危险相比,其风险率只有 0.1‰。截止到 2014 年 8 月,华大医学开展的无创产前基因检测已经覆盖英国、澳大利亚、西班牙、新加坡、以色列、捷克、土耳其、泰国、中国等 52 个国家的 2000 多家医院或单位,检测样本量已近 40 万例,准确率超过 99.9%。该技术适用于血清学筛查显示高危的孕妇;胎儿为试管婴儿、习惯性流产等"珍贵儿"的孕妇;有穿刺禁忌症等,不宜进行或不愿进行羊水穿刺、脐血穿刺等侵入性产前诊断的孕妇及错过血清学筛查机会的孕妇等。

而此次授权的发明专利在核心算法和检测范围上都进行了提升。该专利是华大基因自主研发的"胎儿遗传异常的无创性检测技术",通过对来自孕妇的血液样品进行 DNA 测序来无创性检测胎儿遗传异常。其所涉及的核心算法,首次提供了对于染色体 GC 含量差异而造成的偏差结果的校正方法,成为大数据精准检测的又一有力支撑,为全球孕妇提供更加准确和安心的检测。此外,该发明专利除了用于传统常染色体非整倍体(包括 21-三体即唐氏综合征、18-三体即爱德华氏综合征、13-三体即帕陶氏综合征)的检测外,还给出了用于检测包括性染色体病症如 XO,XXX,XXY,XYY 等胎儿非整倍体的综合方法。这套"胎儿遗传异常的无创性检测"独特的检测方法,保证了检测结果的高度准确性的同时,也引领了无创产前基因检测的转化应用,在原有三体检测基础上向性染色体疾病等更广泛的产前检测范围进一步发展。

三、华大医学介绍

华大医学是华大基因集团(简称"BGI")旗下的重要成员,秉承"基因科技造福人类"的使命愿景,自 2010 年 7 月成立以来,一直致力于以经济、简便的方式,将全球前沿的多组学科研成果应用于医学检测领域,以期大幅降低出生缺陷、提高肿瘤等重大疾病的诊疗效果。已开发出一系列基于多组学技术(含高通量测序、高灵敏质谱、诊断大数据分析等自主核心技术)的检测服务,形成了贯穿生命孕育、出生、发育、成长等全过程的产品图谱。

华大医学总部位于深圳,在京、津、汉、沪、穗等主要城市设有分支机构和临床检验中心,并在欧洲、美洲、亚太等地区设有海外中心和核心实验室,已初步形成"覆盖全国、辐射全球"的网络布局。

母公司华大基因集团成立于 1999 年 9 月 9 日,因人类基因组计划诞生。其下属深圳华大基因研究院目前已成为全球最大的基因组学研究中心、数据中心、产业孵化中心之一。其下属子公司业务在科技服务、医学检测、分子育种等领域已覆盖超过全球 55 个国家。

依托华大集团优势，华大医学立志成为全球多组学精准检测和医疗数据运营服务行业的领导者，在人类应对疾病威胁的历史上留下自己的脚印。经过多年的发展，华大医学已成为全球仅有的具备全产业链资源的多组学技术服务商和医疗数据运营商；已成为新一代组学技术，特别是测序和质谱医学检测领域的人才中心、标准中心、研发中心、样本中心及数据中心；已成为全球最大的医疗数据运营行业服务商和产业先行者。

华大医学是无创产前基因检测行业领导者，一直致力于基因组学技术转化应用的自主研发和创新，目前共已发表无创产前基因检测相关学术论文 30 余篇，相关专利申请 72 件，遍布亚、美、欧三大洲等 10 几个国家。无创产前基因检测（NIFTY）产品自推广至今，已覆盖英国、澳大利亚、西班牙、新加坡、以色列、捷克、土耳其、泰国、中国等 52 个国家的 2000 多家医院或单位，检测样本量已近 40 万例（截止到 2014 年 8 月），准确率超过 99.9%。近日在原有获批检测产品基础上，华大医学免费在线推出 3 种染色体缺失/重复综合征检测结果。无须增加采血量，不增加检测费用，让用户享受更高灵敏度、更高准确性、更全面的检测。

此次无创产前基因检测技术专利获得多国授权，意味着无创产前检测在更广检测范围及更高检测准确率方面的新突破。华大医学将继续致力于新技术的研发，新发明的突破，做到基因检测服务于民，基因科技造福于民，以引领无创基因测序产业有序、健康、快速的发展。

四、评价

从 1999 年成立开始，华大医学基因技术就一直走在世界的前沿。据相关报道，华大医学在国外申请的这些技术都是华大自主研发的，在站稳中国市场的基础上，向欧洲市场拓展，专利技术已经转化为成品并获得收益。截止到 2014 年底，华大在全欧洲已经完成了几万例的检测，结果都非常好。从华大和意大利方面的合作来看，无创产前检测只是第一步，随后，意大利方将会在当地为华大提供更多的检测服务，包括肠道微生物和糖尿病的关系、肿瘤的用药等，这一系列都会逐个加到技术转移中来。

无创产前基因检测技术不仅技术先进，潜在市场大，而且在欧洲市场价格更高，收益更大，因此对华大医学本身来说，能获得欧洲专利局授予发明专利并将专利成功输出,不仅能证明其先进的技术,还能为其自身的发展带来更大的机遇。华大医学还可以利用技术转让的收入来为新技术的研制和开发提供所需的资金和动力,实现良性循环。

对于 Bioscience Genomics 来说,引进华大医学的技术节约了大量研究费用和时间。此外,对于欧洲的 15 个国家来说,相比于美国和欧洲本身的价格,华大医学的定价更低,目标用户可以以更低的价格享受同样的检测,对于技术输入国来说成本大大降低。

对于我国来说,随着这样自主创新的企业越来越多,技术不断地更新与发展。这几年,我国的研发经费不断增加,2013 年,我国用于研究和实验发展的经费支出在 GDP 中所占比重达 2.05%,首次跨过 2% 的门槛,研发经费与 GDP 之比反映出一国在推动自主创新方面的投入和努力。

我国政府制定了一个雄心勃勃的规划,在 2020 年迈入创新型国家行列,要求在 2020 年科技进步对经济增长的贡献率达到 60%,这是一场革命,过程虽然漫长而曲折,但目前已见成果,未来更是值得期待。

(骆艺菁)

【案例讨论】
1. 华大医学为什么要在国外申请专利并将一些技术出口?
2. 我国技术出口和进口现状如何?
3. 政府和企业在鼓励技术创新上应该采取哪些积极的措施?

【参考资料】
1. 华大基因新闻中心:《华大基因无创产前基因检测技术获得 16 国专利授权》,http://www.genomics.cn/news/show_news? nid=104185,2014 年 9 月 29 日访问。
2. http://www.bgidx.cn/index.php? ac=article&at=list&tid=29,2017 年 6 月 7 日访问。
3. 《华大基因输出专利 中欧合作影响全球》,http://bbs.bgidx.cn/forum.php? mod=viewthread&tid=883,2015 年 12 月 4 日访问。

【案例 3-7】 限制性商业惯例在合同中的应用案

1980年4月,联合国贸易与发展会议达成的《管制限制性商业惯例多边协议的公平原则和规则》对"限制性商业惯例"的定义为:"凡是企业具有下述的行为和行动,即通过滥用或谋取滥用市场力量的支配地位,以限制进入市场或以其他方式不适当地限制竞争,从而对国际贸易、特别是发展中国家的国际贸易及其经济发展造成或可能造成不利影响,或通过企业之间正式的或非正式的、书面的或非书面的协议或安排,造成同样的影响的都称之为限制性商业惯例"。

限制性商业行为实施的主体是个人、企业或其他经济组织,限制性商业行为必须是为法律所禁止的不合理的或不正当的限制竞争或实行歧视的做法或惯例,一般而言,法律法规所禁止的限制性商业行为可分为三类:

(1) 实行垄断支配地位。企业之间通过正式或非正式、书面或非书面的协议或安排,谋取在整个产品制造、销售过程中的垄断支配地位,或同类企业之间通过协议来控制价格、划分市场,以消除其内部的竞争,排除外来的竞争。

(2) 滥用市场支配地位。企业单独或与其他企业联合利用某项技术、某项服务及某一类商品的优势地位,滥用或谋取市场支配地位的行为。

(3) 实行不公平及歧视性的做法。一方利用各方面的优势,将一些不合理、不公平甚至是带有政治、种族性歧视的条款强迫另一方接受。

下面列举一个在合同中加入限制性条款的典型案例:

1974年,日本山田股份有限公司(以下简称"山田公司")与荷兰美利有限责任公司(以下简称"美利公司")签订了一份引进美利公司生产的"阿卡尔"碱性细菌蛋白分解酶的合同。该合同第5条规定,任何一方解除合同时,在合同终止后9年内,山田公司不得生产和销售与美利公司"阿卡尔"相竞争的工业用碱性细菌蛋白分解酶;第6条规定,山田公司在合同地区不得生产和销售与美利公司"阿卡尔"竞争的其他细菌系统的碱性细菌蛋白分解酶;第10条规定,因合同到期而终止的,第5条和第6条仍然有效。此外,该合同第8条还规定,山田公司生产的"阿卡尔"工业用碱性细菌蛋白分解酶每千克的销售价格不得低于 50 荷兰盾。

1978 年 12 月,美利公司根据上述合同第 10 条的规定,向山田公司提出要求解除合同的请求,该合同于 1979 年底终止,但是直到 1982 年 12 月底,仍然禁止山田公司生产和销售与"阿卡尔"竞争的工业用碱性细菌蛋白分解酶,同时禁止山田公司生产和销售与"阿卡尔"竞争的其他细菌系统的碱性细菌蛋白分解酶。

1983 年,山田公司向日本公平交易委员会投诉,指控美利公司有不公平竞争行为,违反了日本反垄断法的有关规定,要求取消这种不合理的限制。

在国际技术贸易合同中,限制性商业条款是由技术转让方强加给技术引进方的不平等条款,这会导致市场垄断,妨碍自由竞争。本案中的不合理的限制性条款包括:第 5 条、第 6 条和第 10 条中有关限制生产和销售竞争产品的条款;第 8 条限制再销售价格的条款。由此,山田公司提出取消该不合理限制的要求是合理的。

(吴　娟　肖婧菲)

【案例讨论】

1. 本案中,合同中有哪些限制性条款?你认为山田公司的要求是否合理?
2. 什么是合同中的限制性条款?常见的限制性条款有哪些?
3. 什么是限制性商业惯例?请举例说明,并分析它是否合理。

【参考文献】

1. 《2011 年国际商务师考试国际经济法案例题》,http://www.wangxiao.cn/sws/5288586961.html,2011 年 5 月 4 日访问。

【案例 3-8】 DVD 专利费之争

一、案例情况

1999 年 6 月,日立、松下、JVC、三菱、东芝、时代华纳 6 大掌握 DVD 核心专利技术巨头组成专利联盟组织(以下简称"6C"),发表《DVD 专利联合许可》声明,要求世界上所有生产 DVD 的厂商必须向他们购买专利。2000 年 11 月,6C 又出台"DVD 专利许可激励计划",并开始与中国 DVD 企业就专利费缴纳问题进行谈判。

2002 年 1 月 9 日,深圳普迪公司出口到英国的 3864 台 DVD 机,因飞利浦公司以未经专利授权向当地海关要求被扣押。2002 年 2 月 21 日,惠州德赛公司的 DVD 机基于同样的理由被德国海关扣押。至此,专利费之争走上国际贸易舞台,迫使出口量占全球 DVD 总产量 70% 的我国 DVD 企业直面此问题。

直至 2002 年 11 月,6C 与我国电子音响工业协会达成协议,我国公司出口和内销的 DVD 每台分别需要支付 4 美元和 12 美元的专利使用费。随后,我国电子音响工业协会又与由索尼、飞利浦、先锋公司组成的专利联盟组织(以下简称"3C")以及其他三家专利拥有企业再次达成相关的专利使用费协议。

2004 年 6 月,无锡多媒体有限公司正式在美国加利福尼亚州南方联邦地区法院递交起诉书,状告 3C 专利联盟,指控其针对中国 DVD 企业的征收专利费行为,违反美国的《谢尔曼法》以及加利福尼亚州垄断法等法律,并要求判决 3C 部分专利无效并停止执行,同时追偿超过 30 亿美元的专利收费。随后,中国台湾地区的两家碟机企业,以同样的理由起诉 3C 联盟并胜诉。同年 12 月 28 日,中国香港东强数码科技有限公司代表中国部分 DVD 播放机生产商、销售商以同样诉讼理由状告 3C,诉称 3C 对其征收的专利费超过国际通行的 3%—5% 的标准,已经构成专利滥用。在诉讼压力下,2005 年 3 月 10 日,6C 突然表示近期将降低在中国 DVD 专利费 1 美元,而此时中国企业则邀请中国知识产权界出面,展开了一系列的维权行动。最终在 2006 年 12 月 10 日,飞利浦迫于专利审查和国内外的市场压力主动发表声明,决定将该项专利从 3C DVD 专利联营许可协议之专利清单中删除,并表示对此项专利不再主张权利。

二、案例分析

按照专利许可范围及实施权大小,可以分为:独占许可、排他许可、普通许可等形式,此外还有交叉许可和分许可。本案例中,6C 企业所要求 DVD 生产厂家支付的专利许可费属普通许可。

当每台专利费高达 16—19 美元时,曾在央视争夺广告标王的中国 DVD 厂商开始沦为代工,国产品牌大量消亡。而且,由于 DVD 专利技术的高度扩展性、中国制造企业在全球市场的份额迅速减少,加上受 DVD 事件的启发和影响,外国厂商对中国的电视机、U 盘、光盘、光盘刻录机、数码相机、摩托车等生产厂家也提出了征收专利费的要求,且有不断扩大的趋势。

如何在这场知识产权的恶战中保持不败之地成为我国企业必须思考的问题。首先,我国企业必须有自主的知识产权。对具有一定创新能力的企业,要增加研发经费的投入,提高创新能力,在自己经营产品的技术领域保持一定的专利拥有数量,使得自己在国际竞争中不因专利许可问题而被他人牵制。其次,我国企业应该在现有制度中发掘和吸收相关的战略、政策,了解国际贸易中所涉及的各项规则,尤其是发达国家的技术标准战略,提高产业界利用知识产权制度的战略水平。同时,企业还要了解发达国家的反垄断法律法规,学会利用法律武器保护自己的知识产权,反击非法的技术性贸易壁垒和知识产权的滥用攻击。最后,我国企业应该勇于提起诉讼,明白发生诉讼是市场经济运作的必然,运用法律武器来保护自己的合法利益,而不是一味迁就专利许可的持有方。

(应皓玥)

【案例讨论】

1. 什么是专利许可?专利许可有哪些形式?本案例中专利联盟组织要求的专利许可费是依据什么许可收取的费用?

2. 为什么 6C 专利联盟最后降低了专利费?飞利浦最后为什么不再主张收取专利费?针对 3C 联盟的一系列起诉的胜诉对我国企业意味着什么?

3. 我国计算机软件行业现在发展状况如何?

【参考文献】

1. 《专利费之争 46：DVD 专利费之争》，http://3y.uu456.com/bp_08xv77j4ip6vudb8cet0_1.html，2010 年 3 月 7 日访问。

2. 《DVD 专利费之争：中国制造业的蒙羞》，http://finance.sina.com.cn/leadership/case/20070531/15593649402.shtml，2007 年 5 月 31 日访问。

3. 戴远程：《前有杜比，后有 DTS，DVD 专利费纷争何时休？》，http://www.china.com.cn/chinese/OP-c/287328.htm，2003 年 3 月 5 日访问。

4. 《中国 DVD 专利费之战》，http://tech.163.com/special/d/000915LH/dvd_philips.html，2005 年 3 月 17 日访问。

5. 李伟华：《DVD 专利费"火烧"中国厂商"中国制造"》，http://www.nipso.cn/onews.asp?id=516，2010 年 10 月 8 日访问。

6. 黄真：《DVD 专利风波的冷思考》，载《中国信息报》2002 年 5 月 14 日。

7. 倪晓：《从思科华为看技术时代的国际贸易知识产权保护》，载《经济论坛》2005 年第 8 期。